清华大学日本研究中心丛书

# 日本的生命科学政策
## 连接社会与科学

（日）菱山丰 著　胡晓璃 陈 祥 译

清華大学出版社
北京

北京市版权局著作权合同登记号　　图字：01–2023–1746

LIFE SCIENCE SEISAKU NO GENZAI: KAGAKU TO SHAKAI O TSUNAGU
by HISHIYAMA Yutaka
Copyright © 2010 HISHIYAMA Yutaka
All rights reserved.
Originally published in Japan by Keiso Shobo Publishing Co., Ltd., Tokyo
Chinese (in simplified character only) translation rights arranged with
Keiso Shobo Publishing Co., Ltd., Japan
through THE SAKAI AGENCY and BARDON CHINESE CREATIVE AGENCY LIMITED.

**图书在版编目（CIP）数据**

　　日本的生命科学政策：连接社会与科学 /（日）菱山丰著；胡晓璃，陈祥译 . —北京：
清华大学出版社，2023.12
　　（清华大学日本研究中心丛书）
　　ISBN 978-7-302-64671-6

　　Ⅰ. ①日…　　Ⅱ. ①菱…②胡…③陈…　　Ⅲ. ①生命科学 – 科技政策 – 研究 – 日
本　　Ⅳ. ① G323.130

　　中国国家版本馆 CIP 数据核字（2023）第 182378 号

责任编辑：王巧珍
封面设计：常雪影
责任校对：王荣静
责任印制：杨　艳

出版发行：清华大学出版社
　　　　　网　　址：https://www.tup.com.cn，https://www.wqxuetang.com
　　　　　地　　址：北京清华大学学研大厦 A 座　　　　邮　　编：100084
　　　　　社 总 机：010-83470000　　　　　　　　　　邮　　购：010-62786544
　　　　　投稿与读者服务：010-62776969，c-service@tup.tsinghua.edu.cn
　　　　　质量反馈：010-62772015，zhiliang@tup.tsinghua.edu.cn
印 装 者：小森印刷霸州有限公司
经　　销：全国新华书店
开　　本：155mm×230mm　　　　印　张：17.75　　字　数：212 千字
版　　次：2023 年 12 月第 1 版　　　　　　　　　　印　次：2023 年 12 月第 1 次印刷
定　　价：98.00 元

产品编号：099257-01

# 前言

　　2007 年 11 月，以京都大学教授山中伸弥为首的研究团队宣布，人类 iPS 细胞（induced pluripotent stem cells，即诱导性多能干细胞）制备成功，消息一经传出顿时举世震惊。我当时正好在文部科学省担任生命科学课课长之职，主要工作就是与大学、企业的研究人员，以及记者、国会议员、企业经营者、知识产权专家等相关人士见面沟通、交换意见，从而拟定政策方案。在这个科学发展日新月异的时代，我们发扬只争朝夕的精神，每天都在思考、提案，事事身体力行。iPS 细胞的横空出世，简直就是对科技政策工作者的一次难得的历练，作为亲历者现在回想起来依然倍感幸运。那时我们就深刻地体会到将生命科学与社会连接起来的重要性，具体而言就是将 iPS 细胞从基础研究到知识产权、临床研究、产业化统统纳入视野，并且不断解决有关生命伦理的课题。

　　除了 iPS 细胞之外，我还参与了诸多与科学相关的社会课题，例如，脑科学、基因组学，从基础研究到临床研究的过渡，科学传播，以及研究中出现的学术不端行为，等等。基于这些经验，我在本书中阐述生命科学政策的时候，特别重视生命科学基础研究的社会应用，并且试图对其加以综合考量，而不是高来高往、纸上谈兵。具体涉及的领域则是伦理、法学以及社会课题，临床研究及其产业化的相关课题，还有科学工作者与普通民众的沟通交流课题。这些概念的归纳总结，刚好对应了本书的副标题——连接社会与科学。

生命科学政策的制定过程中，虽然会在某种程度上涉及基因组学、脑科学、干细胞、植物学等诸多领域的研究内容及其相关知识，不过在我看来，最为重要的因素应是具备见微知著的洞察力，如何将这门经常产生新的智慧、备受公众瞩目的科学在社会上恰如其分地定位才是时下的当务之急。但是，连接生命科学与社会的具体方案，目前尚未实现体系化。

因此在政策方案的拟定、执行之际，我需要会见有关人士并且与其交换意见，在这个过程中学到了许多一线的知识与智慧，着实受益匪浅。在这个领域中，关于政策的立案，从政策实施的角度考察政策得失的现有文献均为空白。因此，读者若能通过本书实现知识共享，从而进一步促进生命科学的振兴，我将不胜荣幸。

想要解锁生命的奥秘、克服疾病的痛苦乃是人类的本能。通过在医疗领域的应用，生命科学即可维持并增进人类的健康，对疾病的诊断、治疗做出贡献，仅此一点就足以令人神往。不过生命科学要实施以人体为对象的研究，遗传信息的解析，最近又发展到以心灵领域作为研究的对象，因此必然会产生诸多伦理、法学、社会性的课题，这与其他领域的科学研究均有所不同。关于生命科学与社会关系的探讨，原先大多都是从生命伦理学的立场展开论述的。虽然生命伦理学中也会进行诸多研究活动，但执着于理论性、抽象性的探讨较多，而着手解决实际问题的建树较少。于是现实情况就是，如何解决问题的提案寥寥无几；即便有了提案，恐怕也是高而不切者居多。生命伦理学之所以应运而生，想必是可以对生命伦理课题提出现实性的解决方案，从这个意义上来看，生命伦理学无疑是一门重要的学科，希望今后能够有所发展。

另外，生命科学与社会的关系并未拘泥于传统的生命伦理学领域而止步不前，科学对社会的巨大影响，与在大学研究室中所进行的基础研究相比，恐怕更多地还是表现为研究成果在医疗、产业方面的具体应用。因此，我们要从基础研究到临床应用，再到实现产业化的整体流程中探讨出一套有效的机制，以便实现临床应用和产业化。这是因为生命科学不仅要解析生命的机制，还与疾病的剖析、诊断、治疗等密切相关，并且今后还会成为创新的源泉。

最近，科学传播的观念颇受瞩目。要想推进生命科学的发展，包括其优势、劣势在内都必须获得全民的理解。在这种情形下，我希望广大市民、科学工作者、行政官员、企业家之间能够多层次地相互交换信息（彼此交流），而不是一味地向欠缺知识的普通民众灌输知识。

包括上述几个侧面，我在写作本书时试图从整体上来把握生命科学和社会的关系。另外在此特别申明的是，虽然本书中所涉及的事例均出自我在文部科学省以及日本学术会议秘书处等工作岗位上的实际经验，但其中所阐述的观点则完全是个人的一己之见，并无任何官方背景。

关于本书的结构，在此不妨做个简要的介绍。第 I 部分主要介绍了近年来日本生命科学研究成果中最为引人注目的 iPS 细胞。虽然京都大学教授山中伸弥运用其独创性的方法在世界上首开先河取得了成果，但这项成果是日本科学技术综合实力下的具体产物。另外，本书剖析了 iPS 细胞的科学意义与社会意义，还对旨在振兴 iPS 细胞研究的相关政策以及如何将研究成果回报社会的政策进行了说明，进而通过一连串的叙述，试图对最前沿的生命科学与社会的关系进行研究。我从参与政策立项的当事人角度解释了政府决策与研究人员、新闻记者在观念上的不同之处，在实际中会发生些什么，具体有着怎样的背景，等等。第 1 章侧重于论述建立研究支援体制的背景和经过，第 2 章侧重于论述国际动向、迈向产业化的进程与现状。

第 II 部分讲到了与伦理、法制、社会性课题密切相关的最前沿生命科学研究，并且对研究的流程、内容以及具体课题做了说明，其中还提到了最近刚刚成为显学的"超越自我"部分。作为个别性的课题，本书首先在第 3 章中讲述了国民高度关注的脑科学，并且还就脑科学的重要性与前途以及脑神经伦理学进行了研究。在第 4 章中，还就相关人类信息、生物样本的处理问题进行了探讨，其中包括人类基因解析、生物银行、队列研究等。虽然这些问题过去曾经多有探讨，但由于近年来技术的进步又产生了许多新的课题需要我们予以应对。进而还对人类 ES 细胞（Embryonic Stem Cells，胚胎干细胞）、设计试管婴儿等围绕人类胚胎的复杂问题进行了探讨。接下来，在第 5 章中，对是否存在能够解决所有生命伦理问题的"普遍性生命伦理"进行了研究。结论就是关于生命伦理问题，只能采取脚踏实地的原则，具体问题具体分析，而不是寄希望于找到一个万能公式，简单套用后就能立即得出唯一正确的答案。

第 III 部分，对如何将生命科学的研究成果回报社会的过程做了说明，同时还就诸多衍生课题进行了探讨。首先在第 6 章中，对发达国家的医疗体制以及疾病结构的变化对生命科学所造成的影响进行了研究；其次在第 7 章中，则对将研究成果回报社会的难点之所在，即疗效的制度宗旨以及相关课题做了说明，同时还对日本大学饱受诟病的政策性应对问题进行了剖析，包括临床研究的课题、从基础研究向临床研究过渡的课题，等等。另外，还对产业化课题的具体事物，即风投企业与知识产权等问题进行了研究。

　　第Ⅳ部分主要研究了生命科学与社会的关系。首先在第 8 章中，对近年来出现的学术不端行为的处理方法进行了论述，明确指出科学工作者必须洁身自律，否则就会失去社会的信任。其次在第 9 章中，研究了民众对于旨在服务社会的科学及生命科学的期待与不安，以及叠加产生的各种问题。另外，还对科学传播的观念、科学技术能力的重要性进行了探讨，除了举例说明科学传播的具体实践手段——科学咖啡馆、科学大会以外，还对连接生命科学与社会的人才培养的必要性问题进行了研究。

# 目录

# 第Ⅰ部分　对iPS细胞的期待与社会反响

# 第1章
## 课题：如何建立支援体制？
## 答案：从制备人类 iPS 细胞着手

### 1.1　与山中教授交换意见

2007 年，我当时在文部科学省担任生命科学课课长之职，11 月 30 日上午 9 时，我与同事一起拜会京都大学再生医学研究所的山中伸弥教授。事先获悉这个信息的 NHK 摄影记者早已闻风而动、严阵以待。山中教授的研究团队，从成人的皮肤细胞中成功地制备出了 iPS 细胞。2007 年 11 月 20 日，该成果在美国的权威性学术杂志《细胞》[1] 上公开发表，从而引起了大众媒体的广泛关注。

在同一天出版发行的全球顶级学术杂志《科学》上，刊载了威斯康星大学教授詹姆斯·汤姆森研究小组的一篇论文，宣布在 iPS 细胞的制备领域取得了成功。关于 iPS 细胞的研究工作竞争激烈，这两篇论文的发表充分证明他们的研究成果处于世界领先水平。汤姆森教授早在 1998 年就发表过论文，宣布在人类 ES 细胞的制备方面取得了成功，堪称人类干细胞研究领域的泰山北斗。

山中教授的研究团队，早在 2006 年 8 月，即发表那篇制备出人类 iPS 细胞科研成果论文的前一年就取得了丰硕的成果，在全世界率先从老鼠皮肤细胞中制备出了具有分化成各种体细胞功能的 iPS 细胞 [2]，在干细胞研究领域享誉全球。全世界的研究人员都对他们的研究成果翘首以待，而竞争对手也在竭尽全力推进各自的研究工作。在体育界，一位运动员只要能够取得名次或许就能够获得褒奖；但是在科学界，向来只认第一而无所谓第二。

从 2005 年开始，文部科学省科学技术政策研究所（National Institute of Science and Technology Policy，简称 NISTEP）对那些在科学技术领域做出显著贡献的杰出人士（NISTEP 学者 [3]）进行了表彰。2006 年 12 月，山中教授当选为 NISTEP 学者。由于山中教授所领导的团队从老鼠的皮肤细胞中成功地制备出了 iPS 细胞，该成果为全球首创，因此在科学界获得了极高评价并且引起了广泛的关注。老鼠的 ES 细胞与体细胞相融合，在此基础上又进一步制备出了消除掉 ES 细胞原有染色体的多能性干细胞。凭借这项科研成果，京都大学的多田高副教授（当时）也同时当选为 NISTEP 学者，日本干细胞研究工作的活跃程度由此可见一斑。

山中教授参与了文部科学省所主持的再生医疗落实性项目（第 I 期），并且作为该项目研讨会的演讲嘉宾进行过两次演讲，因此我们这些文部科学省负责生命科学的工作人员有幸与他结识。为了准备这场访谈，我们首先联系了京都大学研究室，结果被告知山中教授正在德国出差，于是我们又向他下榻的酒店打电话，这样才确定了访谈的具体日程，并且在电话中就 iPS 细胞研究的政策支持问题与他简短地交换了意见。

此次拜会的目的是与山中教授充分交换意见，诸如就今后应该如何推进研究工作征询他的想法，请他当面说明在研究工作中存在哪些具体问题，等等，而不是单纯为了向他表示祝贺。就我个人的经验而言，政府官员与学者之间进行交流，理应选择在学者所在的研究室进行，以便让对方充分享受主场之利，在访谈中能够无拘无束、畅所欲言。另外，我们不但能够实地考察研究室的大小、学者以及校研究生的人数，还可以掌握许多一手信息，现场观摩他们的研究设备、工作环境，等等，这些情况往往至关重要。

山中教授在访谈中指出："日本在科研领域，团队建设薄弱，缺乏纵深配置，那些明明需要团队接力才能完成的任务，却非要指望由一个人来大包大揽；而美国在科研领域却有许多'接力团队'，因此日本必须改变目前这种单兵作战的科研体制，积极打造'日本团队'，以便集思广益、群策群力，全面推进科学研究工作。"山中教授认为，当务之急就是需要一个适合团队研究的工作场所（图 1-1）。关于这个设想，山中教授后来在拜会文部科学大臣、科学技术政策主管大臣时也都反复提及。在诸多意见中，山中教授尤其强调日本的研究机构过于独立、相互之间缺乏交流与合作，以致各自都在单打独斗。山中教授还在美国加利福尼亚州的格莱斯顿研究院（Gladstone Institutes）担任首席研究员，因此对美国的科研体制非常熟悉。根据他的描述，该研究所中的研究室对其他研究室完全开放，并且研究所的整体格局也适应这种开放型体制，各个研究室之间彼此相邻，实验室之间大多不过一墙之隔。山中教授殷切地希望，日本也能建立这种开放型研究所（图 1-2）。另外，山中教授还表示，希望与已经开展 iPS 细胞研究的庆应义塾大学、东京大学、大阪大学、东北大学、理化学研究所的相关研究人员共同推进研究工作。目前，凡是榜上有名的研究人员，都参与了"再生医疗落实性项目（第 I 期）"，我们政府官员与学者之间通过这个平台直接进行交流，从而奠定了研究团队的框架基础。

图 1-1　世界与日本的研究体制（根据山中伸弥教授提供的资料）

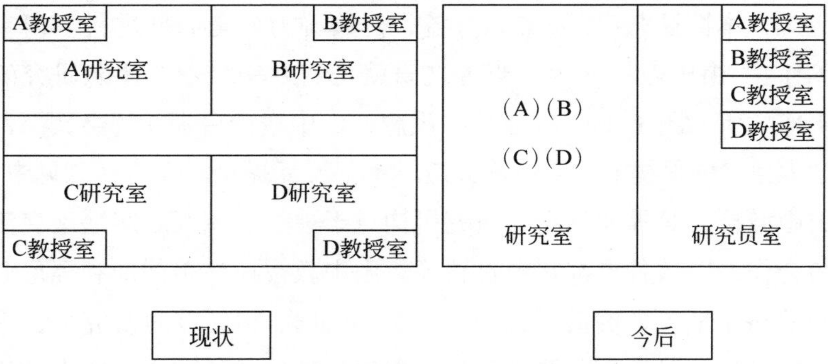

图 1-2　科研人员之间便于相互影响的开放型科研环境
（山中伸弥教授提供的资料）

我们向山中教授表示，iPS 细胞研究具有划时代的意义，政府当然予以支持；其中势必涉及短期实施与长期规划的问题，理应分清轻重缓急；政府的作用并不是单纯地扶持某所大学或研究所，而是全面振兴日本科学研究事业。通过这次拜会，我们与山中教授初步交换了意见，彼此之间增进了相互信任，并且为今后制定振兴科研体制的发展战略奠定了基础。虽然拜会山中教授的研究室尚属首次，但给我们留下了极其深刻的印象：再生医学研究所坐落在一幢陈旧的建筑物中，而且山中教授的研究室也十分狭小简陋，研究环境着实不容乐观。目前担任理化学研究所胚胎科学及再生科学综合研究中心科研小组首席研究员的笹井芳树教授，早在数年前还在京都大学担任教授，当时我访问过他的研究室。笹井芳树作为战后京都大学医学院最年轻的教授，其研究成果也受到了广泛的关注，但他的研究室极其窄小陈旧。京都大学未能给这位年轻的教授提供一个良好的研究环境。由此及彼，不禁令人感慨万千。

　　山中教授研究室的拜会活动结束之后，我们又与再生医学研究所的工作人员交换了意见。随后又拜访了京都大学总部，并且代表政府委托京都大学作为山中教授的后盾，叮嘱校方务必与其保持密切联系并且积极配合他的研究工作。当时，承担日常性科研辅助工作的科研支援部门或者叫作科研后勤部门还十分薄弱。例如，来自媒体方面的采访，来自患者的咨询，来自有关机构的演讲邀请，等等，不仅这些日常性事务急剧增加，而且处理这些杂务的工作人员严重不足，山中教授本人有时也要亲自接听采访的电话，以至于忙得焦头烂额。另外，山中教授原先供职于奈良尖端科学技术大学，调入京都大学不过数年而已，原先与行政机关之间几乎从未打过交道，并且他在京都大学也看似孤家寡人，对人情世故、与学校行政部门相互沟通等方面似乎一窍不通。后来，京都大学针对外部采访以及山中教授的日程安排管理方面倒是建立了一套严格的规章制度，原则上就是一律加以限制，结果就是矫枉过正，就连我给山中教授打个电话，有时也会被工作人员阻拦而无法传达。京都大学内部开始建立健全针对科研工作的合作机制以及知识产权方面的规章制度。以在京都大学内筹建iPS 细胞中心（后文中详细叙述）大楼为核心的校园格局调整工作，由京都大学主管科研的理事松本纮教授（现京都大学校长）全面负责并且得以顺利实现。

我们这次拜会之后，此前一直对山中教授等人的科研工作提供支援的科学技术振兴机构（JST）的理事广濑研吉等人也去探望了山中教授，双方就今后如何加速研究工作等具体的支援措施以及举办研讨会等问题交换了意见。由于山中教授在京都大学内的研究室非常狭小，而京都大学短期内又的确无法在校园里腾出一片宽敞的空间，鉴于这些客观情况，当时探讨过是否借用京都调查园地株式会社（KRP）的租赁研究室。后来在 JST 的支援下，KRP 的研究室经过一番改建装修，变成了山中教授的 iPS 细胞研究室。从 2008 年 8 月开始，iPS 细胞的研究工作终于在新体制下走上了正轨。

## 1.2　iPS 细胞的意义与来自社会上的广泛关注

所谓 iPS 细胞（图 1-3），就是通过向体细胞中导入基因，令细胞核重新编程而获得的人工诱导性多能干细胞。[4] iPS 细胞的制备成功，尤其是人类 iPS 细胞的制备成功引起了广泛的关注，其意义主要有以下三点。

### 1.2.1　意义之一：颠覆了生物学的常识

首先，iPS 细胞的制备成功颠覆了胚胎生物学迄今为止的常识。[5] 哺乳类动物，从一个受精卵开始产生细胞分裂，随后这些细胞分别发育成为人体的手、足、脑、眼、皮肤、肠等器官，而这些细胞一旦定型就不可能逆转，也不会转变成其他细胞。这就是生物学的基本常识。但是，山中教授等一线科研人员，居然可以让这些细胞具备逆转至其初始状态，具有转变成各种细胞的能力。也就是说，许多科研人员梦寐以求的体细胞重新编程居然成

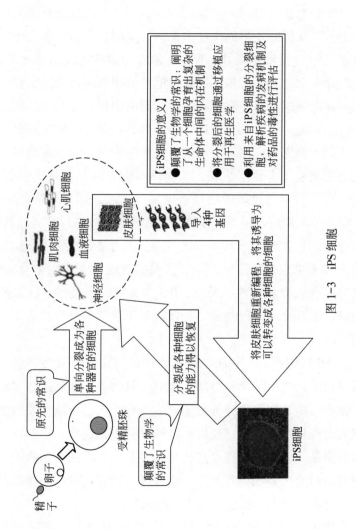

图 1-3　iPS 细胞

了现实。实验已经在哺乳类动物老鼠身上取得成功，必将在科学史上流芳百世。

至于针对医疗领域的应用问题，人类 iPS 细胞的制备无疑是重中之重。从国际竞争的角度出发，日本国内许多人强烈呼吁当初根本就不应该将老鼠 iPS 细胞制备成功的科研成果公之于世，以便确保独家之秘。但是，如果其他科研团队通过老鼠实验而取得了同样的成果并且率先公布的话，则山中教授及其团队的心血势必付诸东流。正如前文所述，科学界的竞争规则异常残酷，向来只认第一而无所谓第二。另外，就科学意义而言，即便目前只是在老鼠实验上获得了成功，但仍然不失为具有划时代的意义。若在企业，对于自己取得的科研成果，或许当真不必发表论文，只要申请专利即可。但是，对于那些由国家支持的科研项目来说，一旦有了新的发现、取得了新的成果，除了办理专利登记之外，尽快发表成果也是众望所归，以便明确政府开支的用途及流向，对全体纳税人有所交代。另外，iPS 细胞研究中蕴藏着巨大的应用前景，采取全球开放型的研究体制对于医学的进步必将产生深远的影响。

从 ES 细胞研究、克隆动物技术的研究出发，最终将多能基因诱导出来，这个结果是可想而知的。只要能够控制这些多能基因，就有可能从那些已经分裂了的体细胞中随心所欲地获取多能干细胞，在乐观派看来，这样的前景已是不言而喻。不过保守派的观点则是，若要将上述设想转化为现实，就必须对细胞内多数基因组的时空关系加以控制，[6] 也就是所谓的从时空上控制基因转录，这在技术上毕竟还存在极大的困难。

事情的发展进程也的确如此。大约在 2003 年，我开始从事生命伦理政策的起草工作。由于当时已经出现了 ES 细胞，即便提取胚胎、扼杀生命的伦理问题得以束之高阁，但是克隆技术的关键在于核移植，基因重新编程的机理已经公之于世，而继续研究这种需要对每个人都实施一整套基因重新编程的作业流程，仅从成本上考虑显然就难以为继。因此有些专家学者对我提议：应该制造那些无须克隆技术即可具备多种功能的细胞。不过我当时却坚定地认为，这个建议违背了生物学的基本常识，纯属异想天开，并且多数专家学者也抱有与我一样的想法。然而山中教授所领导的研究小组，却在哺乳类动物老鼠身上率先突破，进而又在人类细胞上取得了成功，其研究成果颠覆了"常识"，堪称一石击起千层浪，足以证明原先被奉为金科玉律的生物学常识其实还有值得质疑的空间。iPS 细胞已经实现了重新编程，若能辨明其机理，令其中途逆转进程，就可以制备出各种各样的细胞，从而实现对细胞的任意操控，将来有望在系统生物学领域取得成果并且加以有效运用，甚至还会制造细胞。该成果将对再生医疗的发展做出极大的贡献，详情请见下文。

### 1.2.2　意义之二：为再生医疗开辟了新的可能性

其次，就是将从 iPS 细胞中分裂出来的细胞用于治疗的可能性问题，即所谓的再生医疗。原先通过医药品对患者所实施的治疗，大多都是旨在缓解症状的对症疗法；而再生医疗则是从疾病的成因下手，有望彻底将其根治。例如，由 iPS 细胞制备角膜，治疗眼病；令神经细胞分裂，将其应用于脊髓损伤的治疗，等等。许多目前尚无有效治疗方法的疾病，今后都有治愈的可能。心脏外科专家大阪大学泽芳树教授就心脏疾病的治疗应用问题曾经公开表示："iPS 细胞片层的作用机理十分明确，与心肌细胞同样可以连通生物电，有望直接传导心跳、改善心脏功能，哪怕只有这样一个功效，iPS 细胞的前景就不可限量。我在与京都大学山中教授的共同研究中，重点关注以下三个领域，即由 iPS 细胞分裂诱导出高效率的心肌细胞、抑制畸胎瘤（teratoma）、向心衰动物模型中移植细胞片层。三线齐头并进，前景可期。"[7] 泽芳树教授的研究室目前所进行的科研项目是，利用东京女子医科大学冈野光夫教授所提供的技术，将从患者身上提取的成肌细胞制备成细胞片层，然后贴在患者的心脏上，这种方法在心衰病症的治疗方面正在不断取得成功。

由于 ES 细胞与 iPS 细胞同样具备多能性，虽然面向再生医疗领域的应用前景十分乐观，但毕竟涉及提取胚胎、扼杀生命的伦理问题，相关情况将在本书第 4 章中详细论述。iPS 细胞可以从我们自身的细胞中制备出来并且无须毁灭胚胎，类似于 ES 细胞那样严重涉及伦理的问题并不存在（关于 iPS 细胞的伦理问题将在本书第 5 章详细探讨）。这对于 iPS 细胞医疗及其相关产业的应用前景来说无疑非常有利。

另外，若能从患者身上制备出 iPS 细胞，并且令其分裂成患者所需要的细胞，而这种细胞又能用于细胞治疗的话，那么就与使用自身细胞并无二致，或许以此就可以解决免疫排斥的问题。因为 ES 细胞治疗毕竟是在其他人的细胞中植入从 ES 细胞分裂出来的细胞，这种移植治疗所涉及的免疫排斥问题始终充满悬念，而 iPS 细胞却有望战胜这个困难，所以这个设想的确前景可期。但是，从自身 iPS 细胞制备出细胞并且将其用于治疗，也会涉及以下几个问题：第一，由于每个患者都要先制备 iPS 细胞，再将 iPS 细胞分裂制造成他们各自所需要的细胞，制造成本势必过于昂贵。如若成本始终居高不下，要么对医疗财政造成巨大的压力，要么就是极大地增加患者的经济负担。第二，制备 iPS 细胞需要花费时间，再从 iPS 细胞分裂制造出患者所需要细胞势必更加旷日持久，等到真正将其投入治疗难免存在缓不济急的问题。第三，从每个患者身上所制造出来的 iPS 细胞及其分裂后制造出来的各种细胞，可能质量参差不齐、优劣并存，在确保安全性方面存在问题。

为了解决这些问题，将来不妨考虑建立"细胞银行"，也就是说按照每个决定免疫系统的白血球 HLA（人类白细胞抗原）型号，事先准备好相应的 iPS 细胞。不过就目前的情形来看，iPS 细胞的制备方法还处于百家争鸣、各行其道的阶段，确保安全性的问题一时还无法解决，因此为了投入治疗而建立"细胞银行"的设想显然为时尚早。不过为了做好准备而提前打下基础也的确很有必要，只有未雨绸缪，才能有备无患。

### 1.2.3　意义之三：解析疾病成因，用于新药开发

有望解析疾病的病理成因并且将其用于新药开发。在解析疾病成因、用于新药开发等方面的实践，或许能够比再生医疗领域的实际应用更早取得成果。基于这样的观点，美国对解析病因、开发新药方面的关注程度远在再生医疗之上。例如，对于神经系统、心脏等器官的组织病变，即便无法从患者身上提取组织或细胞进行研究，也可以从该患者的皮肤细胞入手制备出 iPS 细胞，然后将其分裂成神经细胞或心肌细胞，以便为研究病理机制提供帮助。

另外，这些分裂后再制备出来的细胞，有可能应用在药品标准物质的遴选上。例如，在心脏疾病的药品标准物质遴选方面，即便老鼠实验确认其安全有效，但对于人体来说是否同样安全有效，目前还并不清楚。当然，如果能够轻易地获取人类的心脏细胞并将其投入医学研究，固然可以检测出该药品是否有毒，但问题的关键在于无法从活人身上获取心脏细胞。而获取从 iPS 细胞中分裂出来的心肌细胞似乎并不困难，有关机构很想将其应用在药品标准物质的遴选方面。该系统由京都大学申请专利实施许可，

风投企业 ReproCELL 公司已经在销售相关产品。该公司总裁横山周史先生堪称是日本干细胞产业的第一人，我在与他交换意见的时候受益匪浅。横山周史总裁从风投产业的角度，就干细胞研究的问题发表了许多真知灼见，主要观点如下：

药品一旦进入人体，就会被肝脏分解。若能获取人的肝细胞，那么对于肝脏是否能够分解这种药物、是否可能产生毒害等问题即可迎刃而解，因此应该将其应用于各种药品标准物质的遴选方面。只要能够从 iPS 细胞中切实分裂出肝细胞，就会对新药开发做出极大的贡献。但是，由 iPS 细胞分裂制备出肝细胞的技术难度远在制备心肌细胞之上，因此要想将其过渡到实用化阶段还要花费很长一段时间。另外，药监局等机构在进行药品审查之际，对利用这种新技术进行毒性评估的方法是否予以承认，也是一个有待探讨的问题。

制药企业为了提高新药开发的效率，正在积极探索生物制剂。生物制剂就是在患者罹患某种疾病时所产生的相应标志物。例如，与前列腺癌相对应的前列腺特异抗原（Prostate Specific Antigen，简称 PSA，这是一种从前列腺分泌出来的物质，正常情况下不会流入血液中，而一旦罹患前列腺疾病就会渗入血液）就非常具有代表性。为了开发生物制剂，人体实验固然至关重要，但同时也是最大的一个难关，医药机构往往无法如愿。根据某项专业性调查的结果，制药企业及研发团队对现状及所存在的问题论述如下：①为了探索生物制剂，人体实验无疑最为理想；而动物实验可以进行各种可行性的尝试，若能二者兼备显然最具效率性。②虽然利用人体实验进行对比验证很有必要，但目前的问题在于，如何从正常渠道获取人体实验的资源？按照怎样的标准予以鉴定？③人体实验至关重要，但通过正常渠道获取实验所需的人体资源往往手续烦琐、费用昂贵，一想到这些实际困难就令人望而生畏。而人类 iPS 细胞只要在技术上取得突破，就可以按照人们的需要任意转化为各种细胞，那么产业界的这些愿望即可获得满足。

### 1.2.4　来自社会的广泛关注

iPS 细胞具有重大的科学意义，并且肩负着社会的广泛期待，于是被赋予了一个多少带有几分感情色彩的称号——"万能细胞"，电视台、报刊等大众媒体的相关报道一时连篇累牍，以致普通民众也对其耳熟能详。根据《广辞苑》（大众词典）的释义，"万能"的意思就是对所有事物都具有效能，对各种问题都有巧妙的应对方法。虽说 iPS 细胞将来可能在各个医疗领域发挥作用，但其效能恐怕还是无法达到包治百病的地步，因此就我个人的见解而言，"万能细胞"的称号显然言过其实，而且容易招致误会。

京都大学副教授加藤和人的研究小组在《朝日新闻》（日本三大报刊之一）的配合下，以该报读者为对象开展了一场调查。[9] 其结果显示尽管人类 iPS 细胞制备成功的论文公开发表还不到一年，但在总共收到的 143 908 份答复中，回答"听说过 iPS 这个词"的人有 74%；"听说过再生医疗"这个词的则上升至 87%；高达九成的受访者回复说，关于 iPS 细胞、再生医疗的研究确有必要。另一方面，半数以上的受访者认为，建立健全相关法令、规章制度也很重要。这是一个十分值得关注的倾向，充分说明普通民众对再生医疗的关心不断高涨并且对其寄予厚望，但同时似乎也对尖端科研的推动方法感到忧虑。

但凡有关 iPS 细胞研究的研讨会，召集起来简直毫不费力，报名者总是应者如云，以致会场座无虚席，进入现场提问阶段时许多人都积极举手、踊跃发言。我本人也有机会参加这样的公开研讨会，因而有幸与诸多人士直接接触，交换意见，其中大多都对 iPS 细胞研究高度关心并且满怀期望。

### 1.2.5 iPS 细胞研究是科学技术发展的综合成果

成功制备出像 iPS 细胞这样具有多能性的细胞，堪称全世界干细胞、胚胎科学研究人员过去可望而不可即的壮举。在 iPS 细胞制备的过程中，用到了京都大学多田高博士、理化学研究所丹羽仁史博士与林崎良英博士等人的研究成果，[10] 足以证明日本在干细胞研究领域水平高超，人才济济。正如理化学研究所神户分所副所长西川伸一所指出的那样，iPS 细胞研究之所以成为可能，是因为日本在科学研究方面具有强大的综合实力。[11]

例如，在制备老鼠 iPS 细胞之际，山中教授的研究团队在遴选基因时精确搜索到 24 个，在精确搜索的过程中使用了 FONTOM。该数据库是由理化学研究所林崎良英博士的团队在有关国际机构的配合下建立起来的，他们搜集并总结了老鼠基因的相关动向，在计算机上所进行的基因精确搜索仅用几周时间就大功告成了。另外，丹羽仁史博士针对制备 iPS 细胞所必需的 Sox2、Otc3/4、Klf4 等三种赋有多能性的转录基因的机能提交了报告，并且明确指出自己在这些基因上倾注了全部心血。[12]

支撑这项研究并取得突破的关键在于，日本掌握了诸多最尖端的基础技术，例如，转基因老鼠的制造技术、基因解析技术等。另外，可以在计算机上处理大量信息的生物信息学技术也是研究工作的重要工具。iPS 细胞的研究成果是集当代诸多科研成果与先进技术之大成的产物（图 1-4），这就是所谓的"长期潜移默化、一朝水到渠成"。相关药品的开发方面也同样如此，制造出疗效显著的良药决非朝夕之功，而是有赖于广泛而又深入的研究工作，正因为如此，日本企业在药品的开发方面才获得了成功。相关情形将在本书的第Ⅲ部分详细论述。此外，各种尖端技术与知识产权的衔接问题看似与研究工作并无直接关联，但在科研成果的实用转化阶段，它却是一项非常重要的基础性工作，今后必将不断得到强化。

　　一个值得注意的倾向是，iPS 细胞的研究工作还处于发展阶段，其知识体系尚未得到概括、总结，还不是一门确定性的科学。科学家每天都在努力研究，积极探索，不惜反复试错，以便将迄今还是未知数的诸多难题解析清楚。另外，某些目前被公认为正确的观点，或许在后来的研究工作中经受不住实践的检验而被淘汰，而经过实践检验的真理终将拨云见日、熠熠生辉。今后，日本将通过各种各样的研究工作，广泛积累知识、增进见地，以便厚积薄发，为科研成果的实用化开辟道路。

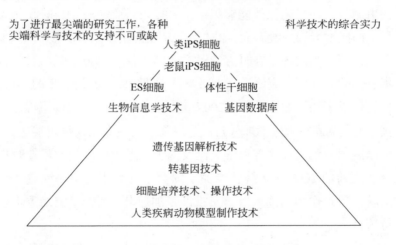

图 1-4　支撑 iPS 细胞研究的尖端科学与技术

## 1.3　综合战略的制定

### 1.3.1　为什么日本能够迅速建立起应对机制

　　接到 iPS 细胞制备成功的汇报之后，以文部科学省为首的行政机构可谓闻风而动，报刊媒体也对官方这个"难得一见的机敏举措"予以了高度评价。我曾经就这个问题向报刊记者询问过个中玄机，其中一个重要因素就是，当时的文部科学大臣渡海纪三朗与科学技术主管大臣岸田文雄（2021年10月当选为日本首相）充分发挥了领导能力，对iPS细胞今后的研究方向做出了明确的裁示。尤其是渡海大臣迅速下达了相关具体指示，不允许行政条块分割的现行体制阻碍科学研究，必须迅速建立应对机制；加速建立覆盖全日本的科研管理体制；知识产权不得被几所特定大学所把持，相关应用项目理应由具备专业能力的产业界来主导，不得以行政机关为中心；不得利用山中教授的名气令其登台造势、琐事缠身，务必确保他能够集中精力投入科研领域。当时我每天早晚两次都会接到渡海大臣的指示，并且向他汇报情况。

另外，当时还是在野党的民主党国会议员竭力主张，对于日本首创的研究项目应该予以大力支持，朝野同舟共济、步调一致，最终形成了强大的推动力。2009年9月，日本政府完成了权力交接（民主党赢得大选而取代自民党组阁），民主党众议员川端达夫、前原诚司分别出任文部科学大臣及国土交通大臣。他们早在政权交替之前的2008年8月就参加了国会京都大学山中研究室考察活动，后来作为内阁大臣，又批准了加速iPS细胞研究的重点扶持项目。

报刊、电视新闻等大众媒体后来的大力宣传同样功不可没，不仅展现出了日本科学实力处于世界最高水平并且取得了丰硕的成果，还在报道中点明了国家对科研的投入与外国相比相形见绌的客观事实。在大众媒体的频繁报道下，国民对iPS细胞的关心程度水涨船高，作为行政机构当然也要及早予以应对。

大势所趋之下，主管国家财政预算的财务省对iPS细胞项目表示理解。每年9月，文部科学省开始对财务省就预算申请进行说明，这时我们就会将山中教授的出色成果予以详细的介绍。由于媒体的大力报道，财务省官员居然对我们的汇报内容耳熟能详，并且当即予以充分的肯定。许多科研社团也就 iPS 细胞的出色性能以及研究成果中潜在的突破创新达成了共识，大家普遍认为应该把握全局，诸如海外在研究方面取得了哪些进展，日本应该采取什么政策，等等，在此基础上积极作为。文部科学省内部的相关部门也认识到了 iPS 细胞的重要性，并且在政策上予以大力扶持。我们这些主管生命科学政策的官员以前就与山中教授有过接触、彼此相识，而且对从事干细胞研究的一线学者了如指掌，遇到问题即可有的放矢，从而迅速做出判断，这对工作大有益处。这些有利因素完美结合，终于结出了幸运之果。

### 1.3.2　由主管大臣亲自交涉的预算申请

对于山中教授主持的 iPS 细胞研究的扶持工作，文部科学省最初是通过科学技术振兴机构的战略性创造研究推进项目（CREST）来予以具体实施的，后来则通过"再生医疗落实性项目（第 I 期）"，以及科学研究费补助款中的特别款项即"细胞核重新编程中的分子基础项目拨款"来加大了扶持力度。另外，京都大学的"物质－细胞综合系统据点"作为文部科学省所推动的世界顶级科研据点工程（WPI）之一，山中教授也得以成为其中一员并且获得扶持。

早在人类 iPS 细胞制备成功并公开发表之前的 2007 年夏天，文部科学省就对翌年（2008 年度）的预算申请展开了探讨，结论是推动包括 iPS 细胞在内的新型干细胞研究的综合进展确有必要。因此，决定将 2008 年度开始的"再生医疗落实性项目（第 II 期）"的预算额，从上个年度（2007 年度）的 10 亿日元增加至 1.5 倍，高达 15 亿日元。山中教授及其 iPS 细胞研究事业当时在社会上还默默无闻，而财政拨款的审核向来又以严厉著称，预算申请同比增加至 1.5 倍，这让我们觉得没有太大的把握，只不过是抱着姑且一试的心态。同年 9 月，在向财务省进行预算说明之际，我们郑重介绍了山中教授其人以及他的研究案例，明确指出日本干细胞研究正在取得进展，有必要推进人类干细胞的研究工作。另外，参与综合科学技术会议（内阁咨询机构）的国会议员当中也不乏有识之士，我们在应这些人士的要求而举行的听证会上，就"再生医疗落实性项目"做了说明。本庶佑议员就是这些有识之士中的一员，其本职工作也是从事医学研究，对于山中教授的研究价值自然洞若观火，因此提议国家对他进行扶持。于是"再生医疗落实性项目"的预算问题因涉及备受关注的 iPS 细胞研究项目，结果一举成为样板工程而被划入最优先拨款之列，审批工作也延缓至年底，由政府预算编制案的最终裁决程序，即财务大臣与文部科学大臣的直接交涉来解决。对于 15 亿日元的预算申请，财务省的初审答复（由事务官员决定）是维持上一年度 10 亿日元的水平；但大臣交涉的结果是，作为 iPS 细胞研究的相关项目在原有基础上追加 10 亿日元拨款，2008 年度政府预算案以 20 亿日元而告终，媒体曾经对此大力报道。

### 1.3.3　文部科学省的综合战略

为了加速为 iPS 细胞研究工作的进程，解析细胞重新编程的机制以及 iPS 细胞的深化问题，并且在全日本继续推进再生医疗技术的研发工作，文部科学省于 2007 年 12 月 20 日紧急成立了生命科学委员会，该委员会成员皆由生命科学领域的专家学者组成。文部科学大臣渡海纪三朗亲自莅临该委员会，并且指示大家探讨并制定相关政策，以便加速 iPS 细胞研究工作的深入进行。

根据该委员会提出的意见，文部科学省作为政府主管部门，将有关 iPS 细胞研究推进战略的各种扶持政策进行综合汇总，推出了《iPS 细胞研究等尖端项目的加速发展综合战略》( 2007 年 12 月 22 日文部科学大臣签发政令予以执行 )。在同年 12 月 25 日召开的综合科学技术会议上，文部科学大臣渡海纪三朗对这个加速发展综合战略做了介绍。距离人类 iPS 细胞制备成功的论文公开发表才仅仅一个月，政府主管部门就出台了一整套措施，就连平时向来以批评见长的大众媒体也对政府雷厉风行的做法予以充分的肯定 ( 前文已有叙述 )。

这项战略的制定分为两个部分，即目前可以直接实施的《本年度（2007）紧急扶持案》与今后实施的《翌年度（2008）以后的措施》，主要内容如下所示：

（1）为了推进全日本的研究工作，须设立战略执行总部，其成员由相关专家学者组成；机构名称为"干细胞、再生医学战略委员会（暂定）"；另外，作为推进研究工作的据点，应在京都大学校园内筹建"iPS 细胞研究中心"。

（2）为了加速 iPS 细胞等科研成果的应用研究，在确保研究经费充足的前提下，启动早期研究项目。

（3）为了确保知识产权，对于已经完成申请的基本专利，其知识产权将进一步得到强化；对于外围专利及海外专利的申请，也应予以支持。

文部科学省将其所采取的措施迅速汇总出台，距离人类 iPS 细胞得以确立的论文发表仅仅只有一个月时间，如此立竿见影的做法虽然出人意料，但毕竟勾勒出了一幅简明扼要的示意图，目前采取了哪些措施、今后应该如何运作等尽在掌握之中，政策上做到了有机衔接，具有很强的可操作性。这项综合战略提出，今后 5 年的研究经费预算为 100 亿日元，不料一年期间政府所投入的研究经费就超过了 100 亿日元，这个结果着实令人始料不及。另外，该战略的修订版及规划图（后文中加以叙述）也相继出台，随着研究工作的不断深化，政策配合也要与时俱进。

### 1.3.4 干细胞、再生医学战略运营分会的成立及相关活动

为了实施这项综合战略并有所发展，生命科学委员会作为探讨以 iPS 细胞研究为主导的干细胞研究以及再生医学研究推进方案的专门机构，下设干细胞、再生医学战略运营分会，不过该运营分会并未冠以"iPS 细胞"之名。这是因为，iPS 细胞研究所取得的进展，都是建立在诸多现有研究成果的基础之上，通过振兴干细胞研究以及再生医学的整体研究，即可间接推进 iPS 细胞的研究工作。若将有限的科研经费全部集中在 iPS 细胞的研究项目上，势必就要削减其他项目的科研补助款以及干细胞研究的相关经费，对于这种明显厚此薄彼的做法，委员会中有人明确表示反对。因此最终决定不得为了片面加强 iPS 细胞研究而削减其他项目的科研经费。另外，研究人员主张为自己的研究领域增加科研经费固然顺理成章，但科研经费毕竟来自国家税收，归根结底由全体国民负担，行政机关若推波助澜甚至大包大揽，在取信于民上势必存在困难。反之，只要能够取得眼见为实的确切成果，再对国民说明增加科研经费的必要性，那么争取民意支持就会变得轻而易举。

该运营分会主任委员由理化研究所神户分所的西川伸一副所长担任。起步之初，委员都是清一色的干细胞研究人员；待到2009 年，在知识产权领域具有深厚造诣的律师、制药企业的科研人员、癌症研究人员、风险投资机构等方面的专业人士开始陆续加盟。这是因为，委员会考虑到了下列诸多因素：大家普遍对iPS 细胞研究寄予厚望，并且认定这个项目具有巨大而广阔的势能，不应局限于干细胞研究、再生医学这样狭小的范围内故步自封，尤其是围绕 iPS 细胞的知识产权问题今后势必长期持续；制

药企业对于承担产业应用的任务信心十足，理应听取产业界的意见；需要与癌症研究相互配合，iPS 细胞的标准化及实用化也需要进行广泛的探讨。

### 1.3.5 举办圣诞节研讨会

2007 年 12 月 25 日，科学技术振兴机构（简称 JST，文部科学省下辖的国立研发法人）主办的圣诞特别研讨会在京都举行。该研讨会的主题是"多能干细胞研究的冲击、iPS 细胞研究的未来"，这个研讨会其实在综合战略中已有规划，筹备工作在 11 月 30 日 JST 理事广濑先生（当时）一行拜会山中教授之后就开始了，能够在不到一个月的时间就顺利召开，显然是 JST 从管理层到普通工作人员上下一心、共同努力的结果。研讨会的主题正是当红学科而备受关注，尽管召集时间仓促但报名者依然应者云集。主办方唯恐会场人满为患，还特意准备了第二会场，以便听众能够在此通过投影转播共享主会场的盛况。听众来自社会各界，其中有些人是饱受疾病折磨的患者，与会的专家学者也不止京都周边的关西地区，来自东京、仙台的嘉宾也济济一堂、共襄盛举。另外还有许多新闻媒体工作者莅临现场。

登台演讲的贵宾，以山中教授为首，其次还有理化学研究所神户分所副所长西川伸一教授、东京大学医学研究所中内启光教授、自治医科大学花园丰教授、庆应义塾大学冈野荣之教授、理化学研究所胚胎及再生科学综合研究中心首席科学家高桥政代教授，等等。干细胞研究领域的顶尖学者群英荟萃，大家就建立举国一体的专家网络、研究工作多元化的重要性、iPS 细胞的出色性能与再生医疗研究领域的现状及前景、确保安全性等问题进行了充分的探讨。通过这场研讨会，当前所应解决的课题、今后的研究方向得以基本明确，同时对于普通民众来说也不失为一场信息汇总、信息披露的重要活动。另外，原综合科学技术会议成员井村裕夫教授、岸本忠三教授这样的学界巨擘也莅临会场并发表致辞；登台致辞的还有文部科学省的副大臣松浪建四郎（当时）、京都大学理事松本纮（当时），以及主办方代表科学技术振兴机构理事长北泽宏一，他们分别就 iPS 细胞研究的重要性以及扶持政策的方向性等问题阐述了自己的看法。

## 1.4 网络的形成

### 1.4.1 研究项目的启动

"关于再生医疗落实性项目"，其经费预算只要通过国会审核即可在新的财政年度直接拨付使用，于是相关项目从 2008 年 1 月 17 日开始公开招标。由于各方面都迫切要求政府予以迅速应对，因此所有计划都尽量提前，以便在当年推动并完成相关准备工作。同年 2 月 29 日，委员会选定了以下 4 家机构（括号内为研究项目负责人）作为"人类 iPS 细胞研究据点筹备项目"的基地：

（1）京都大学（山中伸弥教授）；

（2）庆应义塾大学（冈野荣之教授）；

（3）东京大学（中内启光教授）；

（4）理化学研究所（笹井芳树首席研究员）。

再生医疗落实性项目由厚生劳动省国立精神神经中心神经研究所所长高坂新一担任项目执行官，东京医科大学教授赤泽智宏担任运营官。

这些基地原本就在干细胞、再生医学领域取得过丰硕成果，优秀的专家学者大多云集于此。因此，委员会的既定目标是，各个基地都应该在再生医疗领域勇于创新、引领世界，具体来说，就是综合开发以人类 iPS 细胞为中心、具有高度独创性的人类干细胞创新型操作技术，以及与治疗疑难杂症、生活习惯病相关的已经进展至临床研究阶段的治疗技术。

　　另外，委员会于同年 4 月 7 日确定了与基地筹建工作密切相关、旨在推进研究开放工作的"个别研究项目"的实施机构。"特别研究项目"包括以下三个组成部分：

　　（1）筹建供研究使用的干细胞银行部分：提供脐带血以及其他人类干细胞，以便保障科研用途的后勤供给；

　　（2）干细胞制备部分：与干细胞本身密切相关的核心技术研究开发；

　　（3）干细胞治疗领域部分：旨在利用移植手段将从干细胞分裂出来的细胞用于治疗疑难杂症以及生活习惯病的研究开发。

　　据点筹建工作以及个别研究项目所选定的研究团队，其负责人的年龄清一色都在 40~50 岁之间，正是年富力强的阶段，并且其技术也处于世界顶尖水平，取得成果乃是众望所归。这个项目中，既包括脐带血业务，也包括涉及干细胞治疗研发领域的体性干细胞研究业务，但凡我们视野所及的关联领域皆在扶持之列，而不仅仅是为了单纯扶持 iPS 细胞研究。

　　文部科学省负责制定战略目标，具体实施机构则是 JST。为了落实文部科学省下达的战略目标，JST 对相关研究项目进行了公开招标，将其命名为"战略性创造研究推进项目"，并且负责具体实施。文部科学省为了推动有关 iPS 细胞研究，特意制定了十分具体的战略目标，即"通过立足于细胞重新编程的干细胞制备、控制等手段，研究开发具有创新性的医疗基础技术（CREST）"。JST 加大了对山中教授研究团队的扶持力度，并且开始组织实施"iPS 细胞制备控制等医疗基础技术项目"以及"iPS 细胞与生命机能项目（前沿项目）"。随后，为了在新年度展开研究工作，JST 于 2008 年 1 月 28 日开始公开招标。CREST 型研究旨在确定

iPS 细胞的效率并且能够对其实施控制，由那些活跃在一线的研究人员担纲负责研究工作；而前沿型研究旨在解析细胞重新编程的内在机制，则以扶持年轻学者为主。CREST 型研究统筹由庆应义塾大学教授须田年生负责，前沿型研究统筹则由理化学研究所神户分所副所长西川伸一教授负责，二人各司其职。

上述研究扶持政策的对象，并非仅限于文部科学省所直辖的大学以及理化学研究所，厚生省所管辖的国立精神神经中心、国立生育医疗中心，以及经济产业省所管辖的产业技术综合研究所的研究工作也享受同样的扶持政策。另外，正如前文所述，再生医疗落实化项目的项目执行官，由厚生省麾下国立精神神经中心神经研究所所长高坂新一担任。也就是说，文部科学省并非闭门造车，而是集结全日本的科研力量，争取从基础医学到临床医学全面开花。

### 1.4.2　iPS 细胞研究网络的形成与中央政府各个部门之间的相互合作

在处于最尖端水平的各个科研小组之间共享信息，在知识产权、研究材料的使用方面相互提供方便，无疑与提高科研效率、加速项目进程密切相关。关于这一点，当时的文部科学大臣渡海纪三朗不惜三令五申。因此，综合战略中明确指出，文部科学省与 JST 通力合作，启动了"iPS 细胞专家网络工程（以下简称'网络工程'）"，京都大学 iPS 细胞研究中心承担该网络工程办公室[13]的职责。另外，为了推进网络工程整体的顺利运营，还单独设立了网络工程运营委员会，委员长由山中教授担任；委员包括再生医疗落实性项目的项目执行官高坂新一、运营官赤泽智宏，CREST 型研究统筹主管须田年生，前沿型研究统筹主管西川伸一，以及文部科学省生命科学课课长（启动初期由我担任）（图 1-5）。

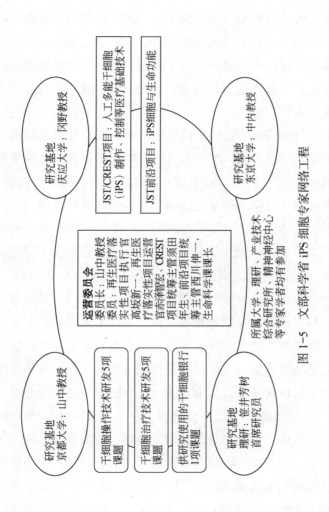

图 1-5　文部科学省 iPS 细胞专家网络工程

    描绘宏图固然轻而易举，实际运营却是举步维艰。对于科研人员来说，普遍存在"同行是冤家"的现象，因此在信息共享的问题上虽然大家满口应承，但其实都是小和尚念经——有口无心。在网络工程初具规模之际，为了从知识产权的角度获取专业性的意见，文部科学省与内阁府知识产权战略总部办公室以及日本制药工业协会等产业界机构进行了探讨。最终的结果就是，规章制度的制定以及日常运营等庶务，皆由 iPS 细胞专家网络工程办公室全面接管。

    关于 iPS 细胞研究的振兴计划，具体措施几乎全部由文部科学省独家负责；后来，厚生劳动省、经济产业省等机构所制定的措施也得以充实其中。人类 iPS 细胞制备成功的论文发表之后，仅仅事隔一个月就取得了上述成果，虽然进展神速但相关政策毕竟局限于文部科学省的管辖范围内。从翌年（2008 年）开始，我们与厚生劳动省研究开发振兴处、经济产业省生物化学产业处密切联系、频繁会面、积极磋商，就日本首创的科研成果——iPS 细胞今后应该如何发展的问题进行了充分的探讨。其中涉及的产业化、知识产权、临床研究等课题，显然不是仅凭文部科学省一家之力就能解决的，政府各部门之间只有建立起这样密切合作的体制，才能迅速做出反应，相关情况将在第 2 章中详细论述。另外，综合科学技术会议也召集了 iPS 细胞研究工作组会议，提出了"加速 iPS 细胞研究工作的当务之急与推动方法"。综合科学技术会议的作用，并不是就个别研究项目的内容等细节问题下达具体的指示，而是打破中央政府内部（内阁府与各省之间）的条块壁垒，为我们指明前进的大方向。随着 iPS 细胞研究的进展，相关协调工作势必更加深入、广泛地进行，因此我们对综合科学技术会议所能发挥的这种战略协调作用寄予了厚望。

### 1.4.3　iPS 细胞研究所的成立及设施兴建

正如前文所述，作为 WPI 项目——"物质 - 细胞综合系统基地"的一个组成部分，"京都大学 iPS 细胞研究中心（CiRA:Center for iPS Cell Research and Application）"确定成为 iPS 细胞研究的基地，该中心于 2010 年 4 月落成，后来发展成为京都大学的一个正式的研究所，即"iPS 细胞研究所"。文部科学省决定对由山中教授担任中心主任的 CiRA 予以扶持，具体措施就是援建一栋 12 000 平方米的建筑物，该建筑物于 2010 年 4 月竣工。同年 5 月，研究所举行了启用仪式，研究工作得以加速进行。这栋研究大楼的设计充分体现了山中教授的设想（本章开头部分曾有提及）。实验室研究负责人所在的房间并不是单独隔离的单间，而是在一个大房间内集体办公，即便各自研究室的隶属关系不同，研究人员相互之间也能够通过这个开放型的实验室清楚地知道对方在做哪些实验，彼此之间交换意见也变得轻而易举。另外，教授作为研究工作的负责人，教授的研究室及会议室所使用的都是玻璃隔断墙，室内的所有动态室外都可以看得一清二楚。而在日本的其他大学却是各成体系，其他研究室都在从事哪些研究，彼此之间很难知情，共同研究根本无法开展；山中教授洞悉其弊，提议改进，因此我们在援建研究大楼的时候就充分采纳了他的主张。为了开展临床应用的研究工作，研究大楼中还特意设置了配备最尖端仪器的细胞培养室与动物实验室。

像这样的开放型实验室在日本并非没有先例，东京女子医科大学与早稻田大学共同设立的"东京女子医科大学、早稻田大学联合尖端生命科学研究教育机构（TWIns）"就是其中之一。TWIns 的实验室就是开放型的大房间，并且空间宽敞，可以确保研究人员之间便捷地交换意见。最近，日本各个大学为了加强各个研究室之间的相互交流，像这样的开放型研究室正在陆续增加。不过，有人对此表示了不同的看法，我们曾经收到过这样一份报告[14]：就美国的科研体制而言，跨越研究室的交流活动并非长盛不衰，对于其他研究室的人员以及外来造访人员前来参观造访时，也存在内外有别的问题，当讲不当讲，讲到什么程度都是有规定的。回到日本来看，研究室与研究室之间的隔断墙其实非常低矮，简直令人吃惊。这两种意见针锋相对，与其说是日本与美国之间的客观差异，倒不如理解为研究机关或者主持研究室工作的负责人之间的主观差异更加确切。像 CiRA 新研究大楼这样，刻意在研究室之间不再设置隔离墙、保持良好通风的工作环境的确是个创举，我们希望利用这个建筑格局，促使研究人员之间相互激励，以便取得更加优异的研究成果。

2008 年年底，内阁会议确定通过了 2009 年度政府预算案，于是我们结合预算案，对《iPS 细胞研究等尖端项目的加速发展综合战略》进行了修订。在修订后的综合战略中，对内阁府及其他省厅、综合科学技术会议所制定的相关措施也有所涉及。主要的新列事项包括：建立健全旨在扩充 iPS 细胞研究基础的平台，通过产官学（即产业界、政府、学术界）相互合作的方式，为加速取得研究成果并且回报社会而对相关知识产权予以必要的扶持；推进内阁府、文部科学省、厚生劳动省、经济产业省这 4 个中央政府机构之间的相互合作，灵活运用"尖端医疗研发特区（即所谓的超级特区）"政策。

### 1.4.4  iPS 细胞技术平台与 iPS 细胞的标准化

作为文部科学省"再生医疗落实性项目"第 II 期工程，正如前文所述，以 iPS 细胞研究据点（京都大学、庆应义塾大学、东京大学、理化学研究所）为中心，扩展了 iPS 细胞研究的外延，积极促进"iPS 细胞技术平台"的推广，以便充实大规模技术传播的基础。通过这个平台，可以举办 iPS 细胞制备技术、分裂技术讲习会，实施 iPS 细胞培养计划，制备并提供针对特定疾病的 iPS 细胞，推动 iPS 细胞的标准化。该项目第 II 期工程在 2009 年度的预算审核中获得通过，得以顺利进行。

正如前文所述，iPS 细胞在疾病研究领域可能会发挥巨大的作用，而对于那些日常研究中并不涉及干细胞领域的科研人员来说，势必与 iPS 细胞擦肩而过、渐行渐远。另外，有的学者对日、美两国的现状对比表示不满：美国的情况是，具备人类 ES 细胞相关经验的技术专家人数众多，因此很容易从其他领域调集人手参与 iPS 细胞的研究工作；而日本的情形则是，具备人类 ES 细胞相关经验的科研人员及科研支援人员（即二线梯队人员）为数不多。即便从现在开始增加人类 ES 细胞专家人数，积极扩充二线梯队，结果也是缓不济急，并无现实意义。因此，我们决定举办讲习会，实施 iPS 细胞培养计划，以便普及从 iPS 细胞转变为体细胞的分裂技术。就美国目前的情况而言，虽然布什总统领导下的联邦政府对人类 ES 细胞研究项目的经费拨款有所限制，但该项目获得了州政府以及民间科研资金的大力支持，以至具备人类 ES 细胞相关经验的科研人员及科研支援人员为数众多。

京都大学 iPS 细胞研究中心、理化学研究所生物资源中心以及厚生劳动省管辖的独立行政法人——医疗基础研究所，目前都可以向渴望使用 iPS 细胞的申请者提供相关产品。至于非营利学术研究机构所需要的 iPS 细胞，则由理化学研究所生物资源中心负责供应。但从知识产权保护的角度来看，如此分工并非没有瑕疵，正确的程序应该是这样的：首先，申请者向京都大学提交承诺书；再由京都大学出具供货承诺书；然后与理研生物资源中心办理下一步的交接手续。另外，在公布研究成果的时候，必须提前 60 天通知京都大学；关于专利申请也是如此，在提交申请后的 60 天内必须通知京都大学。从 2009 年 10 月开始，相关手续得以简化，但仅限于申请者与理研之间的相关义务，具体规定是，研究成果的事前告知义务与专利申请中的事后告知义务全部取消。原先那套烦琐的手续不仅造成供货迟缓，而且显然也与推广使用 iPS 细胞的宗旨相违背。

另外，疾病研究人员为了解析疾病的机理，或许会擅自制备 iPS 细胞，如若对其放任自流，有时难免会造成不测之祸。因此，我们决定开设新业务，即由患者的体细胞制备 iPS 细胞，并且向申请者提供这种 iPS 细胞。关于这项业务，将在后文涉及细胞银行的内容中再详细叙述。

本书到此为止，关于"iPS 细胞"的叙述已经连篇累牍，并且向读者介绍了全球专家学者采用各种各样的方法制备 iPS 细胞的情况。但是到底应该如何鉴定 iPS 细胞？具有怎样的特征才算得上是 iPS 细胞呢？这些问题其实尚无定论。因此，为了在医疗、产业领域推广使用，就必须确定 iPS 细胞的定义以及确定其定义所需特征的具体"标准"。今后研究工作进展到实用化阶段，每当实施新药遴选、再生医疗的时候，iPS 细胞到底是用什么方法制备的？具有哪些特征？这些问题都必须明确做出交代。不过目前的问题在于，即便能够归纳出所谓的"特征"，但到底应该如何测定？测定的基准又是什么？这些最基本的确定条件依然悬而未决。另外，利用 iPS 细胞很容易分裂出神经细胞或胰腺细胞，这样的特征或许可以成立；虽然在多能性方面表现不佳，但在治疗方面比较适合，这种情况或许也可以算是特征。为了在客观上确切把握这些特征，就必须将其数值化。为了向实用化、产业化阶段顺利过渡，数值化工作就不能等到基础研究完成之后再从容探讨，而是必须从初始阶段就与基础研究并行作业，以便提前做好准备。正如本书第 2 章"iPS 细胞研究规划图"中所述，标准化是一个迫在眉睫的重要课题。另外，学院派科研人员的强项是撰写研究论文，像标准化这样的基础性课题很难与论文结缘，学院派对此未必得心应手，事实上他们在实际工作中也毫无进展。因此，关于标准化的工作必须加强与产业界的通力合作，以便另辟蹊径、取得突破。

在 JST 刊行的产官学合作期刊上登载了一篇文章[15]，明确指出了 iPS 细胞标准化以及为此建立横截面研究组织架构的必要性，而这种组织架构并不是一所大学、一个研究所或者一家企业能够完全凭借自身实力单打独斗完成的。关于这个问题，正如本章前文所述，日本在 iPS 细胞的标准化以及专家网络工程方面已经起步，并且正在全面推动既合作又竞争的科研体制。

## 1.5　iPS 细胞研究的伦理问题与安全性的相关探讨

### 1.5.1　伦理问题的应对

因为 iPS 细胞来源于体细胞，并且不伤害胚胎，与人类 ES 细胞相比，伦理问题并不突出，所以不必制定像《人类 ES 细胞指导方针》（本书第 4 章中详细介绍）那样详尽的规则。但是，iPS 细胞在原理上也是由精子、卵子这样的生殖细胞分裂出来的产物，而且完全可以使这些 iPS 细胞受精，然后用来制备胚胎，因此必须制定应对的办法。早在获悉人类 iPS 细胞制备成功的报告之前，文部科学省就制定了《关于制备人类 ES 细胞及其使用的指导方针》，其中明文规定以下事项：①不得将使用人类 ES 细胞所制备的胚胎向人体或动物胎内移植，不得使用其他方法将人类 ES 细胞培育成生殖个体；②不得将人类 ES 细胞导入人类胚胎；③不得将人类 ES 细胞导入人体胎儿；④不得将 ES 细胞制成生殖细胞。

iPS 细胞与 ES 细胞具有同样的能力，因此作为多能性细胞在伦理上存在共性，于是我们就 iPS 细胞及其伦理问题展开了探讨。经过政府各部门伦理委员会的初步审查形成了这样的结论：在事先向科学文部省报备的前提下，可以将 iPS 细胞制成生殖细胞但不得制成胚胎。2010 年 5 月，文部科学省在修正《人类 ES 细胞指导方针》《人类 ES 细胞的制备及分配指导方针》等的同时，还制定并公布了《关于开展由人类 iPS 细胞以及人体组织干细胞制备生殖细胞研究工作的指导方针》[16]。

另外，美国生命伦理智库海斯汀中心（The Hastings Center）在其发行的学术杂志 2008 年 1—2 月刊上，刊载了一篇涉及 iPS 细胞伦理问题的论文[17]。其中提出了这样的观点：虽然从患者那里获取 iPS 细胞的做法可以成立，但即便让对方切实签署了知情同意书，明确告知了相关风险，也难免令细胞提供者对治疗效果抱有过高的期望；另外，为了能够正确评估细胞的分裂能力以及临床研究的效果，研究人员可能将人类 iPS 细胞移植到实验动物体内，制备出嵌合体动物并且进行实验，这个事实也应该如实告知细胞提供者。人类 iPS 细胞还会成为从人体中获取的实验样本，其中涉及个人信息保护的问题（相关情况将在第 4 章中详细论述）。如果将人类 iPS 细胞用于解析人类染色体组，那么就必须严格遵守与人类染色体组相关的规则及规定。

2009 年 12 月，细胞生物学学术杂志《细胞》刊载了一篇由 17 名来自不同国家的研究人员共同完成、主题为"iPS 细胞：政策问题示意图（iPS Cell：Mapping the Policy Issues）"的评论剪辑[18]。日本方面的代表是京都大学副教授加藤和人，他的专业领域就是科学传播。该评论剪辑提出了 iPS 细胞在伦理、法律、社会学等方面的诸多课题，并且着重列举了一些非常具体的问题，诸如细胞提供者的隐私保护问题、同意权及撤回同意权的问题，以及 iPS 细胞制备完成之后细胞提供者的权利问题，其中包括知识产权问题、iPS 细胞的人性化使用问题以及向临床阶段过渡的问题。这些课题中的大多数问题其实并非 iPS 细胞所特有，而是在处理来源于人体的细胞时所面临的共性问题，而且我们对其中的很多问题已经有所探讨。不过共性之中毕竟还存在特性，"iPS 细胞的人性化使用问题"想必就是 iPS 细胞所特有的问题，其中包括制备生殖细胞以及由此制备胚胎，将动物用来制备人类的脏器，即所谓制备嵌合体动物的研究，等等。关于生殖细胞的问题，日本的应对方针就是按照上述原则进行的。另外，关于嵌合体胚胎的研究问题，在探讨克隆技术的时候就曾经引起了不少议论，当时的观点大致就是，将其视为"动物性集合胚胎"，按照《克隆技术规则法》及其下位法规《特定胚胎指导方针》的相关规定处理。不过关于将使用 iPS 细胞的动物制备成嵌合体动物的问题，还要有待今后予以充分的探讨。

### 1.5.2　安全性问题的应对

为了将新技术应用于医疗实践，造福于全体国民，首先必须确保安全并采取必要的保险措施，其中包括制定安全标准，科学、公正、迅速地实施安全审查，纳入医疗保险目录，等等。

如果无法确保安全性，那么许多新型治疗方法的实用化就根本无从谈起，诸如利用从 iPS 细胞分裂出来的细胞所进行的细胞治疗、利用组织工程学的方法所进行的治疗，等等。例如，原本打算将 iPS 细胞分裂成血液细胞，结果却分裂成了骨细胞；原本打算用于细胞治疗的细胞却变成了癌化细胞，或者由细胞分裂出来的物质人类根本无法控制。如果造成这样无的放矢、事与愿违的结果，那么确保安全性云云显然就成了无稽之谈。但是，就目前的状况来看，要想实现完善可靠的分裂诱导还存在困难，而且

向 iPS 细胞中插入重新编程的基因时，其危险性如何目前还不得
而知；重新编程后所造成的影响也尚未完全解析清楚[19]。

　　医药品医疗器械综合机构（PMDA）是厚生劳动省所管辖的
独立行政法人，担负医药品的安全审查工作。该机构的工作人员
提议如下：作为其行政使命之一，就是在维护医药品的质量、安
全性、有效性的同时，为如何合理、高效、现实地推动实用化指
明方向，并且在必要的情况下予以政策扶持；为了促使药品能够
早日问世、造福于患者而采取相应的措施，打造政策环境，通过
制定指导大纲、组织各种评审咨询、合理化审查等方式来达到目
的[20]。今后，PMDA 有望发挥重大作用，关于 iPS 细胞的治疗技
术将如何发展，以及判断其安全性及有效性所必需的明确标准，
均由该机构相机把握并负责公示。以 iPS 细胞为主导的干细胞技
术目前仍然是一项新技术，因此该技术的审查机构与研究机构应
该从初始阶段就通力合作，以免各自为政、步调不一。不过届时
也要避免出现另外一个倾向，那就是监管部门与业务部门沆瀣一
气，必须在确保透明性方面建立有效的机制。

　　鉴于目前的这种状况，关于再生医学，也就是利用由以 iPS
细胞为主导的干细胞所分裂出来的细胞进行细胞治疗、利用组织
工程学的方法所进行的治疗等新型医疗技术，为了将其运用于医
疗实践，就必须对有关安全审查的内容进行探讨。这将在本书第
7 章有关临床研究以及疗效的部分详细介绍，此处毋庸赘述。

　　人们对 iPS 细胞的关注日益高涨，并且对其寄予厚望。为了
不辜负大家的期待并且切实取得信任，我们将在伦理性、安全性
方面的问题上积极采取措施，并且及时向公众披露信息，信息披
露必须做到通俗易懂。此外还要大力推行科学传播，相关情况将
在第Ⅳ部分详细介绍。

**注释：**

[1]　K Takahashi et al.Induction of Pluripotent Stem Cell form Adult Human Fibrobalsts by Defined Factors[J]. Cell 131（2007），861–872.

[2]　K Takahashi, S Yamanaka. Induction of Pluripotent Stem Cell from Embryonic and Adult Human Fibrobalsts Cultures by Defined Factors[J]. Cell 126（2006），663–676.

[3]　参照 http://www.nistep.go.jp/notice/nt061226.html

[4]　石井哲也 . 什么是 iPS 细胞 [J]. 病理与临床，Vol. 27，No. 4（2009），338–343.

[5]　冈野荣之 .iPS 细胞实在神奇 [M]. 讲谈社（2009），14.

[6]　同注释 [4]

[7]　泽芳树 . 将成肌细胞片层向心肌中移植 [J]. 病理与临床，Vol. 27，No. 4（2009），344–347.

[8]　鸟山裕司 . 与新药研发工艺相关的生物制剂研究环境——从问卷调查与专利申请分析的角度来观察日本所面临的课题 [J]. 政策研究新闻，No. 28（2009），1–6.

[9]　川上雅弘，加藤和人 . 胚胎医学与社会之间的关系——胚胎医学面向社会的信息披露与伦理方面的思索研究 [J]. 再生医疗，Vol. 18，No. 4（2009），42–46.

[10]　田边刚士，高桥和利，山中伸弥 . 制备 iPS 细胞的轨迹与前景展望 [J]. 再生医疗，Vol. 7，No. 2（2009），83–89.

[11]　参照 http://www.stemcellproject mext.go.jp/01/book01.pdf

[12]　丹羽仁史 . 将多能性诱导进入分裂细胞的转录基因网络的结构剖析 [J]. 再生医疗，Vol. 7，No. 3（2008），46–50.

[13]　网站主页 http://www.iPS–network.mext.go.jp/

[14]　藤井直敬 . 连接的大脑 [M].NTT 出版（2009），67–68.

[15]　横关智一 . 日本的 iPS 研究——在总体战中建立具备横断面研究能力的组织架构乃是当务之急——回顾这一年 [OL].http://www.sangakukan.jo/journal/main/200910/pdf/0910–02.pdf.

[16]　指导方针，参照 http://www.lifescience.mext.go.jp/files/pdf/n592_H01.pdf

[17] Insoo Hyun.Stem Cells from Skin Cells:The Ethical Questions[R].Hastings Center Report 38, No. 1（2008），21.

[18] Amy Zarzeczny et al.iPS Cells :Mapping the Policy Issues[J].Cell 139（2009），1032-1037.

[19] 冲田圭介，山中伸弥 . 人工多能性（iPS）细胞研究的现况 [J]. 最新医学，第 64 卷，3 月增刊号（2009），7-15.

[20] 岳北和宏，广獭志弘，鹿野真弓，早川尧夫 . 药监认可与病理——针对再生医疗早期实用化领域使用细胞、组织的医药产品审查 [J]. 病理与临床，Vol. 27，No. 4（2009），386-391.

# 第 2 章
# 关于国际竞争与产业化的问题

## 2.1　国际研讨会的召开

2008 年 5 月 11—12 日，为期两天的"开辟 iPS 细胞研究的未来之路"国际研讨会在京都举行。主办方为科学技术振兴机构，内阁府、外务省、文部科学省、厚生劳动省、经济产业省、京都大学、生命科学出版社麾下的 *Cell Press* 期刊均为后援单位，与会者共计 1 219 人（其中外国人占 9%），诸多媒体工作者也云集现场，场面极其壮观。[1]

研讨会的主旨是，iPS 细胞的研究工作十分重要，要让那些世界干细胞研究领域的权威学者积极发表他们的最新研究成果，在各自的研究领域互通信息，诸如世界顶级的研究人员、顶级的研究机构以及国家层面相关政策措施的现状，等等；在此基础上，就国际合作应有模式的方向性问题广泛听取大家的意见，以便与会人士能够畅所欲言、各抒己见。报道的内容大多集中在研究竞争、争夺专利权等敏感话题上，以致出现了报道过热的倾向，好在研讨会揭示了国际合作的主题并且就此进行了讨论，因而具有深远的意义。iPS 细胞研究的意义无外乎剖析生命结构，阐明疾病的成因并且研发治疗方法。而获取专利权、产业振兴等，只不过是将研究成果回报社会的一种手段而已，我们应该强调其社会性，切不可舍本逐末、唯利是图。

　　山中伸弥教授提出，人类 iPS 细胞制备成功，很大程度上应该归功于我们在 ES 细胞研究中所积累的基础知识；iPS 细胞属于人工制品，与 ES 细胞有所不同；今后，为了实现再生医疗的宏伟目标，我们在大力发展干细胞研究之际，不仅要重视 iPS 细胞，还要穷尽一切手段继续进行深入研究。山中教授的学术对手、麻省理工学院教授鲁道夫·詹尼士（Rudolf Jaenisch）表示，为了阐明 iPS 细胞所展现的细胞分裂及重新编程机制，彻底搞清 ES 细胞就是其中的一个重要环节，从再生医疗的角度来看，ES 细胞与 iPS 细胞的确有所不同。另外，他在演讲中还涉及了自己的最新研究动向，其中包括针对镰状红细胞性贫血症、帕金森综合征的治疗问题。斯克利普斯研究所副教授丁胜则从遗传基因以外的化学物质角度，就多能性诱导的研究问题阐述了意见。将病毒作为基因的载体来使用，这种做法在控制病毒的动向方面存在困难，具有致癌性等问题，因此在治疗时贸然使用的话风险极大；而作为化学物质加以使用，风险性就会小得多。丁胜的研究领域备受专家及大众媒体的关注，于是他在演讲结束后又接受了许多新闻工作者的提问。日本方面的庆应义塾大学教授冈野荣之、理化学研究所首席科学家高桥政代教授、京都大学教授中辻宪夫等人也相继阐述了各自的看法，他们演讲的主题分别是"关于脊髓损伤细胞治疗研究的现状与未来""视网膜再生研究的现状与临床展望""以 ES 细胞为中心的干细胞研究的现状与未来"。

　　2007 年度诺贝尔生理学或医学奖得主、本次研讨会特邀嘉宾马丁·埃文斯教授在演讲中对山中教授取得的成绩予以了高度肯定，并且将 iPS 细胞比喻为"施展魔法的魔杖"。他还明确指出，目前的成就仅仅是个开始，艰巨的任务尚未完成，今后必须更加注重基础研究、加深对细胞生物学知识的理解，才有可能取得突破性进展，这就是所谓的根深叶茂、正本清源。另外，他还对医疗领域的应用前景，包括使用 iPS 细胞的具体治疗方法发表了看法，结论就是虽然在技术方面以及成本方面还存在问题，但前途光明、成功可期；不过在注重临床医疗、新药开发等应用前景的同时，还必须强调基础研究的重大意义，只有这样才能本末兼顾、少走弯路。

研讨会的最后一个议题是召开现场座谈会。座谈会由理化学研究所神户分所副所长西川伸一担任现场主持人，成员则是多能性干细胞国际协调会议的参加者。另外，文部科学大臣渡海纪三朗代表来宾致辞，原综合技术会议成员井村裕夫致开幕辞，综合技术会议成员本庶佑做了政策说明，这些权威人士以政府的研究支援状况为中心，全方位地阐述了官方的现行政策。

研讨会闭幕之后，在西川伸一的倡议下，我们将亚洲各国前来参会的青年学者组织起来，单独召开了一场学术讲座。以中国、韩国为主的亚洲青年学者在此得以充分地交换了意见，他们对以 iPS 细胞为中心的干细胞研究充满期望。对于这些专业的研究人员来说，前来日本参加研讨会的目的显然并不是单纯为了在现场聆听演讲，而是想要利用这个难得的机会集思广益、讨论实际问题。如果他们能够在日本的大学或研究机构从事 iPS 细胞的研究工作，那么今后必将对国际社会做出极大的贡献。

另外，2008 年 4 月 15 日，由每日新闻社主办、英国大使馆与苏格兰国际发展局共同协办的研讨会，即"人类人工多能性干细胞的展望"研讨会顺利召开。日本方面，山中教授应邀发表演讲，西川伸一博士担任主持人；英国方面则派出了两名泰斗级学者作为演讲嘉宾，即约翰·伯兰特·格登（John Bertrand Gurdon）

博士与伊恩·威尔穆特（Ian Wilmut）博士，他们分别以青蛙克隆研究以及制备克隆羊多莉而闻名于世。伊恩·威尔穆特博士认为，今后的研究方向并不是从受精胚珠走向 ES 细胞或进行核移植，而是即将进入 iPS 细胞的时代，他的这个观点给大家留下了极其深刻的印象。据说这场研讨会是在英国方面的提议下召开的，我当时的感觉是，在基础研究的聚焦方面，英国与美国的发展路径截然不同。

## 2.2 美国的动向

### 2.2.1 联邦政府的动向

2001 年 8 月，美国总统布什以制备 ES 细胞势必损害胚胎、胚胎是人类生命的起源、事关重大的伦理问题为由颁布了总统令，明确宣布自从该总统令颁布以后，禁止联邦政府对使用 ES 细胞的研究项目提供预算支持。天主教认为，一颗卵子在受精的瞬间就被赋予了生命，布什政府采纳了天主教的观点，于是认定制备人类 ES 细胞会侵害人类的生命。因此，美国的 ES 细胞研究项目，其资金来源主要依靠州政府或民间组织。而且美国对人类 ES 细胞的伦理管制也比较严厉，不仅要遵守美国《国家研究法》（*The National Research Act*）关于人体试验的一般性规则，还必须符合美国科学院（代表学术界）所制定的《人类 ES 细胞指导大纲》的相关规定。

关于预算问题，美国保健卫生所（National Institutes of Health，简称 NIH）的主页 [2] 显示，2009 年度，NIH 在干细胞研究方面的支出大约为 10.44 亿美元（折合 1 000 亿日元以上），其中 1.2 亿美元用于人类 ES 细胞研究，0.27 亿美元用于 iPS 细胞研究；2008 年度，干细胞研究经费总支出为 9.38 亿美元，其中 0.88 亿美元用于人类 ES 细胞研究，用于 iPS 细胞研究的经费支出居然为 0，而用于干细胞研究的支出却在增长（表 2-1）。

表 2-1　NIH 的干细胞研究预算　　　单位：百万美元

| 项　　目 | 2008年 | 2009年 | 2010年 |
|---|---|---|---|
| 干细胞研究整体经费 | 938 | 1 044 | 1 070 |
| 其中：人类 ES 细胞的研究经费 | 88 | 120 | 123 |
| 其中：人类 iPS 细胞的研究经费 | 0 | 27 | 28 |
| NIH 的整体预算 | 29 312 | 30 545 | 31 008 |

奥巴马总统在中期选举时就开始强调 ES 细胞研究的重要性，并且于 2009 年 3 月 9 日签署总统令，针对 ES 细胞研究的政府补助禁令从此宣告废除，山中教授应邀出席了总统令的签署仪式。这是因为，关于人类 ES 细胞的问题，当时一度成了选举的焦点，总统签署解禁令自然会引发关注，因此急需名家前去站台、捧场。

另外，NIH 为了推动其麾下各个研究所在研究方面加强横向合作，于 2010 年 2 月 25 日宣布，此后将通过共同基金对 7 个新计划[3]提供支援，其中之一就是建立 NIH iPS 细胞中心。由此可见，美国也对 iPS 细胞研究投入了力量。这个计划，分明是想把干细胞生物学的相关科学知识加速融入以细胞为基础的细胞治疗技术当中去。

美国的强项并不仅仅在于研究经费十分充裕；其基础研究工作也并不仅仅限于专门承担基础研究的几所尖端大学或研究所，而是与产业界密切相关，在风投企业中有不少优秀的科研人员为之效力，科研团队呈梯队结构，而且各个层次都人才众多、实力雄厚，这才是美国科技优势之所在。另外还要加上一点，研究部门、知识产权部门、研究支援部门也都体系齐整，彼此之间既可相互配合，也能各自为战。

### 2.2.2 各州的动向

由于美国联邦政府一度对 ES 细胞研究明令禁止，因此各个州政府为了追求经济增长而在干细胞、再生医学研究领域展开了竞争。限于篇幅关系，这里仅就加利福尼亚州的状况予以简要说明。加利福尼亚州在美国首开先河，早在 2002 年就对 ES 细胞的研究经费表示认可，随后于 2006 年发起公民投票，结果决定在 10 年间发行 30 亿美元州债（地方债），并且将其用于 71 项再生研究课题（Proposition 71）[4]。根据学术杂志的记事解说以及相关新闻报道的说法，虽然加利福尼亚州将在未来 10 年间提供 30 亿美元（大约折合 3 000 亿日元）的研究经费，但并不意味着已经编列了每年拨款 3 亿美元、为期 10 年的 30 亿美元总预算，实际上只是规定了州债的上限不得突破 30 亿美元而已。这一点容易引起歧义，因此应该予以特别澄清。由于 2008 年以来美国经济陷入了不景气，加利福尼亚州的财政状况也持续恶化，该拨款计划已经大幅度缩水，其中 2.71 亿美元用于大学设施建设，0.95 亿美元用于博士后的研究经费。另外，加利福尼亚州原本打算用于再生医疗的研究经费、设施经费，其资金来源都是州债，结果被责令退还。

根据 71 项再生研究课题（Proposition 71），加利福尼亚州于 2005 年设立了再生医疗机构（California Institute of Regenerative Medicine，简称 CIRM），我曾经有机会与该机构理事长艾伦·特伦森（Alan Trounson）博士会面并且交换了意见。CIRM 的使命 [5] 就是，在严格遵守社会伦理及医疗标准的基础上，积极振兴细胞研究、再生医疗事业并提供支援，对有益于慢性疾病 / 损伤、旨在医药 / 疗法 / 诊断 / 技术研究的发现与开发的干细胞研究，以及相关生命科学研究、研究设施的建设提供经费与融资支持。艾伦·特伦森博士对应用干细胞的再生医疗十分看好，他认为只要再生医疗技术能够实用化，即可为国民提供先进的医疗服务，令其恢复健康，从而回报社会。不过他在谈话中并未触及如何偿还州债以及对经济的贡献等敏感问题，这一点给我留下了十分深刻的印象。2008 年 11 月，CIRM 与独立行政法人科学技术振兴机构（JST）为今后开展合作而签订了《备忘录》，此后双方将共同举办讲座、研讨会，并且组织学者交流、共同研究，以及其他领域的合作事项[6]。

　　山中教授担任首席研究员的格莱斯顿研究院成立于 1979 年，是在美国房地产商戴维·格莱斯顿（1910 —1971）遗嘱捐赠的基础上发展起来的。作为公益性的生命科学研究院，它与加利福尼亚州旧金山分校（UCSF）是合作伙伴[7]，由循环器官病理研究所（the Gladstone Institute of Cardiovascular Disease）、病毒免疫学研究所 (the Gladstone Institute of Virology and Immunology)、神经科学（脑神经）研究所（the Gladstone Institute of Neurological Disease）等三个研究所组成，山中教授供职于循环器官病理研究所。格莱斯顿研究院的经费总额每年大约为 6 000 万美元（折合 60 亿日元），职员 340 人。其收入细目如下：来自 NIH 的研究经费划拨（由研究人员向 NIH 提交申请，经核准后即为经费资助获取人，这笔拨款叫作"竞争性研究资金"）为 3 000 万美元，格莱斯顿基金及捐赠款为 1 000 万美元，来自其他研究资助团体的款项为 2 000 万美元。

　　哈佛大学、麻省总医院、麻省理工学院等著名机构都在马萨诸塞州，该州虽然生物技术厂商密布，但当时的处境却比加利福尼亚州的 71 项再生研究课题更加艰难。马萨诸塞州的方针是首倡生命科学，向生物技术领域大举投资，为期 10 年以上，总金额为 10 亿美元，其中包括设立干细胞银行以及生命科学中心[8]，计划更加庞大。后来遭受经济危机的影响，问题自然也就更加严重。另外，新泽西州云集了默克公司、强生公司、百时美施贵宝等大型综合制药企业，该州于 2004 年通过立法，认可在当地开展干细胞研究项目。但是到了 2007 年，新泽西州在一场公民投票中否决了为支援干细胞研究而借款 4.5 亿美元的投资计划。由此可见，该州干细胞研究振兴政策的推进也并非一帆风顺[9]。

## 2.3 面向产业化

### 2.3.1 产业界最初的动态

为了将研究成果奉献给那些苦于疾病折磨的患者，再生医学的研究仅仅局限在大学、公立研究所显然只是杯水车薪，想要实现产业化就必须借助企业的力量。归根结底，产业化并不是大学的责任，而是企业的使命。即便大学科研人员对某个项目竭尽全力，行政机关热心扶持；但在企业看来，该项目如若毫无魅力可言，那么这项研究成果就根本无法转化成医药产品，所谓造福患者当然也就无从谈起。如果许多企业能够参与进来，积极推动研究开发，那么产业化的前景就会充满光明。但是，iPS 细胞的研究工作毕竟还处于基础研究阶段，大家普遍认为距离实用化还有一段漫长的道路。因此，日本企业起初对 iPS 细胞研究几乎漠不关心，当老鼠 iPS 细胞制备成功的时候，表示有兴趣的日本企业寥寥无几；当人类 iPS 细胞制备成功的消息公布之后，恐怕也没有哪家企业认为这是一项应该立即着手进行研究开发的新技术。个中原因在于，大多数企业的判断是，基础研究应该在大学等专业机构进行，这项技术不太可能在短期内实现产业化。

对于细胞治疗、组织工程学等再生医疗领域，许多制药企业原本并不抱有什么希望，而且对干细胞相关的研究开发也从未倾注过任何心血；许多医疗器械厂家对 iPS 细胞的态度就是冷眼旁观，一副事不关己的样子。当人类 iPS 细胞制备成功并且迅速走红之后，我当时虽然不乏与制药企业高管对话的机会，但由于 iPS 细胞毕竟还处于基础研究阶段，因此就企业界的情况来说，着实没有表现出高度的关注（或许企业界对于关注什么需要保守秘密，深藏不露也未可知）。

人类 iPS 细胞制备成功后不久，我曾经有机会与产业界人士直接对话。某家企业的代表曾经当场提问：国家在这方面的研究经费投入很少，而德国制药企业拜耳公司曾经公布过制备人类 iPS 细胞的消息，日本是否会被对方抢占先机呢？此人的垂询，与报刊媒体的观点如出一辙，显然是受到了舆论的影响，但他在整个过程中关于自家企业对这项新技术有什么期待等问题却只字不提。因此我断定，关于 iPS 细胞的研究内容以及国家对该项研究的具体扶持政策，等等，这家企业并未自行收集信息，而是道听途说、人云亦云；作为企业应该如何应对，国家又该采取怎样的对策，如果认为国家经费投入太少那么到底应该追加多少，等等，这家企业对这些具体的提案显然漠不关心。

而我们作为行政官员，在这种场合自然不会与企业界代表去讨论那些已被媒体广泛报道的一般性问题，而是希望掌握产业界的具体想法，都有哪些诉求，结果却发现双方之间存在巨大的隔阂。每日新闻《理性白皮书 3》对这场政企对话的描述是："经济产业省感到产业界对此期待极高。"[10] 但我个人的印象是，大多数企业对 iPS 细胞的意义不太关心，认为其距离产业应用还遥遥无期的想法颇具普遍性。而另一方面，某家企业的代表直言不讳地说，文部科学省有些操之过急，以致民间企业缺乏心理准备而应对不暇。由此可见，有些企业能够积极收集信息，并且冷静地思考问题；有些企业虽然无意收集信息、分析产业格局，但对于与同行业其他公司的横向比较还是比较在意的。

在企业界，知识产权部门与研究开发部门的诉求似乎也不尽相同。研究开发部门的观点认为，既然 iPS 细胞到底为何物目前还尚无定论，那么就不必拘泥于知识产权的束缚，首先应该大力尝试使用。而另一方面，某些进入美国市场、在专利权纠纷中拓展商务渠道的日本企业，其知识产权部门比较强势，主要观点则是，大学的知识产权部门能力低下，并且缺乏国际交涉的锤炼，根本就不可靠；即便想要实现 iPS 细胞的产业化，大学在专利申请与保护方面也不擅长，好不容易开发出来的 iPS 细胞，结果却因缺乏专利保护而被肆意仿制，到头来不过是替他人做嫁衣裳。就这样，知识产权部门与研究开发部门对待同一件事物居然南辕北辙，态度截然相反，如此情形着实令人对 iPS 细胞的产业化应用问题感到担忧。为此，我特意向一位企业老板征询意见。他的回答是，企业各部门之间观点对立原本就不足为奇，而经营决策者的使命就是去粗存精、去伪存真、综合判断、做出抉择。到了 2008 年 7 月，京都大学率先采取行动，开始向企业发放 iPS 细胞，希望朝着产业化应用的方向推动研究开发。

从此以后，以制药企业为中心，企业界对 iPS 细胞的关注开始迅速高涨，通过研讨会等形式与研究机构以及政府部门频繁接触，并且借此机会充分交换了意见。但产业界人士当然也有他们自己的想法：再生医疗毕竟旷日持久、难见功效，不如优先考虑利用从 iPS 细胞中分化出来的各种细胞，进行药物标准物质的毒性试验及有效性试验更加稳妥。

### 2.3.2 面向产业化应用

虽然"iPS 细胞"的研究成果因大众媒体的宣传而广为人知，日本产业界对此也高度关注，并且从 2007 年 11 月开始就对产业化的应用问题展开了探讨；但是，许多制药企业的着眼点在于，由于高血压、糖尿病的患者较多，若能利用 iPS 细胞开发出一款能够大量生产并且销量可观的医药产品，无疑具有"震撼弹"的效果，具体的商业模式则是在专利有效期内、仿制品推出之前就能大批量上市销售。

从世界范围来看，关于人类 ES 细胞、人类 iPS 细胞的研究成果还没有步入产业化的轨道。一位美国学者指出，人类 ES 细胞目前还处于黎明期，这虽然是个没有任何一款实际产品问世的产业，但世界规模的干细胞产业已经全面铺开，而且相关产业正在向那些对干细胞研究实施奖励的国度集结[11]。在这种大环境下，担负干细胞以及再生医疗产业化实际工作的，不论在日本还是在美国都是风投企业。在美国开展干细胞研究的生物技术企业，大多都集中在加利福尼亚州、波士顿周围，或者纽约、费城以及华盛顿哥伦比亚特区沿线。[12] 这些地区大学云集，实施尖端性研究具备得天独厚的条件，大学与企业之间的合作十分密切。我们希望日本也能采取这种模式，积极从事干细胞研究工作的大学以及公立研究机构可以与风投企业顺利合作、共同取得进展，而且风投企业与制药企业、医疗器械企业之间也应充分开展合作。

京都大学为了开展与产业界的交流，特意设立了"iPS 细胞研究产业应用座谈会"。2008 年、2009 年，我连续两次参加了这个座谈会，制药企业、医疗器械企业以及地方政府都委派了代表参加，并且在现场积极提问。与第 1 届相比，第 2 届座谈会所提出的问题和意见都要具体得多，这或许就是所谓的经验之谈吧。

交换意见也不再局限于政府官员与大学学者之间，大型制药企业的科研人员、风投企业的经营管理者、地方政府的主管官员等在座谈会上都有机会畅所欲言、交流信息，并且就政策的未来走向积极建言献策。通过这样的交流机会，iPS 细胞研究成果的妥善应用问题、向产业化发展所需解决的技术性及制度性课题相继被提出，此后的重点就是如何加以解决。但是，上述动向显然是由学术界在主导，产业界则处于被动的地位。将 iPS 细胞的应用推向社会，对于产业化运作十分生疏的大学来说实在是勉为其难，而产业界应该责无旁贷地发挥主导作用。好在自从 2007 年 11 月以后，iPS 细胞制备成功的研究成果的正式公布，显然起到了"一石激起千层浪"的效果，产业界的动向出现了重大的变化，具体表现就是对 iPS 细胞的关注持续高涨，并且开始积极推动相关项目的研究开发。

另外，iPS 细胞作为战略性创造研究推进项目的一个具体成果，JST 将其定性为"产业创造型基础技术"，研究开发的政策推动工作从基础研究到实用化不仅全程贯通，而且还要做到无缝接轨。这个旨在推动创新的"战略性创造研究推进项目"，已于 2009 年度正式启动。这个项目的主题就是关于 iPS 细胞的研究开发，即"构筑以 iPS 细胞为核心的医疗产业"，今后将对使用 iPS 细胞进行诊断、治疗的基础技术开发提供扶持，以便迅速取得实际效果。并且制定了明确的近期目标：2009 年度，使用 iPS 细胞的再生医疗企业的研发主体要进入临床实验阶段（满足用户需求）；落实大批量细胞培植技术，以便将来自 iPS 细胞的分裂细胞用于毒性试验，并且能够生产出用于毒性试验的细胞"服务包"（满足企业需求）。JST 为此特意举行了项目招标，企业、大学、理化学研究所的相关研究人员共同组建了研发团队，并且选中了 4 个主题 [13] 作为突破方向。

## 2.4　专利权的确保与应用

### 2.4.1　生物科技类知识产权的为难之处

在政府扶持下所进行的研究项目中产生的知识产权，适用于《产业活力再生特别措施法》第30条的相关规定，该法堪称日本版的"拜杜法案"，其中明文规定这种情况下所取得的专利权应归研究机构所有。对于专利权的这种处置办法打破了国家统一管理的机制，而是委托给研究机构处理，这在专利权管理上堪称一项创举，出发点无疑是为了在确保知识产权的同时大力推动专利应用。山中教授及其研究团队在制备iPS细胞的相关专利方面，也适用这部法律，因此他们所供职的研究机构京都大学最终成了专利申请人。

关于iPS细胞的知识产权保护及管理的问题，在iPS细胞制备成功的论文发表之后，日本产业界以及知识产权界的专家才开始纷纷表态。而专利申请早在论文发表之际就已经完成，这在专利界是个广为人知的事实。关于iPS细胞的专利，是由京都大学在2005年12月提出的，时间点比老鼠iPS细胞制备成功的那篇学术论文正式发表提前了两年。不过若从专业的知识产权保护角度征询意见或建议的话，专利申请的提交时间按说应该在老鼠iPS细胞制备成功的那篇学术论文发表以后（或许为时稍晚）。不过即便是日本知识产权领域的专家，当时也并未认识到iPS细胞制备成功的重大价值。我的看法是这样的：所谓知识产权领域的专家，其才能如果仅仅限于对请求事项的书写格式等专利法规、法条了如指掌还远远不够，而是应该对专利申请是否符合专利的特征能够做出准确的判断，为此必须在科学知识方面具备真知灼见。不过日本在"生物科技知识产权"领域的专家毕竟人单势孤，整体水平比较薄弱。因此在事关生命科学的知识产权处理方面不仅缺乏必要的经验积累，而且尚未建立健全一套行之有效的工作方法，在那些经常会有新发现的专利领域，对于申请者的诉求往往不知所措。原先的医药品专利大多属于低分子化合物，据说日本的制药企业在这方面积累了丰富的经验。但是诸如 iPS 细胞这样的干细胞，不仅先前从未有人申请过专利，而且在产业应用方面也毫无先例可循，现实情况就是专利界对这项新生事物普遍缺乏应有的经验。

在这种情况下，为了解决 iPS 细胞的知识产权问题，我当时作为政府代表，与日本制药工业协会知识产权委员会的相关人士充分交换了意见，虽然沟通过程中发生过激烈的交锋，但这种开诚布公的探讨确实令人获益良多。另外，日本生物科技领域的风投机构为数不多，BioFrontier Partners 株式会社就是其中之一。我曾经与该会社社长大濑义博先生就政策及产业界的相关动向多次沟通信息，同时还就知识产权的应对等问题广泛深入地交换了意见，其中最重要的收获就是能够掌握产业界对知识产权的基本看法，相关要点如下所示：

关于专利申请的要点，就是首先弄清楚到底要申请怎样的专利，也就是说，如何撰写专利请求事项的范围[14]。企业所涉及的专利研发，大致流程是这样的：首先制备一张专利规划图，找到产品化过程中技术方面的不足之处，然后投入研究开发，并且以该项技术成果取得专利权。但大学等科研机构的专利取得并非如此，而是首先进行研究，根本无须考虑产品化的问题，只要出现新的研究成果即可申请专利。由此可见，企业的研究开发是作为一项业务而进行的，目的性十分明确；而大学的研究项目，则主要依赖于科研人员的自由创意（当然，大学的某些研究项目也不乏激烈竞争）。哪怕与企业一样，事先制备出一张专利规划图，但是这种照本宣科式的做法恐怕并不适用于以前任何人都未曾达到过的最尖端研究水平，而且 iPS 细胞的研究也并不是遵循专利规划图按图索骥所取得的成果。大学等科研机构与企业之间对于研究开发在专利中的作用存在明显的认识差异，而且二者各执己见，似乎毫无求同存异的可能性。近年以来，已经有若干民间企业的知识产权专业人士进入大学供职，他们通过亲身实践逐渐认识到，将企业的那套做法原封不动地搬入大学即可立竿见影的设想是根本行不通的。不过按照大学原先的做法，好不容易申请下来的专利到头来毫无用处也着实令人尴尬，因此必须充分结合大学的实际情况，因地制宜地制定专利战略。另外，毕竟有些民间企业在专利方面已经积累了丰富的国际经验，向其借一臂之力着实很有必要，这就是所谓的他山之石可以攻玉。

### 2.4.2 专利的应用

如何应用专利才是问题的关键。由于大学等科研机构所取得的研究成果无法直接实现产品化，所以取得专利以及日后的维持费用都只是一味地支出，而专利收入却寥寥无几，现实状况就是入不敷出。而专利只有在那些提交申请并且获得批准的国家才能依法受到保护，若要在全球范围取得专利保护，那么就必须在许多国家都提交专利申请。如果这样操作的话，专利申请、审查、维持等的经费开支势必十分庞大；如果专利在成立与否、是否涉嫌侵权等问题方面需要诉诸法律，那么诉讼费用无疑更加昂贵。iPS 细胞的专利取得与维持虽然历尽艰辛，但距离实用化还遥遥无期，因此不可能很快获取经济效益。

美国的做法是这样的：尖端技术的专利权往往会被风投企业买断；若有用户需要使用该项专利，那么就必须向该风投企业支付使用费，并且获得风投企业的同意使用承诺书。这种操作方法目前已经有了成功的案例。一项叫作"RNAi"（即核糖核酸干扰）的技术堪称代表，有 3 家风投企业已经买断了这项技术的专利权。日本方面有人认为，iPS 细胞技术的专利权不应任由美国的风投企业买断。但是，日本产业界在专利方面开始付诸行动，是在人类 iPS 细胞制备成功、媒体大规模报道之后，老鼠 iPS 细胞的研究成果正式公布之际，产业界对相关知识产权完全是一派漠不关心的态度。总之，日本对 iPS 细胞知识产权的关注与美国对待"RNAi"知识产权的态度完全不具备可比性。

iPS 细胞的专利应用原本是产业界的课题，但日本许多人士认为，既然最初是国家的研究成果，理应由政府对专利实施一元化管理。但也有一种观点认为，应该从国家税收中划拨资金，成立类似于"RNAi 的 iPS 细胞版"那样的风投企业，专利方面的知识产权与经济效益不妨皆由产业界来承担。但是，这种设想的问题在于，由国家出资的企业当然属于国有企业，而不应叫作风投企业；其着眼点也仅仅是面向日本国内的研究，缺乏国际视野。大学等科研机构的研究经费来源于国家财政拨款，其研究成果在取得专利权之际，国家予以政策扶持虽然可行，但从回报社会的角度来看，某些知识产权的个案，还是由民间企业加以利用比较便利，与其由不谙此道的国家机构贸然介入其中，还不如索性交给产业界令其发挥创意为宜。

### 2.4.3  京都大学的应对之策

知识产权的管理体制在许多大学都不容乐观。现实情况就是，学校内部尚未建立健全一整套行之有效的应对机制。一旦有了重大发现或发明，为了应对知识产权的问题，就必须借助外部人员的智慧与力量。好在京都大学很早以前就对 iPS 细胞的专利管理策略进行过探讨，并且于 2008 年 4 月在其产官学合作中心设立了"iPS 细胞研究知识产权支援特别总部",从而强化了关于 iPS 细胞知识产权的领导体制,专利的取得、管理、应用初步实现了一体化。除此以外,京都大学还设置了咨询委员会,委员由京都大学内外的知识产权专家以及专利代理人组成。据说京都大学在招贤纳士方面煞费苦心,最终总算网罗到了一批在 iPS 细胞领域掌握相关研究知识、具备知识产权从业经验的专门人才。虽然社会上对于京都大学的批评也时有耳闻,诸如关于 iPS 细胞的知识产权应对动手太迟,专利申请文件的写作水平低劣,知识产权方面缺乏强有力的人才,等等。不过京都大学毕竟已经在身体力行,而许多批评者虽然洞悉时弊,但他们当中能够正视问题并切实采取行动去着手解决实际问题的人可谓凤毛麟角。

另外,iPS 细胞研究所(CiRA)还特意成立了 iPS 细胞知识产权团队,某些曾在制药企业担任过专利主管的专业人士如今投身于 CiRA 麾下效力。我曾经就 iPS 细胞的专利问题与 CiRA 的知识产权部门不止一次地交换过意见,这个团队对于专利的动向十分清楚,并且就在取得研究成果的学者身边工作,能够掌握最新信息,具有近水楼台先得月的优势,对于 iPS 细胞专利的解说也的确能够做到深入浅出、通俗易懂。

随后,京都大学接受了民间企业的资金援助,于 2008 年先后成立了两家联合控股有限责任法人,即 iPS 控股公司与负责 iPS 细胞知识产权维持与管理的 iPS 日本学园株式会社(Academia Japan)。由于民间企业的投资属于匿名合伙(有限合伙企业的一种特定形式,不参与投资对象的经营活动,如果盈利则享受分红,若出现亏损也仅仅承担有限责任)性质,控股公司也罢,株式会社(股份有限公司)也罢,其经营活动都不会任由出资者的意志左右。另外,该民间企业进行资金援助的性质,并不是那种旨在注重投资回报的商业投资,而是立足于企业社会责任的一种积极参与。

京都大学早在很久以前就接受了海外企业关于专利方面的委托代理，而其他大学在这方面基本上还是白纸一张。从总体来看，日本的大学对国际性的专利交涉普遍缺乏经验，京都大学提前整备管理体制确实很有必要。不过，今后围绕 iPS 细胞知识产权的问题，肯定不止京都大学一家会涉及，其他大学恐怕也要直接面对。因此，京都大学的这种应对机制对于其他大学、研究机构以及企业均不乏借鉴意义，而且有些项目目前已经投入实际运营。

关于专利许可的经营方针，iPS 日本学园株式会社已经明确公布如下：对于非营利性机构，只要不涉及垄断许可，本公司原则上无偿提供专利使用权；对于营利性机构，只要基本上不涉及垄断许可，其宗旨是为了促进新产品的研究开发，本公司出于今后扩大 iPS 细胞研究成果应用范围的考虑，将以公平合理的价格（有偿）向其提供专利使用权 [15]。2008 年 4 月，iPS 日本学园株式会社宣布，与 Repro CELL 株式会社签订了专利许可合同，并且向其出具了全球范围非垄断性使用同意承诺书，内容涉及 "iPS 细胞制备方法的专利"、来自人类 iPS 细胞的心肌细胞的制备与销售，以及使用来自人类 iPS 细胞的心肌细胞接受药效、安全性毒性试验等医药研究委托等业务；与 TaKaRa Bio 株式会社，也签订了同样的专利许可合同，并且向其出具了全球范围非垄断性使用同意承诺书，内容涉及用于科学研究的 iPS 细胞试剂的制造、销售以及接受相关研究项目的委托，等等。

### 2.4.4 美国风投企业的动向

美国方面，以 iPS 细胞产业化为主营业务的风投企业 iZumi Bio 成立于 2007 年，当时正处于人类 iPS 细胞的研究成果正式公布的前夕。值得注意的是，通过对细胞的重新编程、分裂来寻求新的治疗方法，并且最先为此设立公司的国家是美国而不是日本。
iZumi Bio 是在美国的两家风投企业"凯鹏华盈（Kleiner Perkins
Caufield and Byers，简称 KPCB）"与"高原资本（Highland Capital
Partners）"的扶持下设立的。美国前副总统艾伯特·阿尔·戈尔
就是凯鹏华盈合伙人中的一员，该公司因大力扶持亚马逊等新兴
企业而举世闻名。

2009 年 2 月，拜耳公司与 iZumi Bio 宣布，拜耳公司将其正
在申请中的 iPS 细胞相关专利 [16] 转让给 iZumi Bio。这是因为，拜
耳公司在日本神户有一个调查中心，樱田一洋博士等人曾经供职
于此，他们认为，山中教授及其研究团队已经在老鼠 iPS 细胞的
制备研究中积累了丰富经验，并且以此为基础正在为人类 iPS 细
胞的研究成果申请专利，而拜耳公司在这个研究领域发展下去并
无胜算。于是拜耳公司毅然选择退出，并且关闭了神户调查中心。

2009 年 4 月，京都大学与 iZumi Bio 宣布，双方今后将就 iPS
细胞的技术研究以及开发应用进一步加强合作。[17] 当时美国前副
总统艾伯特·阿尔·戈尔正在发表相关话题的演讲。根据协议，
双方将各自制备的 iPS 细胞进行交换，并各自做出评估。

iZumi Bio 于 2009 年 7 月宣布，与另外一家风投企业 Pierian
公司进行合并，合并后的公司名称为"iPierian"。iZumi Bio 的背
后有两家风投企业凯鹏华盈与高原资本为其提供支持，此外，加
上一贯支持 Pierian 公司的风投企业 MPM Capital，这就意味着共
有 3 家风投企业参与其中，可谓共襄盛举。

2.4.5　关于 iPS 细胞专利的动向

关于 iPS 细胞专利的问题，就整体而言还无章可循。自从山
中教授发表论文、老鼠 iPS 细胞制备成功之后，许多学者才开始
纷纷介入这个领域。企业方面所进行的研究，一般不会以学术论

文的形式发表，倒是有可能提出专利申请。当 iPS 细胞成为显学之后不久，包括专利学者在内的许多人士就纷纷提议，并竭力主张国家对该项专利实施一元化管理，从专利申请到专利使用承诺书都要过问。如果研究工作仅由一个或少数几个科研机构来推动的话，那么一元化领导体系或许就能够建立起来。但 iPS 细胞毕竟还处于基础研究阶段，唯有集思广益才能推动研究工作的进展，大家普遍认为只要抢先取得成果就有希望申请专利，因而热情高涨、各显神通。在这种情形下，由政府对专利实施一元化管理显然困难重重。即便当真能够对 iPS 细胞的专利问题实施一元化管理，恐怕也与日本版"拜杜法案"的宗旨背道而驰，毕竟国家通过这项法案的宗旨是想要激发研究机构的创意活力，不可能为了一个具体的项目而朝令夕改。iPS 细胞的制备对于专家来说似乎并非难事，而且关于 iPS 细胞制备方法、培养方法的讲习会也频频召开，iPS 细胞的研究工作不断扩展并逐步深化，相关知识产权显然已经超出了一元化管理的可能范围。因此，像 iPS 细胞这样多种可能性并存的研究工作，还是应该在全球范围全面开花、齐头并进为好。那些主张一元化管理的知识产权专家，或许对这种研究动向并未理解，或者根本就无法理解。

今后，当 iPS 细胞走向实用化之际，关于专利问题势必会有很多交涉、协调方面的工作有待解决。原先那些医药品的研发，大多属于低分子化合物，涉及专利权的问题相对较少；但在以 iPS 细胞为核心的干细胞领域，情形就明显不同，专利权的问题异常错综复杂，许多专利不仅确有必要，或许还要采用"专利池"的方法才能有效地加以解决。所谓专利池，是指"多个专利权人达成的协议，以便相互之间或者向第三方发放专利许可"，或者叫作"专利权人协议所约定的联合专利许可"。作为图像压缩国际规格的 MPEG-2（国际图像专家组）就堪称专利池的典型案例，专利权人联合起来，将该领域所必需的专利打包成一揽子联合许可，并且为此还成立了专门的机构[18]。考虑到 iPS 细胞的特殊性，关于 iPS 细胞的专利权问题，也应采取这种集中打包处理的方式才能切实发挥作用。

关于 iPS 细胞的专利问题，以 2009 年 3 月（作者写作之时）的情形来看，在世界知识产权机构（World Intellectual Property Organization，简称 WIPO）的数据库中，除了京都大学以外，至少还有一些机构分别提交了专利申请。这些机构是威斯康星大学、麻省总医院、怀特黑德生命医学研究所以及拜耳公司（表 2-2）。这些机构以及专利申请人在干细胞研究领域位居世界前列，而且项目小组的人员班底也都可想而知。向世界知识产权组织报备之后，这些机构势必就会分别申请各项专利。

表 2-2　关于 iPS 细胞最初的专利申请状况

| 申请人<br>（发明人） | WIPO PUB.NP. | 优先权日 | 公开日 | 内　容 |
|---|---|---|---|---|
| 京都大学<br>（山中伸弥等） | WO/2007/069666 | 2005 年<br>12 月 13 日 | 2008 年 9 月<br>12 日获得日<br>本国内专利 | 哺乳类 iPS<br>细胞 |
| 威斯康星大学<br>（Thomson 等） | WO/2008/118820 | 2007 年<br>3 月 23 日 | 2008 年<br>10 月 2 日 | 人类 iPS<br>细胞 |
| 怀特黑德研究所<br>（Jaenisch 等） | WO/2008/124133 | 2007 年<br>4 月 7 日 | 2008 年<br>10 月 16 日 | 老鼠 iPS<br>细胞 |
| 麻省总医院<br>（Hochedlinger） | WO/2008/151058 | 2007 年<br>5 月 30 日 | 2008 年<br>12 月 11 日 | 老鼠及人类<br>iPS 细胞 |
| iZumi Bio<br>（樱田一洋等） | WO/2009/006930<br>WO/2009/006997 | 2007 年<br>6 月 15 日 | 2009 年<br>1 月 15 日 | 人类 iPS<br>细胞 |

其中，京都大学当时所提交的 iPS 细胞专利申请尚属首次，并且于 2008 年 9 月在日本获得了国内的专利。这项专利事关 iPS 细胞的制备方法，即向体细胞中导入 4 个遗传基因的制备工序，凡是通过这种方法来制备的细胞都会涉及上述专利。2010 年 1 月，

iPierian 公司宣布，拜耳公司转让给该公司的专利已经获得了英国专利局的认证。

日本制药工业协会是汇集制药企业的团体。2008 年 11 月，该协会开始实施一个为期一年的"知识产权支援项目"，以便对大学等科研机构提供支援[19]，帮助它们将在 iPS 细胞方面所取得的研究成果转化为知识产权。这个项目的重点就是对日本的科研机构提供咨询意见，以便它们在美国为 iPS 细胞的研究成果申请专利之际襄助一臂之力。日本顶级企业的活动经验及智慧对于大学的知识产权活动肯定具有极大的借鉴意义。因此，这个项目后来不断发展壮大，最终成立了一家公司专门从事这个项目，即"知识产权战略网络株式会社"。

## 2.5 再生医疗的可能性

所谓再生医疗，是指对那些因疾病、事故而造成损伤或功能不全的组织、器官、脏器实施人工再造，以便令其重获新生并且恢复原有功能的医疗手段。其中包括以下两个概念[20]：①细胞治疗。所谓细胞治疗，就是通过细胞移植的手段，对丧失功能的特定脏器进行再造，以便令其恢复功能。②组织工程学治疗。使细胞、工程学、材料进行适当的生化、物理化学反应，将其因子进行组合，以便改善或代替原先的人体生理功能，实际上是系统工程学的延伸。

再生医疗其实就是制备旨在切实诱导 iPS 细胞、ES 细胞的体细胞，并将该体细胞应用于再生医疗的实用化。这种情形正如前文所述，像由化合物制成的药剂那样实施规格化的大量生产存在极大的困难。从每一名患者身上提取细胞并由此制备 iPS 细胞，然后根据具体使用目的将其诱导为可以转换为各种细胞的细胞，这在研究阶段或许可行，但由于时间上旷日持久、成本居高不下，实用化的难度可想而知。细胞治疗也好，组织工程学治疗也罢，其先决条件是必须设立类似于细胞银行的机构，以便准备好能够覆盖大多数民众需求的 HLA（人体白血球抗原）iPS 细胞。这是因为，只有在用于治疗的 iPS 细胞与 HLA 相互符合的情形下，才不至于发生免疫排斥反应。由此可见，目前的状况不容乐观，距离实用化不仅十分遥远，而且还有许多重大的课题有待解决。

对于一项医疗技术的评估，不仅要立足于科学层面，从经济角度进行评估也同样重要。在医疗费用居高不下的当今，考虑投入与产出之间性价比的观点开始大行其道 [21]。即便再生医学当真走向实用化，也要按照这种观点对其性价比进行评估。在老龄化社会继续深化的背景下，医疗费用的增加其实毫无悬念，一旦由于 iPS 细胞的研究成果而造成再生医疗费用的巨大开支，从政府财政的立场考虑，势必无法将其纳入医疗保险体系。再生医疗的福祉，很可能仅限于少数能够支付自费医疗项目的富豪患者。因此，今后再生医疗的研究方向不仅要探索临床应用领域的可能性，还要从降低成本的角度进行技术研发。另外，在实施评估之际，对于治疗效果的评估不仅要看是否能够延长患者的生命，还要考虑生存质量（Quality of Life，简称 QoL）的提升。

一项问卷调查结果显示，日本企业的再生医疗市场规模似乎很小。[22] 许多企业对市场行情的估计是，到 2015 年，全球市场规模应该在 300 亿日元以下，个别产品的销售额不会超过 10 亿日元。细胞治疗等再生医疗，与由化合物制成的药剂区别明显，用于治疗的细胞量产技术困难重重，对患者实施个别定制治疗的可能性极大，因此必须创造出一种与原先化合物医药体系完全不同的商业模式。商业模式的问题理应由各个企业根据自身的实际出发去创造，因为行政机关不仅无力创造什么商业模式，而且这不是其本职工作。日本制药企业中，看好再生医疗的似乎为数不多。2008 年，海外大型制药企业辉瑞公司宣布设置再生医疗部门，事情从此出现了转机。日本的制药企业也开始关注再生医疗这个崭新的领域，今后有望参与其中。[23] 相关情况正如我在本书第 Ⅲ 部分中所阐述的那样，从基础研究的成果到实现产业化，整个过程至少需要花费 10 年时间，对于企业来说，虽然确有必要将其纳入长期规划并进行必要的探讨，但具体的投资决策显然并非当务之急。然而，那些依靠现有医药品无法治愈自身疾病的患者，却对再生医疗寄予了极大的期望。

## 2.6 iPS 细胞研究规划图

### 2.6.1 规划图的意义

2009 年 6 月 24 日，文部科学省公布了"iPS 细胞研究规划图"[24]（图 2-1）。这是行政机关文部科学省在充分听取有关专家意见后所做出的决策。

为了加速 iPS 细胞的研究工作，文部科学省大幅度扩充了相关预算。具体情况是，2008 年的年度预算与上一年度相比大约增加了 10 倍，金额为 30 亿日元；2008 年的补充预算为 15 亿日元；2009 年的年度预算为 45 亿日元；2009 年的第一次补充预算金额高达 100 亿日元。虽然在 2007 年年底所公布的综合战略附表中，今后 5 年的预算规模为 100 亿日元左右，但实际上仅仅一年就突破了 100 亿日元，政府针对这个领域的投资明显增加。另外，在 2010 年的预算中，文部科学省除了划拨 46 亿日元的支援经费以外，针对山中教授的研究项目，还在 2009 年度二次补充预算中采取了一项措施，即"最前沿研究开发支援计划"，从 2010 年度到 2014 年度，4 年间总计编列了 50 亿日元的特别预算。

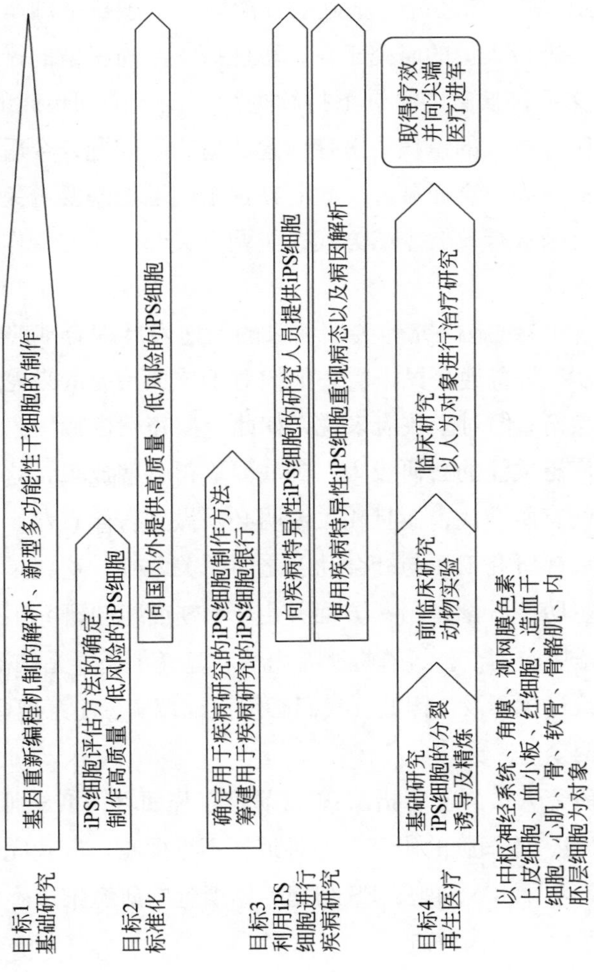

目标1
基础研究

基因重新编程机制的解析・新型多功能性干细胞的制作

目标2
标准化

iPS细胞评估方法的确定
制作高质量、低风险的iPS细胞

向国内外提供高质量、低风险的iPS细胞

目标3
利用iPS
细胞进行
疾病研究

确定用于疾病研究的iPS细胞制作方法
筹建用于疾病研究的iPS细胞银行

向疾病特异性iPS细胞的研究人员提供iPS细胞

使用疾病特异性iPS细胞重现病态以及病因解析

目标4
再生医疗

基础研究
iPS细胞的分裂
诱导及精炼

前临床研究
动物实验

临床研究
以人为对象进行治疗研究

取得疗效
并向尖端
医疗进军

以中枢神经系统、角膜、视网膜色素
上皮细胞、血小板、红细胞、造血干
细胞、心肌、骨、软骨、骨骼肌、内
胚层细胞为对象

图 2-1  iPS 细胞研究规划图

在 2010 年 1 月召开的"再生医疗落实性项目(第 Ⅱ 期)"研讨会上,与会者中有人提出质疑:"iPS 细胞的研究工作难道不在厚生劳动省的职责范围吗?"对于这个问题,我的看法是这样的:iPS 细胞的研究目前还处于基础研究阶段,由于从基础研究向临床过渡需要进行大量的研究工作,因此振兴生命科学的推动工作一直都在文部科学省的主导下持续进行。至于个别疾病的对策、关于新型医疗模式的审核、医疗保险的适用等问题,今后应在厚生劳动省的主导下全面展开。政府在这个问题上既要避免条块分割,也不宜采取行政命令的方式,协调有关部门通力合作其实才是当务之急。

正如《iPS 细胞研究等尖端项目的加速发展综合战略》的实施内容所示,就普通公民来看,他们对于这项研究的来龙去脉或许会感到费解;但对于政府来说,如此一项花费巨额国家经费并引起社会广泛关注的科研投入,到底要取得哪些成果,这个问题必须对国民有所交代,而且相关说明必须做到言简意赅。也就是说,必须重视研究工作与社会动态之间的关联性,这就是所谓的未雨绸缪、防微杜渐。另一方面,由于 iPS 细胞的研究工作是在全球性竞争中奋力前行,若将所有内情和盘托出,毫无秘密可言,势必会导致过犹不及。因此,我们必须正视现实,注意把握分寸,力争一策两全。

有些研究人员、记者指出:"目前存在片面宣传 iPS 细胞的倾向,ES 细胞、体细胞的研究工作难道就不重要吗?"我完全赞同这个观点,对于 iPS 细胞、ES 细胞、体细胞的研究推进不可厚此薄彼,而是应该齐头并进。

### 2.6.2 研究的目标

在这份规划图中,将研究领域大致分为下列 4 个板块,分别是：①基因重新编程机制的解析（基础性研究）；②标准 iPS 细胞的制备与供给（标准化）；③旨在病理研究、制造新药、对来自患者的 iPS 细胞制备进行评估的细胞银行业务；④再生医疗（使用由 iPS 细胞分裂诱导而成的细胞、组织，并且通过对这些细胞、组织的移植等治疗技术所实施的前临床研究以及临床研究）。其中，每个板块都在现阶段研究动向的基础上，制定了大约为期10 年的远景规划以及具体的落实目标。至于新药研发项目，iPS 细胞的应用领域固然前景可期，但实施的主体毕竟还是产业界，因此在这份规划图上并未将其列入。

这份规划图中所展示的目标都是在现阶段研究动向的基础上所设置的，因此具备很强的现实性。而且在制定目标的过程中，见证了 iPS 细胞、ES 细胞的分裂诱导技术的确立等最新发展，能够根据今后研究开发的进展情况随时予以修正，包括针对其他疑难杂症的细胞、组织移植等研究进行大幅度的变更与追加，目标才得以最终确定。

明确公布如此清晰而又具体的目标，这在生命科学领域实属史无前例。但现实的问题是，通过明示具体的研究计划，那些对研究成果抱有希望的人士难免对未来产生过高的憧憬；一旦实际进展未能按部就班，势必会令他们大失所望。因此政府必须切实把握分寸，务必令广大民众认识到，这份规划图中的目标，其前提条件是针对当下实际情况而制定的，而未来毕竟存在许多不确定性。为了促使研究工作得以顺利进行，就必须在制度层面进行必要的整合。下面就是关于四大研究板块各个具体目标的概观介绍。

### 目标①：基因重新编程机制的解析

基因重新编程能够使 iPS 细胞具有多能性，但其中的机理尚有诸多未解之处，因此，它在学者面前就是一个"黑匣子"。针对这种机理不明的研究，在科学上是极其重要的。导入细胞的遗传基因到底如何活动？使用蛋白质的情形与导入遗传基因的情形究竟存在怎样的差异？等等。对于这些基因在重新编程的过程中到底会产生什么现象，科研人员必须予以全面解析。因此，作为该板块中的 5 年目标，就是解析分子机制。

新型多能性干细胞的制备则是另外一个目标。有些学者认为，现行的两种截然不同的方法，即基因导入与蛋白质导入，都有可能制备干细胞。我认为在科学上确有必要研究多样性的问题，强力推动这种基础性研究，不仅可以支持将来的应用领域，还会带来细胞生物学的新发展。

**目标②：标准 iPS 细胞的制备与供给**

制定这个目标的根本目的就是切实制备出高质量、低风险的 iPS 细胞，并且能够确立一整套正确的评估技术。这个目标对于实现 iPS 细胞的临床应用显然至关重要。在老鼠 ES 细胞领域，固然可以通过制备嵌合体老鼠的方式来确认该细胞就是 iPS 细胞，但在人类 ES 细胞领域，以同样的方法进行确认则是万万不可行的。因此必须加强国际合作，测定人类 ES 细胞的特征，并且以同样的方法对人类 iPS 细胞进行相关测定。另外，如果能够确定评估方法，那么就可以对 iPS 细胞的质量实施有效的管理。

为了使 iPS 细胞研究工作始终处于活跃状态，必须想方设法让大量研究人员对其保持关注并且参与其中，如此才能收到群策群力的效果。因此，提供用于研究的 iPS 细胞就成了当务之急，并且必须建立一套有效的管理系统。在这种情形下，理化学研究所的生物资源中心在设施、设备方面得到了充实，专门用来收集高质量的 iPS 细胞，以便推动细胞银行业务的发展。细胞银行业务绝非单项作业即可完成，而是必须积极研发细胞的培养技术以及保存技术，并且予以大规模的普及。另外，细胞收集也并不仅仅限于细胞本身，细胞附属物的相关信息也必须收集并提供。诸如，细胞提供者的姓名、年龄以及健康、医疗信息，所提取细胞的类别（来源于皮肤还是血液），这些信息都不可或缺。而上述信息往往涉及个人隐私，因此细胞银行在进行信息收集及处理业务的过程中必须慎重行事。

**目标③：旨在病理研究、制造新药、对来自患者的 iPS 细胞制备进行评估的细胞银行业务**

许多病理研究人员希望利用 iPS 细胞来大力推动针对各种疾病的研究工作，并且取得了超越干细胞研究人员的学术成果。京都大学教授中畑龙后对疾病特异性 iPS 细胞的医疗应用问题做了6点说明 [25]，详情如下：①从活人身上提取大脑、小脑组织进行检查显然十分困难，从疾病特异性 iPS 细胞中分裂出这种细胞并且用于诊断则简便易行。②将疾病特异性 iPS 细胞分裂为与患处相同的组织，将各个分裂阶段的细胞基因及其表现状况等与正常细胞进行对比，从而剖析疾病的成因，并将对病态的把握精细至分子水平。③对于由与运动神经元活动有关的神经细胞死亡而引发的筋萎缩侧索硬化症（ALS）等人类所特有且目前尚无动物模型可供病理研究的疾病，可以提供新的试验模型。④通过对由疾病特异性 iPS 细胞分裂出来的细胞与罹患疾病后的细胞进行对比，即可穿越时空对细胞进行比较，从而剖析发病机制。⑤使细胞分裂为疾病特异性 iPS 细胞，以便实施药物毒性试验及有效性试验。⑥从患者身上提取细胞并制备出 iPS 细胞，对其遗传基因进行修复后再使其分裂为我们所需要的细胞，这就是所谓的新基因治疗。

从某种疾病的患者身上提取细胞并制备出 iPS 细胞的时候，针对一种疾病只制备一种 iPS 细胞即可大功告成的观念其实并不可取。制备出来的 iPS 细胞以及从中分裂诱导出来的体细胞，其性质很有可能因提供细胞的患者不同而有所差异。另外，为了能够评估细胞的性质，就必须建立一整套评估体系。专业人士普遍希望能够在考虑到上述要点的基础上，将收集到的细胞集中起来，并且在细胞银行中妥善保存。

### 目标④：再生医疗

关于再生医疗，现阶段的情形就是不断推动相关研究，以便将从 iPS 细胞中分裂出来的分别构成心肌、视网膜、神经、肝脏等各种细胞广泛应用于治疗。在规划图中，明确公布了再生医疗技术首次适用的目标年份，以便切实造福于患者。

虽然日本的基础研究工作相当活跃，但基础研究的成果向临床研究的进展却举步维艰。另一方面，强调大干快上而大力推动粗犷式研究也不无风险，一旦出现意想不到的副作用，社会舆论就会完全转向，该项目的临床研究整体上或有前功尽弃之虞。因此对于临床研究，政府不仅要从研究层面予以支持，还要对相关制度进行整合。这个问题并非文部科学省一己之力即可解决，因此必须加强有关部门之间的通力合作。

另外，从临床研究向实际医疗过渡的适用性问题，也不是仅凭专家学者的努力就可以实现的。本书的标题其实就揭示了答案，这是一个事关全社会的生命科学整体性问题。将一项史无前例的新型医疗技术变为现实，其基本观念必须在社会上形成整体共识。

## 2.7 几点心得体会

### 2.7.1 从政策角度来看

记者方面曾经多次向我提出过同样的问题："今后，如若出现了能够与 iPS 细胞相媲美的研究成果，那么政府将会如何应对？"

虽说日本到目前为止，在生命科学领域已经取得了举世瞩目的研究成果；但在基础研究领域，至今仍未出现足以在社会性综合报纸上刊登一个整版的重大科研成果，因此在 iPS 细胞研究中所取得的一连串进展就显得弥足珍贵。若要将 iPS 细胞研究领域所积累的宝贵经验发扬光大，从而再度取得一项重大研究成果，那么政府部门就必须更加迅速地做出应对，以便因势利导、大力促成。就我个人的愿望而言，下一项重大研究成果的出现不必等到一二十年以后，而是能够如同雨后春笋般不断涌现。

行政机关的条块分割现象历来饱受诟病。但是，行政机关如果自行超越授权而主动开展业务，不仅与现行体制不符，而且越职擅权的行为有时还会违法。一个组织只有明确其权责，才有可能充分发挥其职能效率。所谓条条管理或者行业管理，其实正是各级组织的一个特性，而且这种特性也并非行政机关所独有。例如，就报社而言，社会部与科学部虽然隶属于同一家报社，但二者是两个不同的组织部门，在信息方面看似并无交流，彼此之间各自为政。但是，某个部门如果片面强调事不关己而对周围其他部门的业务完全无动于衷或者对协调工作懈怠从事，那么整个组织的既定目标势必难以完成。不论是哪一个下级部门，都应该在放眼全局的基础上立足于本职工作，同时还要超出本部门的范围与其他部门进行合作，否则就是十足的本位主义。另外，上级部门在放眼全局的同时，还要具备促使各个下级部门之间进行相关合作或者对其进行调整的职能。作为一个 iPS 细胞研究工作的见证人，我的感觉是政府在这个项目上不仅充分克服了过去条块分割的弊病，而且出色地完成了领导、协调的使命。

围绕 iPS 细胞的政策立项，我认为今后值得学习、借鉴的要点无外乎以下几个方面。

（1）从事科学政策的行政官员，必须对研究工作的前沿动向了如指掌，并且精确地判断出这个项目具有怎样的价值。为此，对于学术团体的活动不仅要侧耳倾听，还要采取"架设天线"的做法（在学术团体中发展联络员），以便随时获取该领域的最新信息，并且能够切实地予以理解和消化。

（2）一旦出现了具有划时代意义的研究成果，此后决定胜负的关键就是政府的应对速度，兵贵神速的原则值得我们永远铭记在心。但是，到底怎样的研究成果才算得上是具有划时代的意义，对其做出精确的判断难度极大。正如前文所述，文部科学省与干细胞学者之间，在人类 iPS 细胞的可行性问题上事先已经达成了共识，因此在某种程度上可以未雨绸缪、把握先机。但 iPS 细胞制备成功的消息一经披露，居然在社会上引起了广泛的关注，这个动向着实令人始料未及。为了迅速采取行动，政府必须提前掌握相关信息，其中包括海外的研究动向、iPS 细胞的研究方向以及民间企业的关注要点，等等。政府当时所面临的情况是，各色人等均站在他们自己的立场上发表看法，而我们必须从中发现什么才是当务之急并且迅速做出抉择。

（3）长期扶持与短期扶持相结合的问题也至关重要。基础研究的成果固然应该回报社会，但整个过程毕竟旷日持久，因此政府必须对回报社会的路径予以适当的描述，以便对国民有所交代。虽然以科研项目的形式直接增加经费可以收到立竿见影的效果，但山中教授希望获得政府的长期扶持，以便打破项目期限的束缚，长期聘用一些研究人员、知识产权专家以及项目经理，而且中心的运营费用也能获得稳定的保障。不过按照现行政策的规定，政府拨付给国立大学的运营费补助款每年都要有所削减，相关人工费用也会受到限制，因此这些具体问题无法在 iPS 细胞研究项目的相关措施中得以单独解决。这涉及政府对所有大学的资源分配问题，牵一发而动全身，应对起来极其困难。

（4）中央政府各部门（内阁府与相关省厅）之间的合作问题。正如前文所述，条块分割的弊端历来饱受诟病。好在文部科学省与内阁府、厚生劳动省以及经济产业省的相关负责部门之间历来联系密切，在信息交换、协调合作方面早有默契，因此在iPS细胞的项目上能够步调一致、迅速行动起来。例如，在需要与制药企业交换意见的时候，厚生劳动省作为主管部门立即指示日本制药工业协会负责安排，具体日程则由相关三省会商后再付诸施行。对于医药品的安全管制是厚生劳动省的权限，专利相关问题则由经济产业省下属的专利厅管辖。虽然各个专业性领域的行政管辖理应以政府主管部门为中心各行其是，但对于跨专业的医药品专利的行政管辖问题到底应该采取哪种模式呢？搞清这个问题对于振兴科学研究的政策立项工作着实大有益处。

（5）沟通机制并不仅仅限于省（府）之间、研究人员之间，掌握全局才是重中之重，包括与产业界之间密切互通信息，直至向患者提供医药产品为止。按照条块分割的观点，与产业界的应对本属经济产业省负责，不在文部科学省的直接管辖范围之内，也许就会事不关己、高高挂起。从圈内人的角度来看，与大学、公立研究机构的专家学者交换意见几乎就是文部科学省的全部工作，虽然下属的各个委员会中特意邀请某些产业界人士担任委员，但与他们会面沟通的机会其实寥寥无几。但是就iPS细胞项目而言，由于实用化的前景已经不言自明，与产业界的合作势在必行，制药企业、风投机构、风投企业的相关人士蜂拥而至，因此才有了对话的机会。从企业人士的角度来看，他们普遍认为："文部科学省的官员平易近人，见面沟通的机会比其他省（府）都多。"由于企业界人士的看法与大学学者不尽相同，文部科学省作为科学技术领域的主管机构，与他们接触可以听到许多前所未闻的意见。例如，虽然产学合作很有必要，但产业界迫切希望文部科学省能够将工作重心放在振兴基础研究的领域。加强基础研究工作固然理所应当，但在制定相关措施的时候还要关注产业界的动向，这个观念其实非常重要。如果仅仅把目光对准基础研究，政府的思路势必就会将振兴政策侧重于某个具体的研究领域，而对如何回报社会这个根本性问题方面反倒无暇细虑。

在第 3 节中，作者虽然对产业界初期的动向提出了批评，但如今返躬内省的结果是，我作为文部科学省的行政官员，当时对形势的判断也有主观臆断之处，那就是片面地认为，企业对一项杰出的科研成果必将闻风而动，立即就会将其长期积累的智慧与技能投入进来、共襄盛举。但客观现实却是，对于一项史无前例的新事业毕竟存在极大的不可知性，一旦参与其中，任何人也无法保证有什么万全之策，反倒是大家必须群策群力、共渡难关。这就是所谓的"民可与乐于成而难与共于始"。

（6）不仅要争取项目预算，还要考虑到项目落实之后的长期运营问题。我们的工作重点往往在如何争取预算上狠下功夫，但对项目落实后的具体实施，则倾向于委托给相关学者、大学或科研机构。不过在 iPS 细胞的问题上，文部科学省对项目实施的考虑可谓达到了事无巨细的地步，包括独立行政法人所负责的业务、运营情况是否符合项目规划，产学合作是否顺利进行，等等。这种做法并不意味着政府对具体的研究内容实施行政干预，而是有必要对预算的应用进行灵活的处置，以便确保科研人员能够切实取得成果。但是，我们除了对有关 iPS 细胞研究的项目在新的财政年度申请预算以及补充预算、汇总规划图等政策文件以外，同时还在推动生命科学的整体振兴工程，两条战线齐头并进。对于项目运营的细致筹措，困难始终如影随形，好在结果还是功夫不负有心人。为了将具有划时代意义的 iPS 细胞研究成果导入正轨，这种事无巨细的认真态度着实不可或缺，如何在人力有限的条件下最大限度地发挥战斗力，这才是政府在项目运筹中最为重大的课题。

### 2.7.2　从推动研究的角度来看

围绕 iPS 细胞研究的相关活动与报道可谓风起云涌。在这种情形下，科研机构才会深刻地认识到优秀人才的重要性。这里所谓的人才，并不是指研究人员或行政人员，而是指能够推动研究运营、项目规划的领军型人物。在小规模基础研究阶段，这种人才的迫切性或许还不太明显。但是，像 iPS 细胞这样引起广泛关注的大型综合性研究项目，就必须有领军型人才坐镇统筹。只有如此才能把握研究的内容，针对伦理学、法学、社会学的课题进行必要的探讨，与行政机构、其他大学以及研究机构、产业界等相关单位进行交涉并且获取资金，同时对知识产权的问题进行必要的调整。如果科研人员终日被这些琐事缠身，那么研究工作势必难以为继。然而，这样的人才在大学中却是凤毛麟角，因此今后的课题就是如何培养、扶持这种稀有型人才。由政府知识产权战略总部汇总编制的《知识产权推进计划 2008》[26] 中就提到了知识产权顾问的重要性，承接基础研究的大学等科研机关，必须具备能够掌控科研项目全局并且精通知识产权的领军型人才。

京都大学在这个问题上无疑是先知先觉，在日本实属特例。其具体做法就是从科学技术振兴机构借调具有博士学位、擅长运营研究项目的专业人员并且委以重任。据说山中教授曾经向科学技术振兴机构提出，希望能有一名专业人员前来效力，结果马上就能如愿以偿。此外还有其他渠道，例如，从研究开发或者知识产权领域具有优势的制药企业招募具有丰富经验的退休人员，或者在广告上公开招聘优秀人才，强化多管齐下、广招贤才的人才募集体制。而且在招聘程序上严格把关，录用与否需要召集多名专家集体讨论，杜绝了人事问题"一言堂"的现象。理化学研究所的做法则是注重内部培养。那些原先按照预算要求、负责资料汇编、说明研究内容的行政事务人员，由于在项目运营中逐步积累了经验，其中的佼佼者最终得以脱颖而出，承担重任。我认为理化学研究所的运营方法确实有其长处，各大学今后都应予以探讨、借鉴。

许多不同领域的科研人员，往往对本专业或者其本人所在研究室的研究经费偏少而有所不满。就 iPS 细胞项目而言，自从2007 年以后，政府拨款虽然算不上极其丰厚，但研究经费的投入确实有所保障。由此可见，只要科研人员能够取得引起社会关注的成果，政府的研究经费就会迅速增加。究竟是先拨经费再出成果，还是先出成果再拨经费？这个问题犹如到底是先有鸡还是先有蛋，争论下去其实并无任何实际意义。2007 年以前，iPS 细胞研究工作尚处于默默无闻的阶段，政府对该项目的扶持力度与其他研究项目相比并无厚此薄彼之处，不过就是维持一个普通规模的研究室而已。但是，当 iPS 细胞研究取得了重大进展并且引起了广泛关注以后，政府就迅速追加了巨额的科研经费投入。由此可见，只有一马当先，才能万马奔腾。

**注释：**

[1]　第 3 届干细胞、再生医学战略作业分会资料参照 http://www.lifescience.mext.go.jp/download/sr3/−7.pdf；研讨会讲演概要参照 http://www.jst.go.jp/extra./2007/sympo805.pdf

[2]　参照 http://officeofbudget.od.nih.gov/pdfs/FY11/Tabular20%data.pdf

[3]　参照 http://www.nih.gov/health/fed2010/od-25.ftm

[4]　Proposition 71，参照 http://www.lao.ca.gov/ballot/2004/71_11_2004.htm

[5]　参照 http://www.cirm.ca.gov

[6]　合作的具体内容参照 http://www.jst.go.jp/pr/announce/20081118-2/index.html

[7]　参照该研究所主页 http://www.gladstone.ucsf.edu/gladstone/site/gweb1

[8]　马萨诸塞州主页 http://www.msss.gov/?pageID=gov3pressrelease & L=1 & L0=Home & sid=Agov3 & b=pressrelease & f=agov3_pr_070508_life_science_initiative & csid=Agov3.

[9]　参照 http://www.nature.com/news/2008/060208/full451622a.html

[10]　每日新闻科学环境部编辑 . 日本研究人员在亚洲的竞争中应该何去何从——理科白皮书 [M]. 讲谈社（2009），37.

[11]　德伯拉·L. 斯帕 . 婴儿生意：生命买卖新市场的实态 [M]. 椎野淳，译 . 兰登书屋讲谈社（2006），217. 作者为美国哈佛大学教授。该文献是从商务的观点出发来论述生殖辅助医疗，文章中对干细胞有所涉及。我曾经接受过斯帕教授的采访，相关情况将在下一部作品讲述，其中会涉及干细胞领域。

[12]　Leo Furcht，Lilliam Hoffman. The stem cell dilemma-beacons of hope or harbingers of dooms? [M].Arcade publishing（2008），New York，158.

[13]　选用的主题，参照 http://www.jst.go.jp/pr/into/into703/shiryou2.html

[14]　隅藏康一 . 生物专利入门讲座 [M]. 羊土社（2003），38-39.

[15]　参照 http://iPS-cell.net/license_policy/index.html

[16]　参照 http://byl.bayer.co.jp/seripts/pages/jp/press_releases/press_detail/?file_path=2009%2Fnews2009-02-12.html

[17]　参照 http://www.ipierian.con/news-events/press-releases/2009/izumiBio-and-Kyoto-University-Form-Collaboration-to-Advance-Induced-Pluripotent-Stem-Cell-Technology-106/

[18]　同注释 [14]，134.

[19]　翁雅男 . 关于制药协会知识产权扶持项目的若干活动 [J]. JPMA News Letter：No.130（2009），6-8.

[20]　松山晃文 . 再生医疗的现状 [J]. 再生医疗：Vol.8, No.4（2009），67-72.

[21]　真野后树 . 医疗经济学入门 [M]. 中公新书（2006），154.

[22] 远藤康浩，田中纮一.再生医疗现状分析——企业问卷调查结果 [J]. 再生医疗：Vol. 9, No. 1（2010），105-110.

[23] 文部科学省 iPS 细胞研究专家网络工程第一届联合研讨会.再生医学研究的最前沿报告书.http://www.iPS-network.mext.go.jp/upload/100322_iPSnwreport.pdf.

[24] 关于《iPS 细胞研究规划图》的原文，参照 http://www.lifescience.mext.go.jp/download/news/iPS_090624.pdf。

[25] 中畑龙后.疾病特异性 iPS 细胞的医疗应用 [J]. 再生医疗：Vol. 8, No. 4（2009），7.

[26] 关于知识产权推进计划 2008，参照 http://www.kantei.go.jp/jp/singi/titeki2/2008keikaku.pdf

# 第 Ⅱ 部分　最前沿的生命科学与生命伦理

# 第 3 章
# 脑科学与脑神经伦理学

## 3.1　生命科学的新进展与生命伦理

围绕生命科学的研究进展虽然突飞猛进，但许多新的伦理问题也随之而来。脑科学如果继续深入发展，或许可以通过人为操作来破解人们的内心世界。另外，若要将生命科学作为医疗技术来回报社会，那么就必须研究人类本身以及人类由何而来的根本问题，并且对相关生物样本以及信息加以灵活运用。在这种情形下，个人信息的保护、自主决定权等相关问题就会成为焦点所在。人类从前鞭长莫及的胚胎，也可以通过体外受精技术而在试管中制作出来，并且能够冷冻保存，因此对于生命起源"胚胎"的处理问题，就必须从伦理学的角度加以探讨。

第 3 章在纵观生命科学发展进程的基础上，对近来备受瞩目的课题——"人类如何超越自我"进行了简要的描述，其中的重点就是脑科学与伦理问题。第 4 章的内容，则是包括解析基因组在内的人类起源生物样本、信息以及围绕人类胚珠的伦理问题，等等。在第 II 部分最后的第 5 章中，将对生命伦理基本原则是否成立的问题进行探讨。另外，探讨的主旨并非仅仅是找出问题、空发议论，而是在争取得到广大读者充分理解的基础上，就如何适当地推动研究阐述自己的观点。

### 3.1.1　生命科学的进程

工学大师石黑武彦教授指出："21 世纪的今天，科学技术的发展一路高歌猛进，在这个过程中，最精华的学科正在从物理学向脑科学过渡。"这个观点 [1]，在社会上已经取得了广泛的共识。石黑武彦教授并不是医学专家，也不是生命科学领域的专家，而是一名工学专家，这完全是从纯学术的角度纵观全局所做出的客观论述。由于物理、化学的进步以及各种测定设备、电子计算机的发展，原先不可思议的生命科学逐渐成为显学，生命的运行轨迹终于得以使用比物理、化学更加详细的"科学语言"描述，因此取得了许多重大的研究成果。

千叶大学教授广井良典认为，17 世纪发源于欧洲的近代科学，对自然与世界的认识存在两个显著的特征，即①人与自然明确分离；②还原主义。其宗旨在于，今后的科学不但要对原先的科学逐一还原为基本元素并展开研究，还要将这些基本元素整合起来、统筹规划，进行复杂性研究。[2] 如果依照这个观念来思考，那么生命科学从过去到现在直至将来的整个进程也就拨云见日了。

只要回顾一下医学研究的历史就会发现，人与自然明确分离与还原主义这两大特征，其实都与所谓的特定病因学说密切相关，即某种疾病必然有其特定的病因，只要袪除了这种病因，疾病即可痊愈。从 19 世纪到 20 世纪初期，医学的主攻对象就是来势汹汹的感染症，而病因就是特定细菌或特定病毒。另外，这两个特征作为观察生命现象的风向标，对物理、化学方面的科学阐述具有指导作用。从 19 世纪开始正式起步的还原主义，与现代分子生物学存在密切的关联。[3]

第二次世界大战以后，随着医学的发展，加上生活水平的提高以及卫生状况的改善，感染症已经大为减少，而癌症、慢性疾病等生活习惯病则大幅度增加，也就是说，疾病结构发生了变化。另外，在 15~44 岁期间，也就是人的前半生频频发作的疾病，诸如抑郁症、感觉统合失调症、酒精依赖症，等等，其病因应该主要归咎于精神层面或社会层面。也就是说，造成这些疾病的主要原因并不是单纯的某个特定物质，而是与遗传基因、心理层面、社会层面、环境层面等诸多复杂因素都有关联。因此，研究工作不能仅限于将相关因素逐一还原，还要对其错综复杂的成因进行综合统计，并且作为复杂性科学从整体论的角度着手。另外，关于脑科学的研究，正在向人类的意识领域进展，也就是对内在宇宙进行剖析。由此可见，仅仅依靠过去行之有效的人与自然明确分离原则以及还原主义原则，在现代社会已经无法应对科学研究的最新进展。

科学技术振兴机构研究开发战略中心川口哲以免疫学为例，从免疫领域对生命体的结果进行了分析，并且对其变迁过程得出了结论[4]，即"个体"→"细胞""分子"→"组织""器官"→"个体"。生命科学的研究对象按照还原主义原则，原本打算将生命的基本因素上溯至分子为止，并且以此来剖析生命现象；但事实表明，由繁化简的程度还远远不够，结果研究工作在分子分析的基础上，又将矛头转向了整体论领域，将个体与总体作为一个系统来综合把握。

东京大学教授米本昌平认为："关于生命科学的研究方法，人类基因组目前备受关注，而人类基因组的解读就是方法论领域的一场科学革命。"[5] 其原因在于：①传统的遗传学相对来说比较质朴，交配几乎就是唯一的试验手段，属于那种旷日持久的研究领域；但自从人类基因组计划启动以来，遗传信息领域的研究率先取得了进展，科研人员可以轻易地获取大量信息。②生物中唯一不能通过交配试验来解读其基因组的非人类莫属，而人类基因组计划的宗旨恰恰就是竭尽全力、优先解读人类基因组。随着基因解读手段的大众化，将生命现象上溯至基因这种物质的构想显然顺理成章，关于生命科学的研究已经发生了翻天覆地的变化，这的确是一个不容质疑的事实。但是，解析基因组只是还原主义所追求的目的之一而并非全部；仅仅解析了基因组，人类对生命、疾病的认识仍然远远不够，还必须对遗传基因之间的神经网络的解读等相关信息进行全面整合。另外，通过将这种基因组解析技术与先前就有的转基因技术相结合，就很有可能实现胚胎操作（后文中详述），也就是说，如同造物主那样来操控人类的生命。不过在这个问题上，由于涉及伦理问题而存在异议。

　　生命科学的新潮流还有很多，其中之一就是计算科学的灵活运用。计算科学就是试图驱使电子计算机通过模拟试验的方法来对自然现象进行解析，并且以相关理论为根基，以实验计量数据为佐证，实验与理论并重，对于今后的科学技术发展则是不可或缺的第三方验证手段。具体到生命科学领域，就是试图灵活运用高性能的电子计算机，对生命体的诸多现象进行模拟试验，这可以说是一种探索性尝试。因为生命现象对于计算科学的服务对象而言实在过于复杂，所以现有计算机的运算能力根本无法完成追踪的使命；目前正在研发中的具有超级电子计算机水平的下一代电脑若能投入使用的话，或许在某种程度上就能够进行这种极端复杂的模拟试验。在这个领域，应用软件的开发正在取得进展。计算机模拟试验到底能够做些什么？这主要取决于超级电脑的性能是否能够满足实际需求。将来，人体若能全部实现计算机模拟试验，那么医学研究必将取得飞跃性的进展。[6] 若要将那些目前无法做到的事情变为可能，那么超级电脑的运算能力就必须突破现有技术的上限。基因组解析技术与计算科学相结合，若能将生命现象建立在数理模式的基础上加以解析，那么系统生物学的实现也就指日可待了。计算机模拟试验、系统生物学是对生命进行整体认识的方法。而且随着这种研究的进展，将来可能连细胞都可以创造出来。在相对比较单纯的微生物层次，通过制造人工病毒或者将人工 DNA 导入现有细菌的核质体，从而成功地制造出了新病毒。目前，iPS 细胞的制备就细胞创造而言，堪称是迈出了巨大的一步。

此前所叙述的研究对象，虽然仅限于个体或者个人的层次，但如果想要切实认识一个人，就要将视野扩大到人与人之间的交流，并且作为一个群体加以观察，才能做到整体而又科学地认识。正如本书后文所述，在脑科学领域，"社会脑"已经成了一个规模庞大的研究主题，旨在实现整体认识的具体手段也在持续研发当中。

### 3.1.2　超越自我

超越自我，作为生命伦理的一个新主题而备受关注。举例来说，在 2004 年 11 月举行的第 16 届日本生命伦理学会上，特地召开了"超越自我伦理问题研讨会"。

医疗的使命原本只是诊断疾病、治疗创伤，但由于近年来随着生命科学、医学的发展，治疗的意义已经超出了令身心恢复正常功能的传统范畴，而是运用医学手段使那些处于健康状态、正常状态的普通人增强能力从而超越自我，成为"超人"。这个问题着实不容忽视。超越自我大致分为以下几个类型：旨在加强身体素质，提高耐久力或体格魅力（身体超越）；提高认知能力，包括记忆力，等等（智力超越）；陶冶情操，诸如矫正攻击型人格障碍 [7]（道德超越）。举例来说，通过外科手术等方式实施美容整形，服用精神活性药物来控制情绪，利用生长激素使身材矮小者（并非疾病）增加身高。此外，将来还有可能借助改变基因的技术手段，即所谓的"脑机界面（Brain-machine Interface，简称 BMI）""设计试管婴儿"来实现望子成龙的梦想。关于脑机界面、设计试管婴儿的情况，我将分别在本章第 4 节"脑神经伦理学"以及第 4 章"围绕人类基因组与人类胚珠的课题"中予以详细叙述。

伦理学专家静冈大学教授松田纯提出了两点意见：①这种所谓的超越自我，将疾病、健康、医疗的概念无限扩大，很有可能从根本上改变行医准则的固有性质，或有过犹不及之虞。②人为何物（人之所以为人的条件）？对于人生来说到底什么最为重要？这些更加具有根本性的问题随即应运而生，人们不禁要问：,"我们到底希望在什么样的社会中生活？"超越自我的结果必将使人类面临社会选择的问题。[8]虽说超越自我所造就的超级医学、超级科学的确会成为引起大家思考的社会性问题，但这个问题本身就足以与社会伦理等诸多问题分庭抗礼，以致横生枝节、纠缠不清。例如，脑死亡与脏器移植问题就与行医准则以及人们的生活方式密切相关，社会上对这个问题也一直在进行讨论。但是，凭借超越治疗、改变遗传基因等手段来改变一个人身心方面的先天条件，如此超越自我必然会给我们带来一个重大问题，那就是人类到底应该选择什么样的社会环境继续生活下去。然而，在现实社会中，到底什么才是货真价实的超越自我却很难一概而论。例如，就拿利用精神活性药物控制情绪来说，超越自我与治疗疾病的界限就模糊不清。到底什么情况下应该积极作为，什么情况下属于过犹不及；或者索性换个说法，见可而进与知难而退之间的判断标准到底是什么？这个问题恐怕很难以是非论成败，但以成败论是非的代价又未免过于沉重。

就人类的欲望而言，当然是希望按照自己的价值观来改善先天赋予自身的条件。因此在思考超越自我的时候，是否应该抑制这种欲望，如果需要抑制的话又该如何抑制为好？这些问题恐怕必须站在哲学的高度上去加以探讨。生命伦理学专家冈山大学教授栗屋刚认为，技术作为满足人类欲望或欲求的工具，近来取得了长足的进步；在讨论超越自我的相关背景过程中，我们发现了这样一个倾向，即技术越是发达，人的欲望所造成的问题也就愈加严重，起初不过想要控制个人，进而想要控制社会、国家乃至整个世界（包括欲望在量变方面的缩小以及质变方面的转换）。[9]既然如此，为了对超越自我有所控制而制造一款控制欲望的工具是否可行呢？答案显然是否定的。其原因就在于，现代社会的发展在某种程度上恰恰是人们不断追求并满足自身欲望的结果，而控制欲望却必须提出正当的理由，这就是所谓的欲壑难填。因此，关于超越自我这个问题，必须站在哲学、伦理学以及生命科学、医学的整体高度上进行全方位的对话与探讨。

生命环境伦理德国信息中心在一份报告中指出，医保制度所担负的使命，就是必须确保人们在其身心的正常功能因疾病的干扰而出现异常时，基于机会平等的原则而对弱者实施补偿，以便令其恢复至正常状态。因此，为了使人们的正常功能得以恢复并维持下去，医学手段才有介入的必要，但超出这个范畴的医疗介入就违背了医保制度的初衷。[10]虽然就概念而言，这个说法非常贴切；但就实际情况来看，恢复并维持正常功能的正常治疗与超越合理范畴之间的界线却着实难以认定。

就日本目前有关超越自我的现状来看，形势就十分复杂。例如，美容整形的支出并不适用健康保险，完全属于自费项目，而政府的公共政策对这个行业则是既不禁止也不鼓励，处于消极应付的状态。另外，体育行业也有凭借药物的作用来提高运动员体力及耐久力的做法，使用兴奋剂的事例并不罕见。虽说这也不失为一种身体层次的超越自我，但因为违反了公平原则而被明令禁止。至于其他领域的超越自我，目前看来也没有什么值得积极推动的项目。但是，如果有关超越自我的技术运用政府不予以禁止，那么能够消费得起的用户势必仅限于少数富裕阶层，于是又会产生一个更加严重的问题，那就是社会的公平正义。

人类的本性就是追求便捷与高效，从钻木取火到发明各种工具，人类社会正是在这种本能的驱使下发展起来的。人类虽然在飞翔、奔跑方面不如飞禽走兽，但通过使用汽车、飞机而扩大了自己的活动范围。人类虽然在物理力度（体力）方面比不上动物，但只要动用土木重型机械，即可实现举重若轻；通过手机通信，纵使相距很远也能随时交流信息；只要运用电子计算机，就可以高速地进行大规模计算。经济方面富有的群体对这些科学技术的运用总是处于有利的地位。试问，这些科学技术与超越自我之间的分界线当真就是那么明确无误么？

对于超越自我的应对问题，当务之急就是进行全方位的细致研究，并且只有将各项成果迅速叠加，才能正确地认识真理。我们不仅要抽象地探讨是否应该承认超越自我存在的合理性问题，还要正视现实，面对具体的课题考虑如何才能加以应对，在脚踏实地、充分探讨的基础上，再去思考超越自我的本原问题。另外，超越自我并不仅仅限于技术问题，与社会的应有形态以及每个人的生活方式也密切相关，因此这也是本书第Ⅳ部分中所探讨的科学交流对象。科学与社会之间必须有所交流，政府只有在这种全方位细致研究、对新生事物的认识不断叠加的基础上，才有可能对具体的政策进行探讨。

## 3.2 脑科学的相关政策

### 3.2.1 科学技术、学术审议会的学术报告

文部科学省麾下的科学技术、学术审议会（会长由理化学研

究所理事长野依良治担任）于 2009 年 6 月 23 日，就"脑科学研究的基本构想及推动方针：综合型人类科学的构建以及对社会的贡献（一次汇报）"举办了一场总结会，并且向文部科学大臣当场汇报。这份针对脑科学的学术报告，其出台背景及相关内容首先就值得大家进行深入思考。

最近，生命科学的进展着实令人瞩目。随着人类基因组的解析、基因敲除小鼠的研发等分子生物学的发展，有关人脑遗传基因的研究也在不断取得进步。另外，随着解析复杂生命功能所不可或缺的蛋白质结构以及功能解析技术的发展，与脑功能相关的蛋白质研究也是日新月异。由此可见，支撑脑科学研究的生物学基础已经取得了全面进展。

而另一方面，社会上对脑科学的期待与关心也在日益高涨。日本社会正在老龄化、复杂化的轨道上行进，痴呆症、抑郁症的患者不断增加。人们普遍认为，脑科学的发展能够对这些疾病的病理解析、诊断以及治疗做出极大的贡献。人脑与电脑、机械的连接技术，也就是所谓的脑机界面，可以令人体已经丧失的功能恢复正常或者得到增补，人们对其寄予了厚望。脑科学研究人员甚至被塑造成了文艺节目中的主人公，有些能够锻炼大脑反应能力的随身游戏也开始迅速走红，社会上的这些动向充分说明，人们对大脑的关注是何等之强烈。

由于脑科学在解析人类的认知与行动方面前景有望，因此人们普遍期待脑科学能够与心理学、经济学、法学产生交集，并且对这些学科的发展做出相应的贡献。例如，在经济学领域，许多理论都是建立在理性人模型的基础之上；而运用脑科学的手段，就可以从另外一个层面对人们的经济行为进行研究。于是文部科学大臣对科学技术、学术审议会提出了咨询，课题就是，针对这种跨学科研究的特质与来自社会的呼声，政府应该如何制定长远规划，以便适应今后脑科学的推动工作。

为了对汇报进行总结，科学技术、学术审议会决定下设脑科学委员会（委员长由日本学术会议会长担任），在脑科学委员会之下设立调查探讨作业分会（主任由东京大学研究生院医学研究系教授宫下保司担任）。在脑科学委员会中，委员并不仅限于脑科学研究人员，伦理学、教育学、法学、认知科学等诸多学科的专家学者也都参与其中；调查作业分会当中，不乏四五十岁年富力强并且锐意进取的脑科学研究人员。工作流程是这样的：首先，由调查探讨作业分会撰写汇报草稿；然后，由脑科学委员会对草稿进行审议并且最终定稿；最后，针对这份报告的正式文本举办公共政策说明，以便向普通民众、研究人员、学术机构广泛征求意见。

### 3.2.2 对综合性人文科学及社会做出贡献

报告文本指出："大脑，是人之所以为人的根本，同时也是'心灵'的基础，具有全面控制身体的功能（第 2 页，以下数字均表示文本中的页码）。脑科学研究人员……，在积极推动与相关学科、跨学科之间的合作、融合的同时，还要以构建'综合性人文科学'为目标，设法加强人们对人文科学的综合理解，满足社会的期待（第 20 页）。"[11] 也就是说，脑科学将不再局限于生命科学以及医学领域，而是要不断强化与诸多学科之间的合作，将分化为诸多专业的相关学问进行归纳统筹，以便从整体上认识人文科学。

但是，我们还必须注意到，大脑能够解析自然科学并不是认识人文科学的充要条件。哲学家小林道夫指出："对'心灵''心灵活动'的探索，若探索仅限于科学探索的范畴，那么就必须符合《科学的目的与规范》；但是在这种情形下，因为规范本身就属于自我约束的性质，所以根本无法从本质上触及'心灵'的诸多特性。"[12] 这就是所谓的"不识庐山真面目，只缘身在此山中"。自然科学的方法论强调数据的再现性、客观性；而人类的心灵活动，则处于时常变化而又无法再现的状态。人们对这种以科学之有常来认识心灵之无常的做法似乎很难认同。

　　另外，在探讨关于某个领域、某项学问的具体推动方案之际，相关议论归根结底都会转向本位主义、就事论事，仅就振兴这个领域、这项学问去献计献策，至于是否喧宾夺主、以偏概全则根本不在考虑之列。幸好这份学术报告的主旨并不是单纯地为了振兴脑科学，而是强调对社会的贡献。也就是说，脑科学的范畴不仅局限于科学意义，还要强调其社会意义。报告明确指出："日本即将进入老龄化、少子化社会，脑科学对于提高国民医疗水平、社会福祉乃至将来我们在面临婴幼儿保育、教育等诸多问题时，能够提供适当的方案；从长远的观点来看，脑科学可以为现代社会所面临的诸多难题提供克服的方法，因此社会上对其极度关注并且寄予了厚望（第 3 页）。"报告文本 33 页以下，则列举了若干应当重点推动的具体研究领域，以便落实政府"将脑科学贡献于社会"的既定目标。

　　在起草报告文本的讨论阶段，脑科学研究人员对减少脑科学项目的预算拨款表示不满。由于脑科学研究项目必须仰仗巨额的财政拨款，而财源则是政府税收，因此一味地抱怨预算太少或经费不足非但于事无补，恐怕还有本末倒置之虞；正确的做法应该是展示出这个项目对于社会具有怎样的意义，充分说明保障研究经费的必要性，以便获取国民及社会的必要支持。理化学研究所脑科学研究负责人藤井直敬博士就曾经以"十年研究赞助资金"的形式向社会募款并取得了成功。因此就社会常识而言，政府对这种社会集资模式的正当性不予认同也存在相当的困难；但科研工作者如果全盘接受了这种观点，虽然可以按照社会的需求继续研究工作,但目的却并不是为了满足自己的兴趣,难免存在"拿人钱财、替人消灾"的隐患,因此有人对此表示质疑[13]。当然,研究工作必须具备对知识的好奇心,但脑科学等科学技术的研发工作毕竟需要动用财政拨款,因此由脑科学工作者亲自向社会说明其工作的意义无疑至关重要,我认为这种诉求今后还会持续增加。

不仅如此,报告文本中还描绘了新型脑融合、脑科学的宏伟蓝图,分别以今后 5 年、10 年、15 年作为阶段性目标,就怎样扩展研究主题以及这些研究所必需的配套支援技术,制定了一份时间表(40 页,参照表 3-1)。不过这份时间表也招致了一些非议:首先,如果按表操课的话,那么一旦实际研究的进展状况落后于计划,恐怕难免遭受舆论的批评;其次,按表操课的结果或许会妨碍研究人员的自由创意,而且研究的主题也有强制之虞。另一方面,这份时间表感觉上就是一份公示报告,由于研究经费的赞助方是财政拨款,因而要向国民有所交代,解释清楚是如何取之于民而用之于民的。到了汇报探讨阶段,后者(反对派)的意见开始占据上风,而且研究工作也并未如同时间表所预计的那样顺利进行,必须予以重新审视。

表 3-1　新型脑融合脑科学的既定目标

| 类　别 | 5 年 | 10 年 | 15 年 |
|---|---|---|---|
| 研究主题的扩展 | • 记忆、学习、知觉、运动控制、注意力的综合结构<br>• 社会性生物学的基础<br>• 长期发育队列研究的立项<br>• 精神、神经疾病的病态机理、分子基本性质<br>• 脑信息的解读与控制 | • 语言的获取结构<br>• 社会性发育过程的机制<br>• 遗传性神经变性疾病的治疗<br>• 保持睡眠及生物钟正常运转、调节摄食与代谢<br>• 大脑、脊髓损伤后的功能恢复<br>• 人脑类型的学习原理 | • 感情波动、思维决定、思考的结构<br>• 发育障碍等病态的解析与治疗<br>• 老化的过程<br>• 精神、神经疾病的预防、诊断以及治疗<br>• 人脑型电脑 |

续表

| 类　别 | 5年 | 10年 | 15年 |
|---|---|---|---|
| 新技术 | • 独创性的动物模型<br>• 神经电路功能的选择性控制（啮齿类）<br>• 运用新型物理化学手段对大脑活动的操作、控制、成像技术<br>• 脑机界面 | • 神经电路功能的选择性控制（灵长类）<br>• 阶梯间无缝接轨成像手法<br>• 阶梯型数据库（遗传基因、大脑画像、神经活动、社会行为，等等）<br>• 非侵袭性刺激下大脑活动计量仪器的超高能化、小型化 | • 以创新型物理化学原理为基础对大脑活动的计量、控制技术<br>• 相当于全部大脑水平的大规模计算机模拟试验技术<br>• 大脑数理研究的基础 |

| 超越现有框架，构建"综合性人文科学"的协调体系 | | |
|---|---|---|
| • 心理学<br>• 认知科学 | • 经济学（例如，欧元经济学、欧元营销）<br>• 社会学、政治学、法学<br>• 伦理学（脑神经伦理学）<br>• 针对神经迷思、模拟脑科学问题的综合处置 | • 语言学<br>• 教育学<br>• 哲学、宗教学<br>• 美学 |
| • 信息科学（例如，神经信息学）<br>• 物理学、数学（例如，以可计算性理论为基础的神经科学） | • 神经内科、脑外科、精神科等临床科学<br>• 基因组科学（例如，神经基因组学、认知基因组学）<br>• 内分泌学、代谢学、营养学 | • 信息工程学（例如，大脑型信息处理系统）<br>• 机器人工程学（例如，泛用型机器人） |

（摘录于科学技术、学术审议会《立足于长远规划的脑科学研究基本构想及其推动方针》第 40 页）

　　沿着汇报会集体讨论的思路，科学技术、学术审议会最终决定，将"脑科学研究战略推动计划"付诸实施[14]，以便将脑科学研究战略推动所取得的成果尽快回报社会。该计划在第一个财政年度即 2008 年，将研究的主题变更为"研发脑机界面"与"研发具有高度独创性的动物模型"。关于脑机界面，以国际电气通信基础技术研究所（株式会社：ATR）下属的脑信息研究所作为主要基地，同时吸收相关大学、企业参与其中。基地负责人由"日本脑机界面第一人"、脑信息研究所所长川人光男担任。关于动物模型的研发，则以自然科学研究机构生理学研究所作为主要基地，另有许多大学参与，负责人由国立大学共同利用协会自然科学研究机构生理学研究所教授伊佐正担任。伊佐正教授曾经利用灵长类动物模型而取得了丰硕的科研成果，由他领衔主持脑科学研究项目可谓众望所归。另外，从 2009 年度开始，作为脑科学研究的终极目标——"支持人类社会行为的大脑基础计量、支援技术的研发"取得了进展。这项研究计划的宗旨，就是将脑科学研究的成果应用于人类对社会性障碍的认知、预防、治疗，以及促进人类在社会性方面的健康发育。该项目的负责人由东京大学教授狩野方伸担任，他曾经在有关神经电路领域取得了丰硕的学术成果，如今的使命则是力争在"社会脑"的研究领域取得新的突破。

### 3.2.3　推动研究工作的体制整合与人才培养

就促进研究开发及技术开发的推动体制与人才培养的问题，脑科学委员会已经进行了充分的探讨。汇报文本中明确表示，首先，确保研究人员在创意自由的基础上从事学术研究；其次，以现行政策为基础，对今后能够投入实际应用的基础研究以及政策课题应对型研究开发进行深入分析，以便明确其各自不同的作用。结果证明，这些要素相互之间存在密切的关联性。

为了提高研究效率，必须大力构建具有综合协调能力的研究推动体制，以便由相关大学与生理学研究所等单位组成的大学共同利用协会、理化学研究所等研究开发独立行政法人等不同的科研机构充分发挥其自身功效。报告文本之所以会提出这个问题，就是因为在实际工作中，各个研究机构之间的合作关系还十分薄弱，完全是基于对现状的考量。而隶属于这些科研机构的专家、学者也获得了难得的机遇，他们从大力发展脑科学的立场出发，在调查探讨委员会以及脑科学委员会上得以各自陈述意见、充分交锋，极大地增进了相互理解。

许多科研人员都在大学工作，他们普遍希望大学能够充分发挥科研体制的多样性、融合性，以便能够开展跨院系、跨学科的综合型研究。理学院、医学院、药学系、教育系、文学院等相关院系，虽然各自都在开展有关脑科学的研究，但彼此之间横向结合的案例却几乎没有，这方面的空白理应迅速得到填补。另外，大学共同利用协会将全日本的科研人员组织起来，建立了一个跨领域、跨学科的专家网络，试图以此来推动最尖端、具有独创性的研究工作。独立行政法人理化学研究所脑科学综合研究中心，汇集了诸多不同领域的研究人员实施集约化研究，该中心作为大力推动脑科学研究工作的国际型研究基地而被寄予了厚望。这种明确分工的意识非常重要，不仅有效地杜绝了各单位之间相互拆台的陋习，而且建立了一整套既竞争又协调的研究体制。

关于人才培养的问题，报告文本指出："对于脑科学人才的培养，不仅要保持现行体制的优势，以便令莘莘学子能够在广阔的学术领域接受系统性教育；还必须构建更加有效的教育体制，才能确保那些能够承担下一代脑科学研究重担的青年才俊得以脱颖而出。"至于远景规划，设置脑科学专业的研究生院也在诸多选项当中。关于设置新学科的动议，通常都是由大学方面经过充分探讨后才会上报，提议过程也会按部就班，首先从本科做起，而不至于一步登天申请成立研究生院。关于博士生、博士后的问题其实相当复杂，因为经过寒窗苦读而获取最高学位之后，这些高学历人士的理想出路（大学或官方研究机构）其实相当有限，人才培养方面曲高和寡的问题其实在其他学科中也同样存在，具有普遍性。研究生院的人才培养模式，原先大多由各个研究室的主任也就是正教授负责，以便为自己培养学术接班人。但是，就今后的人才培养机制而言，科学技术、学术审议会希望那些已经获取博士学位的专家，其出路将不再执着于进入研究生院皓首穷经，而是在各种各样的岗位上都能够发挥出自己的聪明才智。

### 3.2.4　脑科学与社会

在这份汇报文本中还专门设置了一个章节，名为"脑科学研究与社会的协调"。一旦脑科学研究取得突破性进展，那么"操控心灵""解读心灵""超越自我"等，将来都有可能成为现实。而这些问题必须从伦理学、法学、社会学的角度去探寻应对之策，因此不妨将这门学问归纳为"脑神经伦理学"。日本社会在人类基因组、ES 细胞等前沿生命科学、脏器移植等尖端医疗实践领域高度发达，在应对由此而产生的伦理学、法学、社会学等诸多问题方面也积累了丰富的经验。每当出现一个新的课题时，其应对工作不宜一味委托给专家学者，学会、研究机构、政府等多部门也应该积极参与，只有在集思广益的基础上才能因地制宜地采取恰当的措施。

另外，脑科学研究人员在开展研究之际，其探讨对象的范围不应仅仅局限在学术团体，而是应该面向并不具备专业知识的普通市民进行科学传播。关于科学传播的重要性，将在本书第Ⅳ部分另行说明，此处毋庸赘述。虽然社会上对脑科学的关注日益高涨，但许多观念都是来自媒体的宣传，而媒体的主张往往缺乏科学依据，于是出现了人云亦云的现象，这种倾向目前已经十分明显。科研成果的使命无非就是回报社会，而过程毕竟旷日持久，因此及时披露相关信息，措辞上注意言简意赅、通俗易懂，以便争取国民的理解与支持，这才是科学传播的人间正道。

汇报文本中的相关提议，如果单纯来自脑科学工作者，多少存在自肥之嫌，势必难以扩大支持度。脑科学的发展，其终极目的无非就是为全体国民服务，并且能够对其他学科的发展做出贡献。因此，这份汇报文本首先组织了相关人员认真讨论，并且加入了回报社会的内容，在集思广益的基础上由执笔者总揽其成，着实难能可贵。汇报文本中的这个亮点堪称脑科学研究工作走上正轨的第一步。

另外，我们今后在制定科学技术政策的时候，不仅要探讨如何强化某个研究领域的具体方略，还应该从如何解决疾病、健康、地球环境问题、营养不足等诸多社会问题的角度去观察思考，这个观念已然是大势所趋。这份汇报文本中的亮点就是明确提出了要对社会做出贡献，率先找到了正确的前进方向。即便从科研成果的终极出路即回报社会的角度来看，基础研究在解决社会性问题方面也占有重要地位，而汇报文本中恰恰强调了基础研究的重要性，堪称点睛之笔。

## 3.3　脑科学的进展与社会贡献

"脑科学"这个词在 20 世纪 80 年代至 90 年代的 10 余年，随着研究工作的进展，其内涵也从狭义的"神经科学"（仅限于医学、生物学领域）框架中逐步扩展，如今则是一个广义词，作为包括信息科学在内的新术语[15]而风行一时。另外，正如本章第 2 节所述，脑科学作为综合性人文科学，不仅具有重大的科学意义，而且具有重大的社会意义。

我曾经与一位脑科学专家交换过意见，其中出现了这样的话题：与其他领域的学科相比，脑科学的未知之处实在太多，只要选择了一个具有研究价值的课题，或许一名学者为之倾注毕生精力也未必能够参悟其中的玄机。脑科学还涉及哲学领域：我是谁？我是否存活在大脑的意识里？记忆是如何储存在大脑里的？它又是如何浮现在脑海中的？为这些众所周知却始终无人解答的质朴问题寻求答案，脑科学的博大精深由此可见一斑。为了破解这些旷世难题，或许需要花费数十年乃至上百年的时间，而且大方向也不易把握。不过正如解析基因组的奥秘那样，若能在某个关键项目上取得突破，从而探寻到大脑的全部秘密，那么这个关键领域的研究工作就会因获得更多的重视而增加科研经费。这或许就是所谓的突破一点、带动全局。

### 3.3.1 大脑与心灵

大脑与心灵之间的关系，作为一个实验科学领域的问题，对其进行破解存在极大的难度；但随着脑科学的飞速进步，人类对大脑活动中的物质基础及其形成过程中的相关知识得以大规模充实。因此，从科学的角度对大脑与心灵之间的关系问题进行解析已经成为可能[16]。

对大脑深层次功能的研究，就其根源来说会涉及许多哲学问题，这个特点远在其他学科之上。但直到目前为止，我们对脑科学与哲学之间关系的探讨却极度欠缺。虽然有人认为，脑科学工作者对许多哲学思辨的成果知之不多[17]；但就我个人的见闻而言，许多哲学研究人员、伦理学者对脑科学的研究成果似乎也并不知情，也就是说，双方之间都缺乏交流与理解。另外，一位认知科学方面的专家曾经直言不讳地说："即使脑科学研究取得突破性进展也无法解析人类的心灵，因为心灵是否存在于大脑之中，这个问题原本就尚无定见。"此人的观点的确不容否认。从现代脑科学研究的实验结果来看，目前仅仅能够证明大脑反应与心灵活动之间存在关联性，但这与解析心灵毕竟不是一回事。另外，正是因为仅仅凭借自然科学的力量无法充分地解释这个问题，脑科学才得以成为一门综合性学科，这个因果关系应该是不言而喻的。脑科学作为一门新兴学科，有望通过与哲学等人文科学或社会科学以及自然科学之间的对话，汲取百家之所长而修成正果。

东京大学研究生院医学教研室副教授坂井克之的本职工作就是从自然科学的角度研究人的大脑，他的看法是这样的："如果理科的定义就是以存在于物理世界的'物质'作为学术研究的对象，那么对于物质世界中并不存在的'我'进行发问，在科学上就根本无法成立；因此'我是谁'这样的发问本身其实就是一个悖论，'心灵'问题采用理科的研究手段是根本无法解决的[18]。从自然科学的研究手段来看，若要搞清楚'我'的问题，就要首先找到能够使'我'得以成立的物质基础。"坂井克之副教授对自然科学的界限非常了解，他的观点堪称真知灼见。

此外还有其他的事例，经济学专家西筱辰义教授认为："就20世纪的研究模式而言，社会学、政治学、心理学、经济学等学科，在某种意义上可谓八仙过海、各显神通；但由于神经科学的发展，这些学科相互之间居然产生了交集部分，如今跨学科研究的势头显然方兴未艾。"[19] 由此可见，为了探寻大脑、心灵、人类的诸多未解之谜，自然科学与人文科学、社会科学之间不妨共享研究成果，并且相互之间活学活用。为此，有关部门必须积极创造机会，以便各个不同领域的专家学者能够相互交流、讨论问题。

心灵解读的对象并不仅限于认识"自我"，还要揣摩对方的心情或意图，乃至不特定多数人的所思所想，以便决定自己下一步的行动。神经科学专家加利福尼亚大学圣塔巴巴拉分校教授迈克尔·加扎尼加（Michael S. Gazzaniga）指出："人的思维具有社会性，人脑的强项就是思维，上帝制造人脑究竟是出于什么目的呢？我们在思考这个问题的时候却百思不得其解。"[20] 研究对象

如若针对多数人的心灵活动与大脑活动，那么这个主题就要作为
"社会脑"来看待，规模极其庞大。[21] "社会脑"所扮演的角色，
就是一个将自己与他人之间紧密联系而又不失弹性的界面；为了
推动这项研究工作，就必须汲取人文科学、社会科学的研究方法，
并且将其融入脑科学之中。[22] 在这个领域，最引人关注的项目就
是镜像神经元，镜像神经元是由以贾科莫·里佐拉蒂（Giacomo
Rizzolatti）为首的神经生理学研究团队率先发现的。镜像神经元
在自己做出动作时就会激活，只要看到（知觉）对方动作也会激活，
对于人类的学习、感情共鸣、自我意识、语言等方面都具有至关
重要的作用。[23]

### 3.3.2 脑机界面（BMI）

正如前文所述，在文部科学省制定的《脑科学研究战略推动
计划》中，第一批研究课题就有脑机界面。不论从哪个方面来看，
在日本的脑科学研究领域，脑机界面此前从未进入过主流之列。
因此，许多脑科学工作者对脑机界面得以入选第一批研究课题而
耿耿于怀，相关信息我当时就有所耳闻。藤井直敬博士的工作就
是研究大脑的深层次认知功能，他的看法是这样的："目前普遍认
为，深层次认知功能通过信息库即可实现，而信息库并不直接依
赖于某种物质，因此原先运用生物学手段一直未能取得成功；今
后若能使用脑机界面技术，那么不仅可以读取信息，相关信息还
可以直接输入大脑，信息流的双向传递即可成为现实。"[24] 所谓
电生理专业的主要研究手段，就是对大脑实施电刺激或脑电波计
量。电生理专家认为："脑机界面作为脑科学研究领域的一项新手
段，其前景被普遍看好。"

脑机界面技术不仅能够促使脑科学研究不断深化，而且有广
阔的应用前景。例如，若能将假肢（包括上、下肢）与大脑连接

并且按照大脑意识的指示活动起来，那么就有可能重新构建肢体的运动功能。这项技术目前在实验方面已经有了成功案例，通过向电动轮椅发送大脑信号，轮椅即可在大脑意识的指挥下任意驱动。另外，将人脑与机器人连接起来，机器人就可以对人们的日常生活提供支援。由此可见，脑机界面技术是一项能够切实对社会做出贡献的技术；但是，由于这项技术必将导致大脑与机器或电脑之间的信息交流，所以很容易产生伦理问题，我们对此必须予以注意。

### 3.3.3　大脑与疾病

　　脑科学的研究成果，在疾病治疗领域的应用前景也被寄予了厚望。也就是说，对于抑郁症、双极性障碍（狂躁抑郁症）、感觉统合失调症等精神疾病，以及阿尔茨海默病（老年性痴呆症）等神经疾病的病理解析，都有待于脑科学研究的深入进展。阿尔茨海默病不仅会把我们每个人数十年来所积累的人文修养以及人格尊严剥夺殆尽，还要我们为之支付高昂的医疗费、护理费，从而造成了极大的社会负担。[25] 目前，凭借生物化学、分子生物学、胚胎工程学等诸多研究手段，阿尔茨海默病的病因解析正在取得进展，新药的研发工作也在有条不紊地进行中。

　　另外，根据世界卫生组织（WHO）2005 年的统计数据，到目前为止，在危害人类健康的五大疾病当中，居然有四种属于精神疾病 [26]（抑郁症、酒精依赖症、感觉统合失调症、双极性障碍）。对于精神疾病，目前在诊断方面存在极大的难度，因为根本无法像糖尿病、肝脏疾病那样，通过血液分析即可获得相关依据。有人对精神科医生的行医态度提出了批评，原因在于他们虽然认为精神疾病"可以治愈"，但对病因解析、早期诊断法、治疗法以及预防法的研发工作却漠不关心。[27] 精神疾病研究的一个重要环节，就是首先要搞清楚精神疾病中最为基础性的神经变化到底是一种什么东西，对神经变化又该如何治疗。另外，由于这种变化并不仅仅是分子变化，而是神经元连接线出现了变化，因此只有在切实认识到精神疾病本质的基础上，才能从神经电路的角度着手解决，问题的关键在于把握轻重缓急。[28] 若沿着这个思路继续深入下去，那么以后的步骤也就顺理成章：首先，进行动物模型试验；然后，运用 fMRI（功能性磁共振成像）、脑电波、脑磁图等非侵入性测定法以人为对象进行研究，通过分子生物学的研究手段对遗传基因、分子机制进行解析，并且针对神经电路的变化开展研究。

为了解析精神疾病以及神经疾病的病因，就必须对大脑本身进行研究。大脑中是否已经发生了病变？该疾病到底与哪个遗传基因有关？患者过去的生活方式如何？等等。对上述信息必须实施详细研究，并且积累相关数据，做好基础性工作至关重要。因此有人提议："应该筹建'脑银行'并且促使患者生前同意捐献大脑，以便在他逝世之后能够收集到与其日常生活及疾病相关的数据，然后将其放入'脑银行'中妥善保存。"[29]

### 3.4  脑神经伦理学

#### 3.4.1  什么是脑神经伦理学

正如前文所述，文部科学大臣对脑科学研究提出了咨询，并且对选定咨询课题的原因也做了明确交代："脑科学研究对社会的巨大影响是可想而知的，在推动脑科学研究的同时，必须注意与社会之间的协调，包括伦理方面，等等。因此，希望科学技术、学术审议委员会就脑科学研究与社会协调的问题进行探讨。"由此可见，包括伦理方面在内的社会协调，的确是脑科学研究领域的一项重大课题。

　　应对这个课题的学问叫作脑神经伦理学（neuroethics）。脑神经伦理学分为两个学科，即脑科学的伦理学与伦理学的脑科学。前者（脑科学的伦理学）的意义在于事先建立一道伦理屏障，以便对那些从事脑神经科学研究的专业人员以及脑神经科学领域的专家学者在应用方面进行道德制约[30]，如此才能防患于未然。随着脑科学的进展，势必会涉及诸多伦理、法律、社会性方面的课题，不妨将脑科学的伦理学作为早已存在的生命伦理学的一个环节或者其延长线的一个据点。后者（伦理学的脑科学）则是基于伦理认识的基础上对脑神经科学的见解施加道德影响。前文中提到的迈克尔·加扎尼加教授的观点与此完全相同，他对后者的定义为："人们的健康与幸福涉及五大问题，即疾病、正常、死亡、生活习惯、生活哲学；而伦理学的脑科学，就是以大脑机制为基础，对上述五大问题进行考察的学科。"[31] 本节所论述的内容则以前者为主，围绕由精神科学、脑科学所产生的诸多伦理、法律以及社会性课题进行探讨。

　　有人曾经对生命伦理学与脑神经伦理学之间的异同进行过比较并且颇有著述。不过就目前的情形来看，我认为与其将脑神经伦理学与生命伦理学区别开来、自立门户，倒不如遵照与时俱进的原则扩充生命伦理学的研究范围，随着研究工作的不断深入，将原先未曾涉及的领域（诸如记忆、意识）作为重点予以突出。但是，对于读心术、心灵控制等敏感的科目，或许需要在固有的以自我决定论为中心的伦理框架之外另起炉灶，建立一套不同的伦理框架。这是因为，像脑科学这样的最新科学成果，有可能会影响自我决定论中所谓自我的本身。

　　原先的生命伦理学完全建立在四项原则[32]的基础之上。所谓的四项原则[33]，即自律尊重原则（尊重自律患者的主观意志）、无伤害原则（避免对患者造成伤害）、善意有利原则（为患者带来利益）、正义原则（对利益与负担进行公平分配）。四项原则的另外一种说法则是有利原则、无伤原则、尊重原则、公正原则，文字表述虽然略有不同，但其内涵方面却完全一致。在知情同意权、伦理委员会的保障下，医疗机构必须遵照生命伦理学的四项原则对患者履行承诺，从而确立了相关担保机制。这个叫作"脑神经伦理学"的学科，虽然会面临诸多脑科学方面的问题，但是目前还没有制定出一套脑科学或神经科学所特有的伦理原则。包括对生命伦理学四项原则进行修订的选项在内，有关伦理遵守机制的具体提案还有待于今后的实际进展才能确定。

### 3.4.2　具体课题

脑科学研究虽然进展迅速，但在实用化方面却乏善可陈，就结果而言，至少现阶段还是祸福难测。在期待与不安并存的困惑中，有人对前景发出了质疑[34]："对于那些尚未确定的成果，我们究竟是应该将其视为确定性成果并且强行在实际应用中予以推广呢？还是大力强调危险性而束之高阁呢？"虽然脑科学研究到底会涉及哪些伦理问题，今后将会发生什么问题等都存在不确定性，但根据我们目前的预计也无外乎以下几种可能性。

（1）关于大脑的超越自我问题。一旦从大脑的活动中破解了学习机制，那么就可以研制出提高大脑功能的药物，只要服用这种药物，人的大脑或许就会更加聪明。另外，随着脑机界面技术的进展，健康人的记忆力、视力、听力都有可能获得提高。超越自我并不是治疗疾病、弥补缺陷，而是在健康状态下提高人们的现有能力，因此这不仅仅是脑科学的问题，而是全社会是否能够接受这种通过提升大脑的学习能力来拔高个人整体能力的所谓超越，其中涉及诸多伦理问题，对此必须进行充分地探讨。

（2）一旦脑科学技术能够解读人们的心灵活动，那么通过对大脑实施药理性干预或者外科介入微创手术，或许就能对心灵活动实施人为操控（心灵控制）。只要服用药物，就能够改变人的心情，化悲痛为欢乐；转化人的性格，由消极变为积极。例如，五羟色胺再摄取抑制剂（SSRI）就是在患者情绪低落时服用的抗抑郁药，这类药品就颇具代表性。[35] 于是，能否利用药物来控制人的情感、性格就成了一个敏感的话题。另外，随着读心术以及脑机界面技术的提高，操控他人心灵或许就会成为可能。社会对于这个问题所能容忍的底线何在？我们必须进行充分的探讨。

有人对将大脑与机械直接对接起来的脑机界面技术存在疑虑，他们担心如果通过外部操控技术能够对人格产生影响，势必会威胁到人的自我同一性，那么人类社会也就无须再通过所谓的社会变革来塑造一代新人，一个以技术为中心的社会就会对包括大脑在内的人体进行全面改造。反之，脑机界面技术中可能孕育着使人造物能够适应人类的新技术，因此以机械为中心的技术或许会朝着以人为中心的技术转变，这种趋势如今已然是前景可期。[36] 在推动脑机界面技术发展之际，我们必须注重以人为中心的技术。

从哲学角度来思考的话，就会产生一个疑问：脑神经科学式的解析是否与无"意识"的"思考"或者"表象"解析具有同等的价值？[37] 有位认知科学方面的专家曾对我说："脑科学式的技术手段根本就无法操控人的心灵，作为伦理问题提出简直荒唐透顶。"这个说法虽然不无道理，但利用脑机界面技术或者药物介入大脑，对人的精神活动施加影响，从而操控心灵的可能性毕竟还是无法否定的。正如前文所述，仅凭自然科学固然无法认识"心灵"，但通过各个学科之间的通力合作推动有关大脑的研究，从而逐步接近破解心灵及思考的终极目标还是有可能的。为此，我们必须先行探讨伦理、法律以及社会性方面的相关课题。

（3）随着脑科学的发展，人类有望从大脑来解读心灵（读心术）。例如，通过 fMRI 实验，现阶段就可以弄清楚一个人的政党倾向以及在商品方面的嗜好，将来很有可能实现更加复杂的心灵解读。如果读心术当真能够取得突破性进展，那么完全可以利用这项技术进行治疗；还可以将其应用在调查领域，对嫌疑人的供述进行真伪甄别。不过，我们必须对社会是否接受这项技术以及所能容忍的底线展开辩论，以便掌握舆情，因势利导。

（4）医生以外的研究人员如若参与到脑科学领域，他们或许会在试验过程中发现受试者的大脑中存在肿瘤或静脉瘤，出现这种偶然发现的情形也是可能的。[38] 诊断疾病是医生的执业范围，若无医生资质擅自开展诊疗活动属于非法行医，因此由医生以外的研究人员向受试者通报病情的问题着实不容掉以轻心，我们对这种情况必须进行探讨。由于 fMRI、NIRS（近红外光谱仪）等对受试者侵扰较少的计量仪器陆续研制成功，有可能在医学以外的领域也大量投入使用，因此这种偶然发现的可能性正在日益提高。

（5）一旦对大脑实施直接介入的微创手术成为治疗精神疾病的第一选择，那么就会产生一个极其严重的问题，即那些引发精神疾病或者造成病情恶化的社会性因素就会被刻意忽略，而将病因完全归咎于患者个人。[39] 精神疾病虽然被定性为大脑出现了病症，但毕竟与遗传因素、社会环境因素均有关联；如若片面地将病因归咎于个人责任，那么对社会环境以及制度层面的问题很有可能被淡化处理甚至置若罔闻。例如，即便某人抑郁症的病因是由于受到了职场环境以及人际关系的影响，但是我们却对造成疾病的社会因素、环境因素完全无动于衷，而是片面地认定这只是患者本人的大脑出现了病症。

　　虽然类似于这样的课题完全是出于我们的预估，但正如前文所述，现阶段制定所谓的"脑神经伦理规则"的时机显然还不够成熟。脑神经伦理学目前所涉及的实际内容仅仅停留在以下几个方面：对超越自我、读心术、心灵控制等研究项目的现状与将来的应用前景进行分析，提出伦理方面的课题，就制订发展纲要的必要性以及如何充实伦理委员会的问题提交方案。

　　从目前的状况来看，就脑科学的一般性原则问题展开探讨还为时尚早，不过针对一个个具体的研究课题，探讨其中可能涉及的伦理问题以及相关对策还是很有必要的。鉴于上述情形，我认为当务之急就是将以前对生命伦理问题的相关议论及探讨进行一番梳理，以便在此基础上总结经验、探索未来。科学技术、学术审议会在汇报文本的总结部分中指出，有一种意见主张，责成也罢，委托也罢，关于伦理课题的探讨与应对只需交给脑科学研究人员即可，无须旁人参与。不过就目前的情形来看，脑死亡、脏器移植、克隆技术、基因组等诸多课题的参与者，也并非仅限于医生以及生命科学研究人员，因此脑神经伦理的课题也应该考虑这种模式，在诸多学科的专家学者群策群力的基础上积累经验、取得成果，这个观点至关重要。

**注释：**

[1]　石黑武彦 . 科学的社会化综合症 [M]. 岩波书店（2006），108.

[2]　广井良典 . 重新审视社区——纽带、都市、日本社会的未来 [M]. 筑摩新书（2009），204-228.

[3]　广野幸喜，市野川容孝，林真理 . 生命科学的近现代史 [M]. 劲草书房（2002），14-19.

[4]　川口哲 . 生命科学研究的既往与将来 [OL].http://scienceportal.jp/reports/strategy/0909.html.

[5]  米本昌平 . 生物政治学——什么是人体管理 [M]. 中公新书（2006），41-43.

[6]  立花隆 . 利用超级电脑解析癌症 [J]. 文艺春秋：2010 年 2 月特刊，182-185.

[7]  生命伦理德国信息中心 . 超越自我——利用生物技术改造人类及其伦理问题 [G]. 松田纯，小椋宗一郎，译 . 知泉书馆（2007），4.

[8]  同注释 [7]，169-170. 引用部分出自松田教授翻译的后记。

[9]  栗屋刚 . 第 6 章——我们是否应该拥有翅膀：关于未来人类改造备忘录 [G]. 西日本生命伦理研究会 . 面向生命伦理的新生：青弓社（2004），178.

[10]  同注释 [7]，10.

[11]  汇报文本原文，http://www.lifescience.mext.go.jp/download/houkoku/nou_090623.pdf

[12]  小林道夫 . 科学世界与心灵哲学：能否利用科学手段解析心灵活动 [M]. 中公新书（2009），iv.

[13]  藤井直敬 . 连接大脑 [M].NTT 出版（2009），66.

[14]  关于脑科学研究战略推动计划的内容 [R].http://brainprogram.mext.go.jp.

[15]  加藤忠史 . 抑郁症的脑科学——拓展精神科医疗的未来 [M]. 幻冬舍新书（2009），216.

[16]  理化学研究所脑科学综合研究中心 . 脑科学的最前沿 . 上卷 [G]. 讲谈社 Bluebacks（2007），6 .

[17]  河野哲也 . 横冲直撞的脑科学——从哲学、伦理学角度出发所进行的批判性探讨 [M]. 光文社新书（2008），31.

[18]  坂井克之 . 心灵的脑科学——"我"由脑生 [M]. 中公新书（2008），262-263.

[19]  西筱辰义 . 神经社会科学——来自经济学的观点 [G].NPO 法人——跨世纪大脑推动会议 . 对大脑的认识、创造、守护、孕育：KUBAPPO（2009），87.

[20]  迈克尔·加扎尼加（Michael S Gazzaniga）. 什么才是人的样子——解析人类特征的前沿科学 [M]. 柴田裕之，译 .Intershift（2010），117.

[21]  同注释 [18]，157-181.

[22]  苧阪直行 . 笑脑——对社会脑的研究 [M]. 岩波书店（2010），91-93.

[23]  马克·雅科博尼（Marca Iacoboni）. 镜像神经元的发现——"模仿细胞"所揭示的脑科学令人震惊 [M]. 盐原通绪，译 . 早川新书 Juice（2009），316-317.

[24] 同注释 [13]，209-212.

[25] 理化学研究所脑科学综合研究中心 . 脑科学的最前沿（下卷）[G]. 讲谈社 Bluebacks（2007），16-17.

[26] 同注释 [16]，130.

[27] 同注释 [15]，26.

[28] Joseph E leDoux. 镜像神经元连接线铸造自我——从脑细胞到自己的全身 [M]. 森宪作编辑 . 谷垣晓美，译 . 美铃书房（2004），386-387.

[29] 加藤忠史 . 双极性障碍 [M]. 筑摩新书（2009），232-236.

[30] Neil Levy.Neuroethics : Challenges for the 21$^{st}$ Century[J]. Cambridge : Cambridge University Press（2007），1-2.

[31] 迈克尔·加扎尼加（Michael S Gazzaniga）. 大脑中的伦理——脑伦理学序言 [M]. 梶山亚由美，译 . 纪伊国屋书店（2006），15-16.

[32] 佐仓统，福士珠美 . 脑神经伦理——以脑科学与社会的健全关系为目标 [G]. 生命伦理：Vol.17,No.1（2006），18-27.

[33] 赤林朗 . 医疗伦理入门 [G]. 劲草书房（2005），53.

[34] 信原幸弘，原塑 . 脑神经伦理学的展望 [M]. 劲草书房（2008），9.

[35] The President's Council on Bioethics.Beyond Therapy—Biotechnology and the Pursuit of Happiness[M].New York：Reagan Books（2003），239-251.

[36] 直江清隆 . 第 7 章——从脑机界面看生命的价值 [G]. 高桥隆雄，粂和彦 . 生命的价值——询问本质：九州大学出版会（2009），143.

[37] 同注释 [12]，122.

[38] 同注释 [32]

[39] 同注释 [30]，127-129.

# 第 4 章
# 围绕人类基因组与人类胚胎的课题

## 4.1 关于人类基因组研究的伦理指南的筹划与制定

人类基因组的解析工程在以美国为首、英国以及日本等各个国家的积极配合下取得了进展。2000 年 6 月，对大约 27 亿个碱基的序列草图进行了确定，精度为 99.9%；2003 年 4 月，对 28.3 亿个碱基进行了解读，精度为 99.99%，从而正式宣布完成了人类基因组的解读工作。

与上述解读工作并行，关系到很多人的基因组遗传信息的研究工作也开始成为一门显学。虽然这项工作在破解生命之谜、向新型医疗事业领域转型方面被寄予了厚望，但另一方面，许多人也公开指出，其在伦理、司法、社会方面面临诸多课题，并且要求有关部门予以应对。联合国教科文组织在 1997 年通过了《关于人类基因组和人权世界宣言》，明文规定在进行人类基因组研究之际，务必保护人权。

日本当时在科学技术委员会下设生命伦理委员会，通过该委员会进行了相关探讨，并且在 2000 年 6 月汇总制定了《关于人类基因组研究的基本原则》。最为基本的设想是，人类基因组研究中的伦理问题，并不仅限于研究人员这样的狭小范围，而是对每一个可能成为生物样本提供者的人都要予以关注。有人提议，应该让研究人员以外的普通大众也能积极思考关于人类基因组的问题。本书第Ⅳ部分中提到的一些观点，诸如社会中的科学、为社会的科学、科学传播，在这个原则中也可以看到。另外还规定了一些基本事项，诸如知情同意权，基因提供者的知情权、不知情权，研究成果回报社会，等等。

着眼于遗传信息的联合国教科文组织通过的《关于人类基因组和人权世界宣言》（稍后在第5章中详述）中采纳了这样的观点，即由于遗传信息具有与其他医疗信息不同的特点，因此应当予以特别保护。另一方面，有人提出了这样的见解：就像感染艾滋病病毒那样，对于与遗传无关的医疗信息的处理，也应慎重其事，因而不必对遗传信息进行特别处理。在日本目前的生命科学研究中，对于遗传信息采取了特别处理的方式，显然是采纳了前者的观点。

2001年4月，文部科学省、厚生劳动省、经济产业省三省联合发布了《关于人类基因组、遗传基因解析研究的伦理指南》[1]，随后在2004年12月确定了改订版。这份指南有个特点：它是一份三省共同制定的纲领性文件，而不是各自为政的产物。在这份指南中，日本政府以《关于人类基因组研究的基本原则》、《遗传基因解析研究中附带的伦理问题应对指南》（2000年4月28日厚生科学审议会尖端医疗技术评估分会汇总）及《世界医学会赫尔辛基宣言》等为依据，尊重人的尊严与人权，获得社会的理解与配合，以推进研究工作的有序进行为目标。其主要内容是，光明正大地获取当事人的知情同意书，有序建立伦理审查委员会并积极运营以便确保研究的正当性，确保研究的透明性，积极关注遗传性疾病。

在筹划制定之际，日本政府设立了"关于人类基因组解析研究通用指南（草案）研讨委员会"，在编制草案的过程中，以有关研究人员为对象组织问卷调查。此外还设立了"关于人类基因组解析研究通用指南（草案）工作委员会"，生命科学、医学、哲学、法学、社会学等各个领域的专家学者纷纷加入其中，大家得以集思广益、充分交流意见。据该委员会的委员透露，他们经常通过电子邮件频繁讨论，有时甚至通宵达旦。另外还要募集立法修正案的相关提案，三省相关官员在各个审议会对文本 [2] 进行审议。

此后，关于研究中个人信息的处理问题，因社会关注度高涨而导致形势出现了变化，于是日本政府认为，必须在 2003 年 5 月对个人信息立法保护，并且在 2005 年 4 月全面施行。因此，文部科学省、厚生劳动省、经济产业省相互协调，以科学技术·学术审议会——生命伦理·安全分会下属的"生命科学研究中有关人类基因信息处理问题专门委员会"（文部科学省）、厚生科学审议会科学技术分会下属的"医学研究中有关个人信息处理原则专门委员会"（厚生劳动省）以及产业结构审议会化学生物分会下属的"个人遗传信息保护专门委员会"（经济产业省）的相关探讨为依据，共同修正这份指南，并且从 2005 年 4 月 1 日起开始实施。

基因组解析技术与遗传基因组置换技术都是在目前的生命科学研究领域广泛应用的技术。在人类基因组研究、遗传基因解析研究中探讨伦理指南之际，我们也考虑到了这些因素，在指南中的基本设想，就是以人为本来规范相关的研究伦理。

在这份指南中，基本要义就是以保护实验对象为第一考量，对知情同意书的取得、个人信息的保护、在伦理委员会进行审查等方面均有明文规定。关于人类基因组解析的相关研究，必须分析大量的实验对象的生物样本以及相关信息才能得出结论。就目前的情形而言，在许多研究项目中，需要对大量实验对象的遗传基因分析结果与临床信息、生活信息之间的关联性进行统计学解析。虽然研究成果可以作为论文公之于世，但是在论文发表之际，该成果能否作为医疗项目得以有效应用仍然是一个未知数，有时还会出现与其他研究完全不同的结果。因此，对于参加研究的每一位实验对象来说，这项研究结果能够对其有所回报的可能性微乎其微。研究成果得以回报患者、回报社会，需要许多研究成果不断积累，才能作为一项诊断技术得以确立，这就是所谓的长期积累、偶然得之（图 4-1）。为了获取实验对象的知情同意书，在撰写说明资料时就必须充分意识到这一点。

　　另外，虽然指南中对各种研究工作均有设想，但在条文中不可能做出事无巨细的规定，因此在实际操作中只要将所有的研究情形机械地对照指南就能妥善地予以应对的想法肯定是行不通的。至于如何应对才是最佳选项的问题，即便完全按照研究人员的意见行事，结论也会不尽相同；若按照实验对象的情况处理，想必结果也是众口难调。将指南适用于个案研究之际，当事者必须考虑到指南为什么要如此筹划制定，只有掌握其宗旨才能在具体问题上活学活用。政府之所以要以指南的形式制定规则而没有诉诸法律，其中一个原因就是对研究进展可以灵活应对的优势非常看重，这样做有望根据实际需求来应对具体的问题。

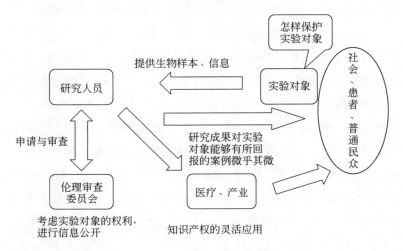

图 4-1　研究人员、实验对象、社会之间的关系

## 4.2　关于人类基因组最新的伦理课题

### 4.2.1　基因测序技术的进展

曾几何时，人们在讲解遗传基因的时候，将其作为"生物的设计图"予以说明。但是，生物的一生并不仅取决于遗传基因，环境因素也会对其产生重大影响，必须从遗传与环境（生长）这两个方面加以认识。最近，遗传学与生物之间的关系比较复杂，分子生物学家认为，从某个生物的基因组中看到其最终产物是很难实现的；虽然遗传基因与环境完全是两个独立的系统，但是如果按照将生长环境与出生，即后天与先天完全分离开来的想法去实践的话，那么无论我们如何尝试都注定会失败。[3] 也就是说，虽然遗传基因与环境是两回事，但二者之间关系密切，仅仅通过解读碱基序列、判明遗传基因，是无法弄清生物的整体进程的。

近年来，以美国为中心，遗传基因的解析技术突飞猛进，一种叫作 Sanger 的碱性序列读取装置，其检测性能显著提高。例如，1985 年前后，虽说基因检测已经实现了机械化，但在很大程度上还是必须依赖手工操作，即便大家全力以赴，一天的工作量也只能检测 1 000 个碱基，而要完全解读一个人的全部碱基序列，照这种效率计算则需要经过 8 000 年之久。到了 1998 年，一天的工作量可以检测 92 万个碱基，解读一个人的全部碱基需要 9 年。到了 2005 年，一天的工作量可以检测 7 亿个碱基，解读一个人的全部碱基需要 5 天；待到 2009 年，据说一天的工作量可以检测 20 亿个碱基，解读一个人的全部碱基只要半天即可，费用则为 300 万日元。在美国，解读一个人的全部碱基只需花费 1 000 美元，目前正在推动 1 000 美元的基因检测项目[4]，以便调取到与每个人的疾病风险相关的全部基因信息。一旦这项最新技术能够投入使用，那么就会创造出天量数据。据说由于信息量过多，通过互联网传递非常困难，美国同行们需要将这些解析数据存入硬盘来传递。另外，天量信息的保存也非常棘手，一旦开始输入，存储器的容量就会爆满。

这项遗传基因解析技术不仅能够高速、廉价地解读碱基序列，还可以进一步对碱基中是否附有"甲基"做出解析。我们现在已然知悉，碱基序列是与生俱来的产物。例如，在组成遗传基因的碱基中的物质受精后由于结合作用，我们无法从中发现这个遗传基因，或者发现的量会出现变化。甲基与碱基的结合就是其中的原因，可以说这就是环境、生活习惯对遗传基因的发现所造成的影响机制。对这种现象的研究，叫作表象基因组研究。通过利用高性能的 Sanger 检测，就可以对碱基与哪些物质进行结合做出解析，并且在表象基因组研究中发挥威力。

另外，还可以对一个细胞的遗传基因进行解析。由于原先的做法是对许多细胞进行一次解析，我们需要通过"平均值"来判断单一细胞的情形。而现在则可以解析得更加精准，例如，仅仅提取一个癌细胞即可对其进行解析。反之，对种类不详的人类肠内细菌只要进行一次基因组解析，就能搞清楚其中到底包含哪些细菌；若要研究这些细菌都起到了哪些作用，只要对多种类的细胞基因组做一次解析就能解决问题（宏基因组）。虽然这项解析技术目前还有较大误差，尚未达到用于疾病诊断的程度，不过早晚还是能够在医疗领域派上用场的。

一旦解决了技术方面的问题并且降低了成本，那么遗传基因的解析就会变得轻而易举，在不远的将来就可以在医疗、健康产业中得到应用。对某位患者的遗传基因进行解析，将结果向其本人反馈并加以说明，其中所涉及的伦理性课题，诸如保护知情同意权、个人信息，等等，这些事项只要应用现有指南的理念以及医疗伦理的理念，大致上就能得到解决。例如，企业对客户送来的生物样本进行遗传基因分析，若将结果用于开展对客户的回报服务，那么就要遵守指南的理念以及作为业者的规章制度。不过，这些规章制度到底是业者的自主性原则，还是必须由法律来对业务进行规范呢？目前看来，对这个问题还要进行观望。当然，开展这种服务的前提是，其业务本身必须建立在科学性事实的基础之上。

关于遗传基因与疾病的关系，这项研究工作需要许多患者的遗传信息与医疗信息，例如，这些人各种各样的检查值，此外还需要掌握相关的生活信息，诸如饮酒、吸烟、饭食、运动，等等。搜集这些信息倒不是对特定的个人感兴趣，只是在研究的过程中需要用到他们的个人医疗信息而已，因此必须充分顾及个人信息的保护问题[5]。也就是说，来自基因组研究机构的关于诊疗数据一元化的提案，往往看不到日常诊疗与遗传研究之间的界限[6]。在不远的将来，日常的医疗活动中或许就要处理遗传基因的问题。在这样的情形下，即便是接受信息一方的患者，也要令其大力提高对遗传基因的理解能力。另外，患者利用电子媒体将这些信息随身携带，在到达医疗机构时只要提交电子媒体即可，患者将与医疗机构共享信息。另一方面，研究人员也要就保护实验对象、获取数据后的应用方法进行充分的探讨，关于这个问题将在下节中讲述。

### 4.2.2　来自人类的生物样本与信息的必要性

1951 年，从子宫癌患者海瑞塔·拉克丝（Henrietta Lacks）身上提取的癌细胞，作为便于培养、繁殖的人类细胞，全世界的研究人员都在积极使用并且延续至今。这个细胞叫作"Hela"，就是以她的名字中的开头字母来命名的。关于 Hela 细胞，京都大学副教授美马达哉指出："人体（与部分人体）是无法从人类主体意识分离开来并长期（半永久性）维持下去的，因此围绕人类、生命的定义及界限等过去曾经深信不疑的概念，如今也开始松动了，'单纯的生命体'的系列性问题[7]正在走向现代政治学的中心。"Hela细胞不仅在癌研究等各个研究领域发挥了极大的作用，同时也是针对来自人类的生物样本、信息在伦理问题上的一个开端。

　　我们之所以能够享受到现代医学的恩惠，是得益于庞大的基础研究、许多医师的临床研究与诊疗以及不计其数的患者积极配合，从而积累下天量数据的结果。如果包括我们的遗传信息在内的医学信息一旦无法投入使用，那么为下一代人研发新型医疗的努力势必就会成为无源之水、无本之木。如此说来的话，那么是否就可以任意使用医疗信息呢？曾经担任日本医师会长的坪井荣孝博士指出："从患者的角度来看，自己的信息若使用在自己以外的其他地方，或许会有抵触情绪。而专家的逻辑则是：'即便如此，难道就不能为了我们的研究事业通融一下么？'由于医学研究是为了全人类的福祉，所以医务人员不论想要采取怎样的收集方法，患者都应该积极配合，否则的话就会使研究陷入困境。毋庸讳言，这种风气在医学界曾经普遍存在。但是，如果对国民的价值观、信息意识缺乏必要的考量就贸然推进研究工作，那么想要赢得大家的理解，一切都是为了医学的进步云云，显然有些强人所难。"[8]

　　为了搞清楚疾病的原因，研发治疗方法，就必须从人体提取生物样本以及相关信息，这个步骤不可或缺。虽然可以利用鼹鼠、小白鼠、狨猴等实验动物进行研究，但一想到终究还是要应用在人身上，仅凭动物实验还远远不够，细胞、血液等来自人类的人体组织及其信息不可或缺。尤其是最近，医学界正在寻求对细胞等人体组织与信息，特别是遗传信息进行配套解析，为了避免造成提供者的信息泄露，就必须实施信息保护。经过有关人士的诸多探讨，大家集思广益的结果就是筹划制定了人类基因组研究、遗传基因解析方面的伦理指南，详情已在前文中多有论述。总而言之，就是要在提供者的信息保护与生物样本及其信息的灵活应用方面取得平衡。

另外，关于美国的状况，米本昌平教授指出："皮肤、骨头、软骨、肌腱、心脏瓣膜等人体组织尚未成为脏器移植法的核准对象，而以治疗为目的的应用已经广泛开展起来。一些企业群已经取得了迅猛的增长，专门从事这些人体组织的杀菌、检查、加工、包装、保存业务，能够根据商品目录上的订购情况，向医疗机构提供相应的产品，并且在供货时间以及产品状态方面均能满足要求。"[9] 对于来自人类的组织器官等作为医疗产品来处理的做法虽然在伦理问题上有必要进行商榷，不过按照这种方式有组织、有系统地运作起来，在确保安全性方面的确简便易行。

### 4.2.3　生物银行

就这样，一旦来自人体的生物样本、信息成为生命科学、医学研究中的必需品，那么势必有人就想将其集中起来加以妥善应用。"为了将来自人体的生物样本及其相关信息用于医学、科学研究领域，对其进行系统性地收集、保管、分配的系统"叫作生物银行。来自人体的生物样本，包含脏器、组织、血液、尿样以及 DNA[10]。尤其在探寻病因方面，生物样本极其重要，要想明确病因到底是遗传因素还是环境因素，就必须从许多人身上采集血液、尿样，以及这些生物样本的生化分析结果、遗传基因解析结果、饭食/饮酒等生活习惯信息、病例信息，因此需要大规模的生物银行来承接这项业务。为了进行具有统计学意义的分析，这还需要生物银行去采集许多人的信息。

例如，文部科学省从 2003 年起，就开始推动由东京大学医疗科学研究所教授中村祐辅牵头的"适应个人遗传信息的医疗实用化项目"，详情如下所示 [11]。

（1）遗传基因信息在医疗、医学方面的重要性，需要得到社会的理解。

（2）收集 30 万名患者的临床信息、DNA 以及血清样本。

（3）利用这些生物样本进行基因组研究、蛋白质组学的研究，并且从中提取医学方面的重要信息。

（4）建立定制医疗的模型系统。

在这个项目中，为了不对患者造成压力，项目组首先培养了一批叫作医疗协调员的专职人员向患者进行说明，并且获得了知情同意书，而不是让主治医生出面。另外，关于个人信息保护的问题，项目组做了两手准备，[12] 在硬件设备、信息安全标准等软件配备方面都做了精心安排。

这种生物银行的大规模建设，虽然对于生命科学、医学非常重要，但对于研究人员来说不能像论文那样成为他们的业绩，而且从国民的角度出发也难以看到成果，因此无法任凭研究人员的自由意志来进行生物银行建设。这个问题与本书第Ⅲ部分中论述的生物资源在一般情况下存在共性。因此，面向生物银行的建设，强有力的公民创制权、对于从事生物银行事业的研究人员的评估、资金 / 运营的持续性、生物样本以及信息质量的管理标准化、医疗与研究的通力协作等政策方面的应对都不可或缺 [13]。

生物银行不仅要让实验对象为其提供生物样本及其信息，还必须具有保管、分配的功能。以前的研究模式，原则上是研究人员让实验对象提供生物样本及其信息，然后对其进行分析并提交结果。而在应用生物银行的研究模式中，由于生物银行的介入，实验对象与研究人员之间的直接联系将不复存在，相关样本及信息能够在诸多研究项目中得到广泛应用，而不再局限于某个特定的研究项目。在这种情形下，提供生物样本及其信息的人们，对他们实施保护就成了问题。像前文所述的 Hela 细胞那样，明确公布提供者的信息在此并不适用，保护提供者的个人信息乃是天经地义。因此，在获取知情同意书之际，说明与同意的内容就会大有讲究。这是因为对于提供者来说，要让他们同意的并不是为了某项特定研究的同意，而是某种意义上的一揽子同意，即这些样本及其信息有可能应用在各种各样的研究项目上。另外，应用生物样本及其信息的研究，就像那些以人类本身为对象的研究项目一样，对实验对象的健康、生命并没有危险性，不会对其造成直接伤害。我们的观点是，不要一味着眼于个人信息泄露的危险性，或者单纯主张研究机构的利益，而是在进行研究的时候必须比较风险与收益，正所谓两利相权取其重、两害相权取其轻。

### 4.2.4　队列研究

队列研究是免疫学研究的方法之一，其目的是为了调查疾病与主要因素之间的关系。目前，队列研究的定义是，将没有患病的人们集中起来并将其分成两组，其中一组具备某种要素，而另外一组则不具备这种要素，在一定期间内，对这两组人群进行追踪，通过比较两组之间的发病率，从而查明某种要素（诸如吸烟、饮酒、睡眠等）与这种疾病之间是否存在关联性的调查方法。[14]只要进行长期追踪的话，就会有一些人罹患了某种疾病，而另外一些人则没有罹患这种疾病。我们将容易罹患这种疾病的要素或者不易罹患这种疾病的要素，诸如生活习惯、遗传基因、生理指标等综合起来加以探讨，就能探明疾病与这些要素之间的关联性。

尤其是最近，因为遗传基因的解析工作在技术上已然相对简便易行，我们可以将某个人与生俱来的特征——遗传基因与其生活习惯、环境因素之间的关系彻底搞清楚，所以队列研究的重要性正在与日俱增。与遗传基因、生活习惯相对应的疾病，其预防方法的研发显然与这种研究中所取得的成果密切相关。

例如，环境省为了弄清楚环境风险对我们造成的影响，最近上马了一个新项目，具体说来，就是关于儿童健康的出生队列调查，从胎儿开始到 13 岁为止，定期进行健康状态确认，项目名称叫作"关于儿童健康与环境的全国性调查"[15]。环境省的目标是，从 2010 年度开始，以日本全国各地 10 万名母亲为对象进行这项调查。

由于队列研究必须 5 年、10 年、15 年长期持续下去，因此短期内根本出不了成果。但是，我们又必须对以几千人、几万人为单位的实验对象进行追踪。因此，为了能够将这个研究项目实施下去，就必须有一个可靠的组织来居中协调。另外，关于这项研究计划，由于后续研究工作需要持之以恒，因此在开始之前就要详细探讨、落实细节，同时还要具备灵活性，以便应对形势的变化，以变应变。另外，对于生物样本及其信息的处理也要制定规则，并且在研究人员当中实现共享。

目前的情况是，如果想要与遗传基因解析工程一并启动队列研究的话，那么《关于人类基因组、遗传基因解析研究的伦理指南》《关于免疫学研究的伦理指南》以及《关于临床研究的伦理指南》这 3 项指南之间就会出现关联性。将这 3 项指南有机地结合起来，统筹兼顾，很有必要。具体来说，首先，对于实验对象，必须向其说明研究的意义、内容、生物样本的处理、个人信息的保护等相关情况，并且取得知情同意书。其次，即便实验对象起初同意参加这个研究计划，但也有可能中途退出。这时，对于退出者已经提供的生物样本及其信息，也要制订相应的处置手续。最后，关于这个研究计划，须由各个研究机构的伦理审查委员会进行审查。

队列研究需要长期维持与研究参与者之间的信任关系才能得

以持续下去，这一点与其他研究项目有所不同。有人提出了这样的观点：一旦信任基础崩塌，那么就会导致研究主体土崩瓦解，因此只要遵守指南、法律就可以高枕无忧的消极想法，对于完成既定目标会造成极大的困难。[16] 另外，由于队列研究是长期项目，伦理审查委员会不仅要在研究开始时实施审查，此后还必须不断跟进。进而为了赢得全社会的信任，推动科学传播也同样至关重要。

### 4.2.5　知情同意的再商榷

正如前文所述，在人类基因组的研究中，研究机构必须从提供生物样本的实验对象（研究参与者）那里获得知情同意书，这是一条基本原则。接下来，知情同意书的内容非常详细，涉及究竟要解析哪些遗传基因。于是从研究人员那里传出了许多抱怨之声：正是因为我们原先就没有搞明白，所以才要进行研究。研究工作或许会出现所料不及的结果，凡事都要事先说明几乎不太可能。另外，对这些生物样本、信息加以利用，一旦我们所从事的研究与知情同意书有所不同，那么势必还要重新获得一份知情同意书。实验对象一方也比较关心自己的信息以及生物样本的使用情况，有些人认为应该逐一向其说明，有些人则认为研究机构只要对其个人信息能够妥善处理，样本不妨在研究中放手使用。这样的情况并不是仅仅限于基因组研究领域，但凡研究中需要使用从人体中提取的组织与信息的项目，在这个问题上都存在共性。另外还有人指出，一旦在某组人群中判明存在某种疾病的遗传基因，那些一味墨守成规的媒体就会大肆报道，势必造成曝光风险，在这种情形下，仅凭实验对象个人的知情同意书还是无法妥善应对。[17] 由此可见，某个人的信息并不是仅仅属于他本人。

我们目前所接受的医疗服务，是建立在无数前人成果的基础之上的，包括诸多患者的病例、以医生为首的医疗工作者的努力与经验、医学及生物学研究者天量的数据积累。而我们也曾经为所接受过的医疗服务提供了自己的生物样本及信息，作为研究项目的参与者（实验对象）而积累了成果，而这些研究成果不久之后又会作为新一代医疗技术或医药品而结出新的果实，进而提供给我们或者我们的下一代继续享用。讲得更深一些，那就是我们在接受医疗服务之际，相关信息就会被反馈到研究机构，从而对研究工作发挥作用，最终孵化出更好、更有效的医疗服务。由此可见，即便在这种的情形下，"我的信息"其实并不仅仅属于"我"个人。

　　一旦考虑到这种状况，我们就应该探讨一下过去那种对实验对象先单独详细说明、再取得知情同意书的具体方法。在这样的情形下，我们的探讨就必须突破现有生命伦理学的框架，包括探寻实验对象自我决定权的界限，对于超越或者完善自我决定的理论进行探索，等等。另一方面，遗传信息是最具敏感性的信息之一，各种临床信息、生物样本又十分宝贵，许多情况下的确不允许医疗机构随意处理。我认为这个问题在进入政府层级的探讨之前，不妨在处理人类基因组的研究人员、生命伦理学的研究人员中间，首先拿出一个能够充分保护实验对象的权益而又比较切实可行的方法，并且对此展开讨论、组织考察。如东京大学教授米本昌平所指出的那样：对于旨在实验对象个人隐私的保护条款，目前已有切实可行的程序，而且用途仅限于研究计划本身科学适当、对社会有所裨益的情形，对于实验对象知情同意权的确认作业不妨暂时搁置，由研究机构的内设伦理委员会在其职责范围内对各项研究予以认可。[18]这个观点的确值得考虑。我虽然并不认为对于知情同意权可以放任自流，但对那种偏重于知情同意权的观点也不敢苟同，只要能把知情同意书搞到手就万事大吉的做法其实不见得妥当。为求稳妥就必须满足下列几个条件：这项研究工作已经获取了社会的信任；研究机构为此采取了妥善措施，既能公开信息同时又能保护个人信息；机构内设的伦理审查委员会必须担负职责，不可形同虚设。

## 4.3 关于人类 ES 细胞的伦理指南

### 4.3.1 什么是 ES 细胞

所谓 ES 细胞，是从胚胎中提取而来的细胞，可以成为构成体细胞的所有细胞（图 4-2）。在细胞分裂的作用下，受精几天后的胚胎就会处于"胚盘细胞"的状态，由大约 100 个细胞组成。胚盘细胞内部叫作"内部细胞块"的细胞群，就可以形成创造一个胎儿身体所需要的全部种类的组织与脏器。这个内部细胞块的细胞仅仅存在几天时间，随后就会分化为形形色色的人体组织，具有所谓的多能性。将这种细胞提取出来，通过人工培养就可以制备出 ES 细胞。[19]ES 细胞能够保持其多能性继续增殖。虽然分化出来的体细胞增殖能力有限，但 ES 细胞的增殖能力却是无限的。老鼠的 ES 细胞在 1981 年就被制备出来了，人类 ES 细胞则是在 1988 年由美国威斯康星大学汤姆森教授的团队率先制备成功并公之于世的。

人类 ES 细胞可以通过破坏受精胚珠的方式制备出来。受精胚珠如果返回子宫的话就会成为胎儿，不久之后可能就会成为一个活生生的人。因此人类 ES 细胞从问世之初就被当作一个重大的伦理问题，各个国家都在按照本国对胚胎的认识程度而采取了应对措施。日本则是由文部科学省出面听取了综合科学技术会议的意见，随即筹划制定了人类 ES 细胞指南。本节在简要地回顾这一历史进程的同时，还对今后的形势做了一番设想。

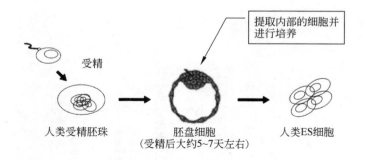

图 4-2 人类 ES 细胞的制备方法

日本的伦理管制有些过于严厉。例如，日本再生医疗学会希望放宽人类 ES 细胞指南中关于研究使用的规定，曾经为此发表过《关于放宽人类 ES 细胞研究管制的声明》[20]。或许是因为学会担心在与美国的竞争中会落入下风，在危机感的驱使下才发表了这份声明，应该不是对研究人员的呼声偏听偏信的产物。

美国又是怎么做的呢？有一种观点[21]认为，共和党布什总统当政时期，美国在 ES 细胞的相关政策方面处于落后状态，新加坡、韩国在这个领域倒是有所进展；民主党奥巴马总统上台之后，美国政府对人类 ES 细胞改变了方针，开始向人类 ES 细胞的研究项目增加资金，大力推动研究工作。

人类 ES 细胞的伦理问题，虽然各方论点均已和盘托出、意犹未尽，但现实情况却是各国都在采取相关的应对措施。仅就与之相关的宗教、文化层面而言，我认为这个问题今后在国际社会中是无法轻易得到解决的。

### 4.3.2 伦理指南的策划制定

围绕人类 ES 细胞的生命伦理问题与克隆技术、人类胚胎等问题存在复杂的关联性，因此对于局外人来说会比较费解。在此不妨将有关生命伦理问题的探讨经过展示一下，详情如图 4-3 所示。

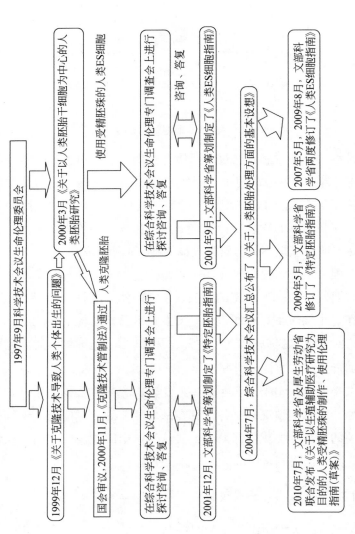

图 4-3 关于克隆技术以及 ES 细胞生命伦理问题的讨论经过

关于从生殖辅助医疗的剩余胚胎中制备 ES 细胞的问题，在 2000 年 3 月汇总到科学技术会议生命伦理委员会的《关于以人类胚胎性干细胞为中心的胚胎研究》中体现了日本政府的基本方针。其要点在于：①允许将生殖辅助医疗中以前未曾使用的受精胚珠即剩余胚胎销毁并用来制备人类 ES 细胞，允许使用人类 ES 细胞进行研究；②在人类 ES 细胞的制备过程中，必须由机构内的伦理委员会进行审查并报请大臣确认（双重审查）；③制备好的人类 ES 细胞在使用之际，为了彻底贯彻监督管理，必须严格履行符合确定条件的相关手续（双重审查）。但是，关于 ES 细胞的使用毕竟与制备有所不同，由于不必销毁人类胚胎，因此在研究成果的基础上将来有望重新对其进行评估。

2001 年，日本政府完成了省厅重组，废止了科学技术会议，设置了综合科学技术会议。经过综合科学技术会议下属的生命伦理专门调查会上的讨论，文部科学省筹划制定了《关于人类 ES 细胞的制备及应用指南》（2009 年 9 月文部科学省布告）。人类 ES 细胞的研究，此后就按照该指南的规划稳步实施。这些探讨都是公开进行的，主张推进人类 ES 细胞研究的委员、反对的委员、尚未决定态度的委员，他们都站在各自的立场进行了激烈的争论。这份指南就是在各方最大限度的妥协下筹划制定的产物。[22] 而这个时间点，正是人类 ES 细胞的相关伦理课题在日本几乎和盘托出、争论高潮迭起之际。但并不是参加争论的各方人士都认可最终结果。如果放在今天重新开始讨论人类 ES 细胞的话，那么恐怕从一开始就要对当年的结论推倒重来。这是因为在对人类 ES 细胞争鸣的大背景中存在生殖辅助医疗的诸多相关问题，意见范围比较广泛，在重大问题上存在很多分歧，着实众口难调。

### 4.3.3 指南的修订

首先，以人类 ES 细胞指南为基础，各项研究工作不断取得进展，同时也涌现出了新的课题。为了应对这种新的形势，日本政府于 2007 年 5 月首先就人类 ES 细胞分配机构的设置出台了相关规定。另外，日本政府于 2009 年 5 月出台了人类克隆胚胎的相关规定。2004 年，综合科学技术会议在《关于人类胚胎处理的基本设想》中，对那些没有其他治疗方法的疑难杂症，在仅限于以再生医疗基础性研究为目的的条件下允许进行人类克隆的研究。在这条规定的影响下，原先从剩余胚胎中制备人类 ES 细胞及其使用的问题，也处于人类 ES 细胞指南的定位范围之内，于是就对具体的实施手续也做出了规定。

　　人类 ES 细胞指南制定以后，人类 ES 细胞的使用计划等方面已经积累了不少实际业绩，相关人员对生命伦理上的具体定位以及应有的处理方法，在认识上已经深入到位。基于上述情况，综合科学技术会议下属的生命伦理调查会在 2008 年 11 月做出了决定，这就是关于 ES 细胞的指南及其应用方面的诸多手续问题，应当重新审视并进行探讨。在这条决定的影响下，文部科学省在科学技术、学术审议会下属的生命伦理、安全分会上，以人类 ES 细胞的"使用"为中心，重点就放宽相关手续的问题大力推动探讨，并且在 2009 年 5 月就其修正案向综合科学技术会议提出了咨询。同年 7 月 24 日，综合科学技术会议做出了答复，判定修正案并无不妥。于是文部科学省制定了指南修正版，并在 8 月 21 日公布实施。修正要点有 6 条（图 4-4）[23]，主要特点就是关于人类 ES 细胞使用手续的简洁化。另外，研究人员认为关于人类 ES 细胞的使用问题，在伦理方面的规定过于严苛，并且指责这些规定妨碍了研究工作的推进。虽然政府对这样的呼声有所耳闻，但为了避免争论而未予回应，否则就会导致研究推进派与伦理管制派相互对立，为了推进研究势必置伦理于不顾，如此誓不两立显然于事无补。

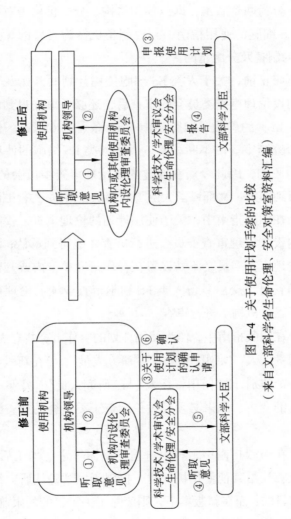

图 4-4　关于使用计划手续的比较

（来自文部科学省生命伦理、安全对策室资料汇编）

六条修正如下所示:

（1）关于指南的形式，将现行《人类 ES 细胞的使用、制备的指南》分为两个版本，即以使用机构、分配机构为对象的《关于人类 ES 细胞的使用指南》与以制备机构为对象的《关于人类 ES 细胞的制备及分配指南》。

（2）修正前，关于人类 ES 细胞使用计划的开始及变更，经过机构内设伦理审查委员会的审查后，还必须事先得到国家（文部科学大臣）的确认（旧版指南第 64 条、第 65 条）。但是，随着相关研究与审查的不断积累，由于人类 ES 细胞的使用已经与销毁胚胎脱钩，因此今后在经过内设伦理审查委员会的审查后，不必再得到国家（文部科学大臣）的确认，可以一并申报。

（3）在旧版指南中，关于使用计划的伦理审查，仅限于由自家机构内设的伦理审查委员会进行审查才能得到承认；而在新版本中，伦理审查委员会不妨设置在合作研究单位内或其他使用机构内，而且可以交由具备人类 ES 细胞审查业绩的伦理审查委员会（即第三方机构）进行审查。

（4）在旧版指南中，作为使用计划的合作者，共有 3 个类别，即"使用责任人""使用分担人""研究人员"；而在新版本中，则归纳为 2 个类别，即"使用责任人"与"研究人员"。另外，关于"研究人员"的变更，原来必须经过伦理审查委员会的审查，如今不再需要。

（5）在旧版指南中，将引进遗传基因等进行加工后的 ES 细胞分配或转让给其他使用机构时，仅限于以"确认研究结果的再现性"为目的；而在新版本中，则废除了关于目的的限制规定。

（6）在旧版指南中，把从人类 ES 细胞中分化诱导出来的细胞转让给其他使用机构时，或者使用计划结束后需要继续保存、使用时，必须经过伦理审查委员会的审查并且向国家报告；而在新版本中，因为分化诱导出来的细胞与其他体细胞在科学上并无差异，所以无须履行旧版本中所要求的相关手续。

## 4.4　围绕人类胚胎的伦理问题

### 4.4.1　人类胚胎的定位

有关人类克隆技术管制的法律（《克隆技术管制法》），在附则第 2 条中有这样的规定："政府在该法实施 3 年以内，关于人类受精胚珠作为一个人的生命萌芽而应该采取的处理方法，将依照综合科学技术会议上的探讨结果，考察该法的实施状况以及克隆技术环境状况的变化，对该法的规定加以探讨，并且在探讨结果的基础上采取必要的措施。"基于这条规定，在综合技术会议下设的生命伦理专门调查会上，政府会对人类胚胎的应有处理方法进行探讨，经过为期 3 年共 21 次的审议，广泛听取社会各界人士的意见，然后撰写中期报告、召开研讨会，最后在 2004 年 7 月汇总完成了报告书，[24] 即《关于人类胚胎处理的基本设想》。

在这份报告书中，关于人类克隆胚胎的制备、使用问题，虽然政府念兹在兹为实现再生医疗而为人类克隆胚胎的研究、使用开启了方便之门，但态度却异常慎重，仅限于基础性研究而不至于发展到临床应用，显然是在分阶段地推动研究工作。对人类克隆胚胎采取与人类受精胚珠同样的保护措施，必须事先防止将人体克隆胚胎向胎内移植，并且建立旨在保护受精卵提供者女性权益的法律框架。此后，又在文部科学省及厚生劳动省大力推动指南的筹划制定等配套工作。

2004 年 7 月，就在报告书汇总之际，生命伦理专门调查会最终采取多数决的方式，少数派的意见最终并未写入正文，而是全部转入参考资料之中。美国国家生命伦理委员会（President's

Council on Bioethics，简称 PCB）是一个咨询委员会，因此只能从事一些劝说工作而无法决定政策[25]。有一种分析认为，美国的委员会，与政策立案职能相比，其调查职能远在前者之上，在充裕资金的支持下可以动员大量人力汇总成文，提交好几份报告书；而日本的委员会则具有这样的倾向：政策立案能力较强，擅长制定手册性的指南[26]。综合科学技术会议下设的生命伦理专门调查会做出的决定，作为一项政策而被政府采纳的可能性的确很高。在这个调查会上所讨论并且形成结论的事项，只要在综合科学技术会议上通过就会成为日本的国家政策。因此，生命伦理调查专门委员会必须就相关事项做出一个结论，即便大家极尽议论之能事而仍然无法达成一致，那么最终就不得不采取多数决定的方式予以解决。委员会在履行正常手续的同时必须充分对外界说明相关情况，这才是应有的做法。

宗教学者、东京大学教授薗岛进作为生命伦理调查会的一名委员，反对使用包括 ES 细胞在内的人类胚胎，他对现行政策提出了批评："迫切希望推动生命科学、尖端医疗是医学界、产业界、政界的共同意志，就连井村会长、药师寺会长居然也都无视民主程序，采取强行通过的手法为其援手。"[27] 对于这样的指责，虽然证明无中生有比较困难，但是我毕竟直到 2003 年为止还在参与生命伦理政策的讨论与制定，后来又参与了生命科学政策的讨论与制定，就长期积累的经验来判断，政府并没有非要"强行"推动不可的主观动机或客观原因。倒不如说是委员之间意见无法汇总，探讨旷日持久，议论议而不决才是问题之所在。如果当真如同薗岛进教授所指责的那样存在一股"强大的意志"，那么政府完全可以采取推进规则制定的方法一蹴而就，根本无须经过委员会的长期讨论。另外，薗岛进教授还指责人类胚胎的产业化应用会产生莫大的经济利益[28]，我认为这应该是对生命科学以及相关产业的理解存在不足之处。就目前的形势而言，根本就看不出产业界对生命科学有任何关心之举，胚胎的产业化应用获得社会正面评价的可能性不大，在经济上成本过高应该可想而知。正因为如此，iPS 细胞虽然被寄予了厚望，但正如本书第 I 部分中所述，产业界起初对 iPS 细胞的关注度并不高，何况是从人类胚胎的应用上指望获得什么莫大的经济利益呢，人家连想都没有想过。

薗岛进教授所指责的情况，想必不是"人类胚胎"这种限制性的问题，而是随着生命科学、医学的进步，我们势必行将进入一个人类的意识与技术过去从未进入过的陌生领域，对此应该何去何从才是问题之根本。本书在第 Ⅳ 部分中所讲到的人们对生命科学的诸多不安，根源恐怕就在于此。

另外，在生命伦理专门调查会所汇总的报告中，以"人类的尊严"作为最高规范。关于人类胚胎的处理是否会侵犯人类尊严的观点 [29]，虽然政府还在推进相关探讨，但"人类的尊严"原本就是从欧美输入的概念，具体所指为何的问题还是应该向日本国民解释得更加细致一些为好，这样才能做到通俗易懂。再者，销毁人类胚胎，对人类胚胎的相关操作何以就会侵犯到人类的尊严？我认为目前的解释还存在若干不足之处。如果能将这个问题言简意赅地解释清楚，那么就会便于今后的讨论走向深入。

文部科学省、厚生劳动省接受了综合科学会议的报告书，关于旨在生殖辅助医疗的人类胚胎应用的问题，经过科学技术 / 学术审议会议——生命伦理 / 安全分会与厚生科学审议会科学技术分会的共同审议，于 2009 年 4 月完成了基本设想的汇总工作。另外，待到 2010 年 7 月，又联合出台了《关于需要制备人类受精胚珠的生殖辅助医疗研究的伦理指南》草案（文部科学省、厚生劳动省布告）。研究工作所必需的精子、卵子等相关条件，知情同意书的内容、手续，研究体制及其必要手续，个人信息保护，等等，在规则中均有明文规定。

### 4.4.2 关于设计试管婴儿

设计试管婴儿是遗传基因置换技术与基因组解析技术相结合，对胚胎、精子/卵子的遗传基因进行加工而产生的，关于这个问题也不妨在此进行探讨。设计试管婴儿的问题其实就是超越自我中的一个项目而被提及，通过对胚胎、生殖细胞系列的遗传基因进行操作，从而出现"设计试管婴儿"，这种设计试管婴儿具备更加出色的特征与能力，有人指出了其中存在的危险性与非议之处。[30] 按照这种说法，人类需要设计试管婴儿无非出于两种目的，以不易罹患疾病为目的的"治疗性目的"，即治疗性试管婴儿；以具备更加出色的特征与能力为目的的"改善身体、提高能力"，后者需要进行遗传基因操作才能做到。

美国国家生命伦理委员会在 2003 年发表的报告 *Beyond Therapy*[31] 中指出，要想生育更加优秀的孩子，有 3 种受孕方法。根据出生前的诊断，对于存在不理想遗传基因的胎儿可以选择人工流产（Prenatal Diagnosis Screening Out）；应用所谓的遗传工程学设计试管婴儿（Genetic Engineering of Desired Traits，或 Fixing Up）；对通过体外受精制成的胚胎进行遗传解析，让具有出色遗传基因的胚胎则着床（Selecting Embryos for Desired Traits，或者 Choosing In），接下来，父母对设计试管婴儿在外貌、智力、记忆力等特征方面予以改善，其实就是多因子遗传。有人指出，只把我们所期望的遗传基因植入胚胎难度极大，而且这种操作不仅有可能导致有用的遗传基因无法正常运转，加之许多遗传基因都具有多功能性，对婴儿造成的影响未必仅限于正面。也就是说，设计试管婴儿的实现至少在不远的将来，在技术上还存在极大的困难。

　　另一方面，还有一种观点认为，人们虽然认识到了这种技术存在极限，但也不必将"遗传基因改造"视为绝对的恶，而是应该对此提出相应的伦理原则。[32]东京大学教授金森修的论述如下：应该确定以下神圣不可侵犯的三大原则：①保护婴儿的自由（liberty）；②保护婴儿的自律性（autonomy）；③保护婴儿的整体性（integrity）。如果发现医疗机构或特定个人明白无误地违反了这三大原则，那么不仅要对其进行伦理方面的谴责，还应将其列入刑事处罚的对象，包括罚款、监禁在内。

　　关于人类遗传基因的操作问题，在技术上似乎不太可能很快实现，立即采取具体的对策显然并非当务之急。但是，作为生命伦理研究的课题，着手探讨应对之策还是十分重要的。有人提出了这样的观点[33]："人类的自由与人类社会新的可能性，其实在不以我们的意志为转移的出生之前就被注定了。"在考虑生命伦理问题的时候，这个观点作为制止设计试管婴儿的理论非常适宜，我认为应该将其放在核心位置上。

### 4.4.3　今后的课题

　　日本应用人类 ES 细胞的研究还处于基础研究的阶段，远远谈不上以医疗应用为目的。关于临床研究的指南目前已在探讨中，另外，为了在医药品相关法律上获得认可而不可或缺的临床试验也还没有做过。但是，美国的生物风投企业——杰龙生物医药公司（Geron）针对脊髓损伤者使用来自人类 ES 细胞的少突胶质细胞的临床研究申请，已于 2008 年 1 月获得了美国食品药品监督管理局（FDA）研究性新药（investigational new drug，简称 IND）的认可。[34]关于这款新药,FDA 虽然认可其临床研究的试验计划，但并不是为该新药成品的安全性做出担保。因此针对脊髓损伤者使用 ES 细胞的问题，有人这样认为："杰龙公司的解释是，对于患者来说利益大于风险，而 FDA 对这种说法想必是同意的。"[35]

正如本书第 I 部分中详述的那样，人类 iPS 细胞的制备，并不是仅仅限于基础研究，旨在临床应用的研究也在进行。因此，人类 ES 细胞研究的重要性或许看似降低了不少。但是，对 ES 细胞有真知灼见的专家学者远比 iPS 细胞领域为多，因此人类 ES 细胞的研究也是非常重要的工作，iPS 细胞与 ES 细胞的比较研究今后仍然是重点项目。另外在美国，像杰龙公司那样的人类 ES 细胞的临床研究已然先行一步了。

日本在人类 ES 细胞、克隆胚胎等干细胞研究方面的管制，由于日本官僚的动作与其他国家相比较为迟缓，所以在机制形成方面过于耗费时间，结果就是旷日持久、拖而不决。因此，京都大学副教授加藤和人等人曾经公开发表意见，他们认为日本的研究工作已然落后了。我的感觉是，日本政府在机制形成方面耗费时间的确属实，不过并非虚耗，这样做的原因是为了保留记录以及事实依据，每一步都禁得住检验，比如加藤和人副教授提到的人类 ES 细胞、体细胞核移植（克隆技术）、体性干细胞临床研究的伦理探讨，相关内容[36] 中还包括胚胎、死亡胎儿的处理等疑难问题。因此，医学、生物学、法学、伦理学等各领域的专家以委员的身份经过深入讨论，待到最终得出结论当然需要花费时间。而且政府还要对讨论的内容进行相关分析，在政策形成的过程中为了争取达成一致意见而花费时间恐怕在所难免，而行政官员每隔几年就要调动岗位，由于尸位素餐而白白浪费时间的指责好像就更加无的放矢了。另外，关于意见出现分歧的问题，我希望大家能够对问题设定的方法、讨论场所的布置方法、讨论的具体方法等方面提出建设性的方案。

另外，从 2001 年到 2003 年间，相关省厅筹划制定了 1 部法律（通过对遗传基因替换生物的使用实施管制而确保生物多样性的相关法律）、6项指南（关于人类基因组 / 遗传基因解析研究的伦理指南、关于特定胚胎处理的指南、关于免疫学研究的伦理指南、关于遗传基因治疗临床研究的指南、置换 DNA 的实验指南）并且将其公之于众。这个时候，虽然有人批评政府主次不分、滥竽充数，即不去着手安排生命伦理整体的讨论，而是一个接一个地对个别课题制订指南，但并没有动作迟缓的指责。因此，我认为加藤和人副教授的观点或许过于执着于眼前的现象，似有一叶障目之嫌。

人类胚胎的处理，关于科学事实的评估根本不是什么问题，针对各种价值观、文化、宗教的理念，彼此之间如何互让妥协才是关键难点之所在。大家在历经辛苦耕耘、畅所欲言之后，即便最终得出了结论，但参与讨论的所有人员，此后还会继续心怀不满、牢骚满腹。我认为应该为立场不同的人士创造一个能够持续讨论的场所（论坛），以便满足其大鸣大放的要求。

## 注释：

[1] 以这项指南为开端的相关情形，阅览 http://www.lefescience.mext.go.jp/bioethics/hito_genom.html

[2] 关于这项指南筹划制定的经过，参照 http://www.lefescience.mext.go.jp/files/pdf/40_212.pdf

[3] 加利·马库斯. 产生心脏的遗传基因 [M]. 大隅典子，译. 岩波书店（2005），213.

[4] 榊佳之. 基因组科学 [M]. 讲谈社（2007），232-237.

[5] 管野纯夫. 第四章——后序列时代的医学研究与医学信息 [G] // 宇都木神，管野纯夫，米本昌平. 人体的个人信息. 日本评论社（2004），123.

[6] 米本昌平. 生物政治学——人体管理为何物 [M]. 中公新书（2006），85.

[7] 美马达哉. 病态奇观——生命权的政治学 [M]. 人文书院（2007），100.

[8] 坪井荣孝. 序言——医学研究与个人信息 [G] // 宇都木神，管野纯夫，

米本昌平. 人体的个人信息：日本评论社（2004），vii.

[9] 同注释 [6]，183.

[10] 町野朔，辰井聪子. 来自人类的生物样本的研究应用——从生物样本的提取到生物银行 [G]. 上智大学出版（2009），3.

[11] 中村祐辅. 从基因组医学到基因组医疗 [M]. 羊土社（2005），138. 该项目的网页参照 http://biobankjp.org/

[12] 参照 http://biobankjp.ore/plan/infosecure.html

[13] 同注释 [10]，13-14.

[14] 玉腰晓子. 分子免疫学队列研究与个人信息保护 [G]. 文部科学省特定领域研究"基因组"四领域基因组医疗科学网络委员会综、合基因组与社会对接委员会. 基因组医疗科学与社会：KUBAPRO（2006），214-215.

[15] 关于儿童健康与环境的全国性调查，参照 http://www:env.go.jp/chemi/ceh/index.html

[16] 增井彻. 第 6 章　个人信息的研究应用——作为理解人体的一种形态，基因组研究是由个人信息来维持的 [G] // 宇都木神，管野纯夫，米本昌平. 人体的个人信息：日本评论社（2004），177.

[17] Dena S.Davis.Genetic Research and Communal Narratives[R].Hastings Center Report 34, No. 4（2004），40-48.

[18] 同注释 [6]，98.

[19] 中辻宪夫. 人类 ES 细胞为什么是万能细胞 [M]. 岩波书店（2002），6-19.

[20] 日本再生医疗学会网页 http://www.jsrm.jp/general/080314.html

[21] Leo Furcht.The Stem Cell Dilemma:Beacons of Hope or Harbingers of Doom?[M]. New York：Arcade Publishing（2008），147.

[22] 关于其中的过程，敬请参照菱山丰. 生命伦理手册 [M]. 筑地图书（2003），99-102.

[23] 永井雅规. 关于放宽 ES 指南的问题 [J]. 再生医疗：Vol. 8, No. 4（2009），73-78.

[24] 以这份报告为开端，参照关于生命伦理专门调查会的信息，http://www8.caogo.jp/cstp/tyousakai/life/lmain.html

[25] Eric M Meslin.The President's Council : Fair and Balanced?[R].Hastings Center Report 34, No. 2（2004），7.

[26] 额贺淑郎．生命伦理委员会的意见聚汇——日美比较研究 [M]．劲草书房（2009），223.

[27] 菌岛进．生命伊始的生命伦理 [M]．春秋社（2006），5.

[28] 同注释 [27]，109.

[29] 同注释 [27]，31.

[30] 和田干彦．法与遗传学 [G]．法政大学出版局（2005），133-168. 该书"第五章——克隆婴儿与设计试管婴儿"，对日本与美国的相关探讨进行了周密的追踪，其中罗列的诸多参考文献可供参考。

[31] The President's Council on Bioethics.Beyond Therapy-Biotechnology and the Pursuit of Happiness[M].（2003），27-100.

[32] 金森修．遗传基因改造 [M]．劲草书房（2005），225.

[33] 松田纯．遗传基因技术的进展与人类的未来 [M]．知泉书馆（2006），140.

[34] 参照 http://www.geron.com/products/productinformation/spinalcordinjury.aspx

[35] 松山晃文．再生医疗的现状 [J]．再生医疗：Vol. 8, No. 4（2009），67-72.

[36] Masahiro Kawakami.Douglas Sipp and Kazuto Kato.Regulatory Impacts on Stem Cell Research in Japan[J]. Cell Stem Cell 6, May7, 2010, 415-418.

# 第 5 章
## 确立生物伦理基本原则的可能性

### 5.1 联合国机构对生物伦理的相关讨论

全新的生命科学的出现，带来了许多亟待解决的伦理性课题。为了解决这些问题，有人认为应该在问题发生之前制定出基本原则，对那些新产生的问题或许就可以套用基本原则加以解决。对此，我在以前的著作[1]中有所论及，本文将从问题出现的新发展动向重新进行思考。

现代科学技术研究是跨国性的行为，科学家跨越国境进行研究工作，但对科学技术活动进行限制又属于国家的行为。[2]这与全球化的经济行为属于同一种情况。有些国家在伦理方面的限制较为宽松，再加上研究基础较好，以至于限制较为严厉的国家其科学工作者就可能转移到限制较为宽松的国家从事科研活动。为了有效地应对这种情况，国际间进行了协调，制定了国际条约和国际协定。但由于各国间的文化、宗教、历史等情况不尽相同，使得科学技术的发展程度也有所差异，目前还很难直接建立一套有效的机制。

例如，就克隆技术而言，由法国和德国共

同发起，于 2001 年向联合国提交了禁止克隆人国际公约草案文本 [3] 并请求审议。令人遗憾的是，经过磋商后该法案未能获得通过。在联合国的讨论过程中，日本支持法国和德国的提案，并且积极推动各方尽早签订条约。在法、德两国的提案中，第一阶段首先禁止克隆人（reproductive cloning），这也是各国普遍反对的；第二阶段再根据具体情况对各国反应不一的克隆胚胎（therapeutic cloning）进行磋商，这是一个非常现实可行的方案。对此，以美国为代表的一些国家主张人的生命起始是从受精一瞬间开始的，理应立即禁止克隆胚胎的制备。美国没有限制克隆技术的联邦法，而法国有生命伦理法对此明令禁止。德国在 1990 年也制定了胚胎保护法，禁止克隆技术。不仅如此，法、德两国还考虑到英国等国家已经制定了允许克隆胚胎研究的法令，认为国际间很难就全面禁止克隆技术达成一致。日本支持法德方案，并借此机会向国际社会发声，呼吁尽快在国际上禁止克隆人，这也获得了许多国家的支持。由此可见，日本对克隆技术等生命伦理问题采取了积极且务实的政策，得到了各国的认可，也对日本后来在联合国教科文组织的讨论和交涉中产生了积极的影响。美国从奥巴马当政开始，对人类胚胎干细胞转变了政策，如果再次开启讨论，美国或许可能采取和此前不同的方针。

联合国教科文组织在制定人类基因组宣言之时，有人指出日本代表团对人类基因组宣言的方案制定起到了很大的推动作用，行使了影响力却不留痕迹。[4] 虽然京都大学教授位田隆一曾于 1998 年至 2002 年之间在联合国教科文组织担任国际生命伦理学委员会委员长，但制定《人类基因组和人权世界宣言》和《世界生命伦理与人权宣言》的时间点是在他卸任之后。我认为以这样的说法来评价日本的工作是十分不公平的。在位田隆一教授期满卸任之后，日本派驻国际生命伦理学委员会的代表是国际循环系统疾病中心的森崎隆幸，由他担任生物科学部长，对世界生命伦理与人权宣言的制定做出了贡献。2005 年 12 月，通常在巴黎举行的联合国教科文组织国际生命伦理委员会改在日本的上智大学召开，对《世界生命伦理与人权宣言》的内容和今后的方向进行了讨论 [5]。正如前文所述，日本对联合国教科文组织讨论生命伦理的工作做出了很大的贡献。

我们对联合国和联合国教科文组织等国际机构的讨论进行评论的话，需要注意以下几点：国际机构的秘书处主任和工作人员并没有制定政策的权力，而是由加盟国讨论制定政策；国际机构工作人员的工作就是提供政策的选项，或是执行由加盟国共同决定的政策；而最为重要的一点，就是加盟国并没有将决定权委托给国际机构。

## 5.2 联合国教科文组织拟定的生命伦理相关宣言

目前为止，联合国教科文组织拟定的与生命伦理相关的三个宣言都还停留在宣言的层面，不是对加盟国家具有法律约束力的国际条约。由于各加盟国家的情况不同，只能用一纸没有法律约束力的宣言草草了事。各国在国内制定规则，或者开展国际共同研究制定规则之际，也会参考一下宣言的内容。生命科学正处于日新月异的发展当中，各国之间很难制定出一个适用于所有生命科学研究的国际条约。因此，联合国教科文组织的这种做法还算是比较现实可行的一种方案。通过这些工作的积累，为今后国际间讨论生命伦理问题打下了坚实的基础。

联合国教科文组织拟定的生命伦理宣言总计 3 份，即《人类基因组和人权世界宣言》《人类遗传数据国际宣言》《世界生物伦理与人权宣言》。首先，在本节中将介绍前两个宣言，考察生命伦理整体的第三个宣言将在下一节中详细介绍。

### 5.2.1 《人类基因组和人权世界宣言》

1993 年 11 月，第 27 届联合国教科文组织大会上，设立了一个由 50 名个人身份委员组成的国际生物伦理委员会（International Bioethics Committee，简称 IBC）[6]，随着生命科学的快速发展，需要从文化、社会、伦理等角度进行探讨并进行信息交流，于是制定了保护人类基因组的相关国际文件 [7]。乌拉圭常驻联合国教科文组织代表海克特·格罗斯·埃斯皮埃尔（音译）是一位国际法专家，他担任法律委员会委员长，经过法律委员会磋商后于 1995 年 3 月制定了保护人类基因组相关国际文件的大纲，此后又设立了由加盟国政府派出专家组成的委员会，基于 IBC 在 1993—1997 年之间的探讨，该委员会于 1997 年 7 月起草了《人类基因组和人权世界宣言》，并于当年 11 月的联合国教科文组织大会上得以通过。1998 年，联合国大会通过了该宣言。

该宣言的基本理念是，在研究、应用人类基因组和使用遗传数据之时，要防止侵害人类的尊严和人权，从而确立了两大基本原则，既要考虑到开展研究和应用的人员和作为实验对象的被试验者的不同立场并且制定操作规则，还要保护个人的遗传信息。[8]

### 5.2.2 《人类遗传数据国际宣言》

联合国教科文组织国际生物伦理委员会整理提交了《保密和遗传数据》（Confidentiality and Genetic Data，2000 年 6 月）与《人类遗传数据：IBC 对收集、加工、储存、使用等进行的初步研究》（Human Genetic Data：Preliminary Study of the IBC on Their Collection, Processing,Storage and Use，2000 年 5 月）两份报告，

对遗传数据的处理进行了分析。2001 年 8 月，在联合国教科文组织大会上获得通过；2002 年，为此设立了负责起草遗传数据国际文件的委员会。

2003 年 6 月，召集各国政府专家举行碰头会，在 IBC 草案的基础上制定了最终方案；同年 10 月，为了充实细节部分，再度召集各国政府专家开会。我有幸出席了 6 月和 10 月的专家碰头会。2003 年 10 月 16 日，《人类遗传数据国际宣言》在第 32 届联合国教科文组织大会上获得通过。

该宣言是人类基因组宣言的具体化，因此是由很多详细的条文组成的。其主要特征有以下几点。

（1）不仅是人类的遗传数据（human genetic data），还涵盖了许多领域，诸如蛋白质数据（proteomic data）和生物试验材料等对象（第 1 条）。

（2）人类遗传数据具有特殊的地位（第 4 条），对遗传数据应该采取十分特殊的立场。宣言明确指出这些信息与其他数据截然不同，原因如下所示。

①可以预测遗传疾病的根本原因。

②对于下一代包括子孙后代的家庭成员，某些情形下还会涉及相关群体，或许会造成重大影响。

③收集生物学试验材料时，或许会包括一些不为人知的重要数据。

④对于个人、集体，或许在文化方面具有重要意义。

（3）人类遗传数据的收集、加工、使用、保管的目的，仅限于诊断、保健医疗、医学/科学研究等领域，应该符合民法、刑法、其他法律的规定以及人类基因组世界宣言等相关国际法律的要求（第 5 条）。

（4）制定评估遗传数据和蛋白质数据的收集、加工及管理政策的过程中，需要明确标注让社会积极参与其中的各项条款，应重视其与社会的关系，同时明文规定必须成立伦理委员会（第6条）。

（5）指出应该努力避免差别化和污名化（第7条）。

（6）明文规定保障知情同意权，同意权可以撤销，拥有不知情权、接受遗传咨询服务权，等等（第8~11条）。日本的方针基本上与之相同。

（7）明确指出不得拒绝个人获取自己的遗传数据，并且必须保护个人隐私和数据（第13条、第14条）。

（8）明文规定应该和社会之间进行恰当的利益分配（第19条）。

## 5.3 《世界生物伦理和人权宣言》

### 5.3.1 国际生物伦理委员会的讨论

在2001年的联合国教科文组织大会上，需要起草一份与生命伦理相关并且具有普遍性规范的文件，就这个问题首先进行了技术性和法律性的调查，并且向总干事提交了相关结果。国际生物伦理委员会作为总干事的咨询机构，在接到总干事的要求之后，开始准备提交制定生命伦理相关普遍性规范的可行性报告，并于2003年6月完成。随后为此设立了起草委员会，并且照会各加盟国和联合国相关机构，最终于2005年1月由IBC和IGBC（政府间生物伦理委员会）共同召开会议，确定了IBC提交的方案原文。

2003年6月，我以政府专家身份参加制定《人类遗传数据国际宣言》的政府专家会谈，另外，会谈之前还召开了IGBC大会。在此时的IGBC大会上，介绍了制定生命伦理相关普遍性规范的可行性报告。当时，在参会者之间并没有进行讨论，对于在现场

的我而言，并不认为能够很轻松地就制定出具有普遍意义的生命
伦理规范。哪怕是在一个国家能够制定一个问题的原则，都需要
耗费很长的时间和精力，而存在各种问题的国家都聚集在联合国
教科文组织之下，围绕生命伦理这种存在许多微妙争论的问题，
想要制定出一个普遍意义的规则是十分困难的。尤其是作为国际
机构的联合国教科文组织，并不是只要处理好科学性问题即可万
事大吉，它还肩负着支援发展中国家进行建设的重大使命，也需
要从这个视角加以调整。为此，IBC 和联合国教科文组织以书面
形式与各加盟国及其他联合国机构进行了协商。

### 5.3.2　在政府专家会谈中的讨论

IBC 是总干事的咨询委员会，由 IBC 整理出来的方案会通过
联合国教科文组织转发给各加盟国。联合国的下属机构所拟定的
正式成文的文件，不论是形式上还是实质上都必须得到各加盟国
的同意。因此，联合国教科文组织的加盟国召集各国政府专家会
谈，以 IBC 整理出来的方案为基础，就拟定正式文件进行了讨论。
2005 年 4 月 4—6 日及同年 6 月 20—24 日，举行了两场政府专家
的会谈。

政府专家的会谈讨论，从早到晚不断地进行，最终在为期
8 天的会议中（第一场 3 天、第二场 5 天）完成了方案。回顾交
涉历程，在整理草案时主要得益于 IBC 事先做了许多工作，加上
主办国日本政府以及各国政府的代表都进行了周密的准备。

就国际机构的交涉而言，各国几乎每次都会派出同一人参加，
因此各国代表团之间大多都相互熟知。特别是欧盟的代表，我与
他曾经多次在布鲁塞尔见过，如果是新面孔的话，就很难加入这
一系列的讨论。我因为要参加人类遗传数据国际宣言的专家讨论，
所以有多次出席会议的机会，对各国的专家基本上都有所了解，

而对方也知道我是来自日本的专家，相互之间能够非常顺畅地交换意见。

**第 1 场政府专家会谈**

第 1 场政府专家会谈于 2005 年 4 月 4—6 日，连续 3 天在巴黎的联合国教科文组织总部召开。这场会谈在切入点的讨论部分耗费了大部分时间，而对宣言方案本身的实质性讨论基本上没有任何进展。IBC 整理了草案，政府代表组成的 IGBC 又进行了讨论，然后 IBC 在此整理了宣言方案，但即便如此，各国政府对这一草案依然各持己见，难以达成一致认识。日本和法国等国以 IBC 整理的宣言草案为基础进行了讨论，并计划在当年 10 月召开的下一次大会上通过。对此，美国、德国以及很多发展中国家表示，IBC 提交的宣言草案可以作为参考，想要加入一些草案中并未包括的观点，而且还说无须在下一次大会上予以采纳，不妨从长计议。

有人主张应该在宣言中加入"人类（human being）"和"人类的尊严（human dignity）"，以示对"人类生命（human life）"的尊重，但这一主张未被采纳。一般人的感觉是，对人类生命的尊重理所当然，如果加入"人类生命（human life）"的字样，就会把联合国总部对克隆技术的讨论带入到联合国教科文组织之中。那就会重复在联合国的讨论，人的生命是从什么时候开始计算的，胚胎是人吗？最终很可能会导致在教科文组织内的讨论无果而终。

如果陷入这种状况之中，那么可以预见在随后 6 月份的政府专家会谈中，很难就宣言草案做出总结。

**第 2 场政府专家会谈**

第 2 场政府专家会谈于 2005 年 6 月 20—24 日，连续 5 天在联合国教科文组织总部召开。这场政府专家会谈是 10 月召开大会前的最后一次会谈，如果不能立刻整理出宣言，制定宣言的工作很可能就要往后推延，因此必须争分夺秒。第 1 天、第 2 天的讨论速度较慢，但在后半段的日程安排上，代表们利用午休时间进行非正式协商，下午 6 点之后也会召开非正式会议，进行了长时间且集中的讨论，终于在 24 日 24 时之后制定出宣言方案。国际机构的会议，由于需要翻译的缘故，大多都是开到下午 6 点就结束了。下午 6 点以后还要继续使用联合国通用语言翻译的话，就会额外增加经费支出。

围绕发达国家和发展中国家之间的分歧以及人类生命等语言、习俗、宗教相关的差异，各加盟国之间的见解虽不尽相同，但谋求制定一个国际性文件以涵盖生命伦理这一广泛的问题，各国的出发点还是一致的。最终各方都做出了让步才通过了宣言，我们应该对此给予高度评价，成果就是 2005 年 10 月的联合国教科文组织大会通过了这份宣言。

### 5.3.3　宣言内容

经过上述艰难会谈所达成的宣言方案，不是对此前人类基因组和人类遗传数据领域进行的总结，而是旨在制定出覆盖领域广阔、具有普遍意义的生命伦理相关原则。就其包含的内容而言，有尊重人类和尊重人权，平等、公正，利益和危害，尊重文化多样性，禁止差别化，自主决定，知情同意权，个人隐私和保密，社会责任，利益分配，等等。

宣言是以普遍意义为目标的，这样就能求同存异，避免谈及各国之间因国情不同而在观念上彼此对立的具体问题。下文中将就各部分内容进行解读。

### 1. 关于名称

IBC 的原方案叫作 *Declaration Universal Norms on Bioethics*，

翻译过来叫作"生物伦理相关普遍性规范的宣言",这是一个相当有气魄的名称。但有人认为"Norm"("规范")一词会让人想起法律规范,于是舍弃了这一措辞而采用了现在的名称"世界生物伦理和人权的宣言"。欧洲和发展中国家希望能够将生物伦理和人权连接起来,因此加入了人权(human rights)。于是在前文的人权宣言里,也引用了人权相关的国际法。

**2. 适用范围（第 1 条）及目的（第 2 条）**

适用范围及目的部分不仅限于医学和生命科学,还涉及环境和生物多样性。有人主张对环境也应该明确其适用范围,因为已经订立了与环境相关的国际条约,该宣言又是以生物伦理作为对象,所以各方之间通过妥协,以宣言形式加以公布。

IBC 的原计划方案是希望这个宣言不仅囊括加盟国,还能够适用于区域社会、企业及各种组织。但是,本宣言作为各加盟国政府组成的国际机构——联合国教科文组织的宣言,必须明确指出宣言所针对的对象是国家,同时明文规定对个人、群体、社区、公共或私人机构和公司的有关决策和实践提供指南。

**3. "人的尊严和人权"（第 3 条）、"受益与损害"（第 4 条）以及"自主权与个人责任"（第 5 条）**

该部分列举了生物伦理在原则上的一般性问题。此外还明确指出个人的利益与福祉高于科学以及社会利益。

**4. 同意（第 6 条）及没有能力表示同意的人（第 7 条）**

宣言写道:在进行研究或医疗的过程中,原则上需要获取知情同意权。这里颇具特色的是,明文保护没有能力表示同意的人。因各国的规则不尽相同,规定必须以"遵守国内法律"为前提。对没有能力表示同意的人所要进行的研究,就具体应该采取何种保护措施、如何履行手续等问题进行了诸多探讨,宣言的规定能够提供很好的参考作用。

**5. 人的脆弱性、保护隐私、文化多样性（第 8 条至第 13 条）**

第 8 条是尊重人的脆弱性和人格，这是日本现有的生物伦理指导方针当中尚未涉及的概念。

第 9 条是关于隐私与保密的，第 10 条是平等、公正和公平，第 11 条是不歧视和不诋毁，这些都是现有规则中已经得以明确的条款。

第 12 条是尊重文化多样性和多元性。尊重多样性和多元性是理所当然的，但另一方面则明文规定不得以此侵犯人的尊严、人权和基本自由。

第 13 条是鼓励人与人之间的互助以及推进国际合作。

**6. 社会责任以及健康（第 14 条）**

这是指出人们拥有获得医疗和科学技术权利的条款。列举了应该提供医疗服务和药品、营养和水、改善生活条件和环境、减少贫困和降低文盲率等。作为医疗范例，列举了"妇女和儿童的健康"。另外，还对"生殖相关健康（reproductive health）"也提出了意见，生殖相关健康可能会带来承认堕胎，因此做了如此的规定。

**7. 利益共享（第 15 条）**

该条规定明确指出科学研究成果应该属于全社会，特别指出要与发展中国家共享。在原方案中虽然也对保护知识产权有所谈及，并对世界知识产权组织（WIPO）和世界贸易组织（WTO）的话题进行了讨论，但在本宣言中却只字未提。在国际机构当中，也常常存在业务重床叠架和相互争夺权利的斗争。

**8. 保护后代（第 16 条），保护环境、生物圈和生物多样性（第 17 条）**

第 16 条和第 17 条说明了该宣言并不只是狭隘地对生物伦理进行阐述，还明确指出应该考虑保护后代、环境和生物多样性。

**9. 决策以及应对生物伦理问题、伦理委员会、风险评估及其处理、跨国实施（第 18 条至第 21 条）**

第 18 条至第 21 条规定了前 17 条原则所适用的相关事项。

第 18 条明确指出决策和应对生物伦理问题之际所必须考虑的事项，与社会对话和公开讨论至关重要。

第 19 条明文规定在恰当的时候应该设立独立的、多学科的、多元化的伦理委员会，只是并未对"恰当的时候""独立""多学科""多元化"进行定义或举例说明。

第 20 条规定了风险评估与风险管理的相关办法。因为在 IBC 原案中，风险评估及其管理大多适用于环境领域，具体措辞可以解读为预防原则，所以在生命伦理宣言中，明确将其作为风险评估与风险管理的规定。

第 21 条明文规定了跨国的研究活动。对于此类研究，除了要适用宣言中所规定的原则，还要对资金提供国和研究项目接受国双方进行伦理审查。日本在进行国际研究时，需要考虑哪些国家、哪些原则可以适用，这条规定是值得参考的。

**10. 国家职责（第 22 条）、生物伦理教育培训及信息（第 23 条）、国际合作（第 24 条）**

第 22 条对国家职责做出了言简意赅的规定，需要执行适当的措施以便保证该原则的实施，并且明确指出，应该积极推动设立独立的、多学科的、多元化的伦理委员会。

第 23 条规定了各国应推进生物伦理教育。生物伦理教育起初不在 IBC 提出的原方案之中，是政府专家会谈时追加的条款。

第 24 条明确指出应该促进各国政府之间开展与科学相关的信息和知识的自由交流与共享，并且明确规定应该让发展中国家能够分享到研究成果。

### 11. 联合国教科文组织的后续活动

第 25 条规定了旨在努力促进和推广联合国教科文组织对本宣言所制定的原则。IBC 的原方案是应该监控本宣言的遵守情况和进展情况，规定各国应定期向联合国教科文组织提交报告。但是，作为总干事咨询机构的 IBC 认为"监控"一词不合时宜，主张予以删除，加之有意见认为宣言没有谈及 IBC 的作用也是不合适的，于是就修改成现在的这种主张。

在 IBC 组织当中，主张采取监控各国行动的意见占大多数，在日本上智大学召开的 IBC 大会上，依然有不少委员认为应该在该宣言中加入 IBC 的监控功能条款。

该宣言当中所列条款，很多都是日本及各国现有生物伦理的基本原则，因此并没有对日本政策的改变产生什么压力。不过第 8 条（尊重人的脆弱性和人格）等在日本也得到了实质性的保护，希望在今后的生物伦理学领域能够开展进一步研究。此外，第 7 条（没有能力表示同意的人）和第 21 条（跨国活动）等，应该在以人作为研究对象之际予以参照执行。

宣言的发布并不能完全解决与现有生物伦理相关的全部问题。例如，生命的开始和结束、治疗性克隆、人工终止妊娠、生殖辅助医疗、安乐死或尊严死，等等。很多人指出宣言并没有直接涉及这些世界上意见对立最为激烈的生物伦理相关问题。[9] 但是，该宣言并不是一个试图解决个别问题的方案，而是旨在解释生物伦理的普遍性问题。不过反过来看，能够获得联合国教科文组织加盟国的一致支持，至少这一形式本身就具有重大意义。从某种意义上讲，联合国教科文组织的加盟国之间，就生物伦理的相关问题点和思考方法达成了共识。

## 5.4 教育和人才培养

日本几乎所有的大学医学部都聘用了传授医疗伦理学的教员，医学专业的学生必须学习医疗伦理的课程。现在，因为医师资格国家考试当中有医疗伦理的试题，学生们不得不学习医疗伦理。最近，非医学出身的研究人员或是医学部以外学科的研究人员也开始收集以人类基因组为代表的人类生命由来的试验材料和信息。这就迫切需要对他们进行生物伦理的相关教育。

另一方面，医疗伦理和生物伦理不仅针对学习医学和医疗的人员、从事医疗和研究的人员，而且以人类基因组排序为代表，以人类为对象所进行的研究，也必须接受所在单位伦理审查委员会的审查，这个委员会不仅要有生命科学和医学的专家，还要有人文、社会科学的研究人员和普通民众。我在担任生物伦理/安全对策室主任之时，拥有必要的知识并且能够进行生物伦理、生命科学、医学审查的人才还很少，为此经常受到批评，于是积极要求培养相关人才。因为这是一个迅速受到人们关注的领域，被人批评人才不足也是在所难免的。因此，竞争性基金之一的科学技术振兴调剂费里开始出现人才培养支援一项，也将生物伦理囊括在内了，只是当初从公开募集开始就一直无人应征。在生物伦理领域，大多是以小规模的研究室为主，没有能够开展大规模项目并接受人才培养的基础。

以科学技术振兴调剂费为基础，东京大学研究生院医学系研究科成立了生命、医疗伦理人才培养小组[10]（Center for Biomedical Etheics and Law，简称 CBEL）。该小组在 5 年里作为文部科学省全球化 COE 的资助对象，进一步发展成为东京大学生命、医疗伦理研究中心（UT-CBEL）。该中心在研究伦理、临床伦理、公共政策等各方面进行了跨学科的临床知识积累，以及对这些学科开展有机结合的教育实践，进而通过引领世界各国教育研究基地的国际网络（Global Alliance Biomedical Etheics Center，简称GABEX）的构筑与建设，旨在成为开展生物、医疗伦理教育研究实践的世界性基地。该中心应该是目前日本国内在生物伦理及医疗伦理领域最为充实的组织。研究生院的课程也能够进行世界高水平的研究和教育，在进行下一代从事高水平生物、医疗伦理学研究人员培养的同时，还开设了短期集中课程，以便解释临床现场每天需要直接面对的伦理性问题，培养能够引导恰当解决问题的医疗专业人员。

另外，作为 2008 年度文部科学省的"研究生院教育改革支援项目"之一，采用了"重视生物伦理学，构筑医学系研究生院教育基地的提案"。[11]这是在东海大学教授市川家国主持下推进的项目，旨在培养人才，让从事临床医学等的医学研究人员能够学习到人性理念和接受更加广泛的教育，同时也让人文、社会科学学科出身的人员理解医学、医疗研究。日本的不足之处是"跨学科领域的人才培养"，关于这一点经常为人所诟病。要实现全球化的临床研究，需要推动一个复合型人才团队的建设，这是一项能够创造出共同知识的基础性事业。

在日本，通晓医疗和研究实际情况并能应对生物伦理问题的人才还存在不足的现象。在日本生命伦理学会中，成员大多是研究人员和医疗相关人员，对医疗和研究现场发生的问题能够悉心研究解决之道的学者想必为数不多。不仅在东京大学和东海大学设立了前文所述的"生命、医疗伦理人才培养小组"和"重视生物伦理学、医学系研究生院教育基地"等机构，还在其他大学也建立了此类组织。经过各种各样的讨论，加上所见所闻，让我深深地感受到在各个研究领域内对生物伦理进行同一水准、共同语言且充实的讨论，是一件相当困难的事情。迫切需要我们对生命科学、医学和社会的关系进行广域的研究，积极建设培养人才的组织。

## 5.5 建立普遍性的生物伦理

哲学家加藤尚武教授在《聚汇的伦理学》[12] 一书中这样写道："在执笔撰写本书的过程中，我深刻感受到人文科学、社会科学的所有领域，专业细分化正在取得进展。刑法学和民法学之间依旧壁垒高筑，德国哲学家和法国哲学家之间共同的研究领域消失了，在接近新研究领域的同时，与其他研究领域的关系却渐行渐远。推进信息化的结果，使得研究人员获得一般性信息变得十分容易，准备着手做一项研究而收集的文献资料数量明显增加。其结果就是迫使学者尽量在小范围内收集信息，如果不能高效率地撰写论文，就会失去在学术圈的容身之地。"

这种发展趋势不仅体现在人文科学、社会科学当中，生命科学各个细分的研究领域也是如此。现代社会中最尖端的学问越来越细分，就连生物学、物理学、化学等学科也很难做到对整体进行把握。不过就是针对某个很小领域的研究课题加以总结，写出论文后提交给学术杂志，再经专家审稿并最终出版。而且论文若能发表在影响因子、引用率较高的学术杂志上，就能得到很高的评价。获得博士学位之后，还有一个所谓继续修行的博士后阶段，大家理所当然地想要发表高质量的论文。而一旦成为研究的指导者之后，不仅要在狭小的研究领域内开展研究，还应该从更广阔的视野进行学术讨论。

另外，在科学史研究领域内有人指出："欧洲各国和日本一样，学问不仅是实证性的研究。还需要拥有历史性宏伟壮大的构图，通过媒体对社会普通民众产生影响，也是组成评估学问的重要标准。这对那些拥有悠久文化传统的地区是十分必要的，学问也是文化的一个重要组成部分。"[13] 我也认为这个观点可谓正中问题的要害，评估不应仅仅限于做学问的学术圈，还应该将对社会的影响也纳入学问的评估体系之内。

米本昌平教授指出，日本本身源自非基督教圈，直接植入了20世纪后半叶形成的欧美型生物伦理规范，这并没有很好地与日本根本的文化价值融合起来，一时之间或许将陷入一种欧美价值观过剩的状态。而且生物伦理课题基本上可以视为政治性问题，日本政界和学术界无法应对这个全新的政治性课题是两大主要原因[14]。如果这个看法正确的话，那么在基督教影响下孕育而生的生物伦理能否成立，其本身就是一大问题。在日本，脑死亡和脏器移植属于政治性问题，但人类基因组和人类胚胎干细胞研究相关的生物伦理问题不带有政治性。或许我们应该首先区分哪些问题属于政治性的，哪些问题属于非政治性的。

现代社会要求我们必须综合把握细分化学科的动向，重新构筑知识框架，就如何应对与社会的关系提出具体方案。而且对最尖端的生命科学中所出现的现实问题，应该在理论指导下考虑具体的解决方案。直到20年前为止，"知识分子"一词还一直被使用，往往被视为能够俯视学问全局、能够对其进行讨论的学者。现在虽然也有一些专家学者，但即便将这些人集中在一起，也很难得到确切的解答。学问细分化的今天，迫切需要新型的知识分子。[15] 例如，我们可能需要思考现代医学和人类的幸福。通过高水平的医疗和抗衰老技术，我们已经实现了长寿型的社会，但人们当真幸福吗？

在这种状况下，有人发表了不同的看法，例如，广井良典教授指出，对于现代社会的问题，必须站在多元且综合的立场进行观察，这个问题有可能发展成为大规模的地球伦理问题。从公元前8世纪到公元前 4 世纪，在希腊、印度、中国、以色列等古国所产生的思想存在普遍性的意向。之所以会产生这样的思想，是由于在物质扩张、增长的进程中，人类开始追求精神层面的深化，并对欲望的无限扩大进行抑制，这与现代社会存在共性，因此我们所处的这个时代，也会有些根本性的新思想应运而生。接下来，这个新思想中所包含的概念应该就是有限性与多样性。我认为广井良典教授切实把握住了现代社会的问题点，而不是拘泥于细分化的某个学问，因此，地球伦理具体内容的提出自然也就指日可待了。

　　基于上述状况，一旦我们考虑到普遍性的生命伦理问题，正如前文所述，有关国际性规则的制定及调整就会举步维艰，联合国教科文组织制定原则只是一个阶段性目标，而目前的问题则是在此基础上再进一步是否存在困难。随着生命科学的进展，产生了各种各样的伦理问题、法律问题、社会问题，我认为如今的当务之急，就是相关学术领域的研究人员要针对这些具体的问题在同一个平台上展开争鸣，对一个个具体的问题进行探讨。到了这个时候，我们不仅要引进欧美生命伦理的相关论点，还要考虑如何解决生命科学研究以及医疗一线所出现的问题。由于日本已然是生命科学研究的第一梯队成员，所以生命伦理的范本也就无章可循。另外，还要以这样的探讨为基础，在国会、行政机关展开探讨，然后到国际机构进行协商，如此循序渐进或许比较稳妥。正如本书第 4 章所述，原先的生命伦理原则就是自我决定与知情同意权，我们要站在可能超越现有原则的基础上，有必要对原则本身重新进行审视并加以探讨。比较现实的做法就是通过这样具体的探讨，积极推动生命伦理问题抽象化与普遍化的进程。

## 注释

[1]　菱山丰 . 生命伦理手册 [M]. 筑地书馆（2003），50-55.

[2] Julian Savulescu and Rhodri Saunders.The "Hinxton Group" Considers Transnational Stem Cell Research [R]. Hastings Center Report 36，No. 3（2006），49.

[3] 关于联合国议论的内容，敬请参照下列资料：菱山丰 . 克隆技术的管制——发达国家的应对 [J]. 临床研究：54（1），35；菱山丰 . 生命伦理手册 [J]. 筑地书馆（2003），90-93；和田幹彦 . 法与遗传学 [G]. 法政大学出版局（2005），136-141。

[4] 米本昌平 . 生物政治学——人体管理为何物 [M]. 中公新书（2006），85.

[5] 关于在上智大学举办的联合国国际生命伦理委员会的相关情况与讨论的内容，敬请参照下列资料：上智大学 . 生命伦理的多元性与普遍规范的成果展示报告——第 12 届联合国教科文组织国际生命伦理委员会大会记录。

[6] 联合国教科文组织关于生命伦理的活动，参照 http://www.unesco.org/shs/bioethics。这个网页上除了 3 份宣言以外，联合国教科文组织编写的报告书及会议信息等均有刊载。

[7] 位田隆一 . 联合国教科文组织《人类基因组和人权世界宣言》的考察——关于国际生命伦理委员会问卷调查结果的探讨 [J]. 法学论丛：Vol.114，No.4-5（1999），5.

[8] 位田隆一 . 围绕人类基因组研究的法律与伦理——以联合国教科文组织《人类基因组宣言》为线索 [J]. 法学论丛：Vol. 148, No. 5-6（2001），125.

[9] 町野朔 . 普遍性生命伦理规范的展开——IBC（国际生命伦理委员会）东京会议寄语 [C]. 学术动向 :10（7）（2005），77.

[10] 关于生命、医疗伦理人才培养单元，参照 http://www.cbel.jp/

[11] 参照 http://www.u-tokai.ac.jp/about/gp/2008/007.html

[12] 加藤尚武 . 聚汇的伦理学 [M]. 丸善（2009），184.

[13] 中岛秀人 . 日本的科学 / 技术将会走向何方 [M]. 岩波书店（2006），178.

[14] 同注释 [4]，253-257.

[15] 菱山丰 . 生命伦理问题的应对——思考生命科学与社会的关系 [J]. Biophilia：Vol. 5，No. 2（2009），2-3.

[16] 广井良典 . 重新审视社区社会——纽带、都市、日本社会的未来 [M]. 筑摩新书（2009），251-279.

# 第Ⅲ部分　研究成果对社会的回报

# 第 6 章
## 生命科学和社会经济

### 6.1 基础研究和医疗技术

为什么很多发达国家都在投资生命科学，将人体作为研究对象呢？如果是为了弄清生命机能而开展研究的话，那么将微生物和动物作为研究对象就足够了。但是，为了弄清威胁我们生活和人类的致病原因，研发治疗疾病和维持健康的方法，就要将人类作为生命科学的研究对象。能够进行药物研发的国家，除了日本之外，还有美国、英国、法国、德国、瑞士等少数国家。药品研发不仅需要实现从基础研究到开发的全过程，还需要具备各个研究领域的专门人才，详情敬请参照第 7 章。

基础研究成果最终能够造福于人类，需要经历很多的过程，并且需要大量的资金支持。此外，不仅要支持大学的研究和知识产权保护，还要为确保安全性和有效性的临床试验改进相关制度，改善其运作情况，进一步促进大学、公共研究机构与制药企业、医疗器械厂商等民营企业为首的相关机构开展紧密合作。第Ⅲ部分中将重点探讨作为生命科学研究成果的医疗技术和疾病的关系，以及如何实现研究成果造福于患者的机制建设。

### 6.1.1 疾病结构的变化和医疗技术的发展

20 世纪后半叶，发达国家迅速解决了曾经横行世界的鼠疫和霍乱等急性传染病、肺结核等慢性传染病。取而代之的是，癌症、脑血管疾病、缺血性心脏病、糖尿病、肝硬化等生活习惯病，这些非传染性的慢性疾病大多发生在中年以后，已经成为人类的主要致死原因。这种疾病结构的变化使得国民的平均寿命大幅度提高。[1]

疾病结构的变化促进了新药的开发和医疗技术的发展，这将对医疗费用带来什么样的影响呢？以传染病为主要致死原因的时代，通过抗生素和 X 光机等医疗技术就能够实现治愈疾病、减少患者，进而减少医疗费用的使用。例如，过去被称为国民病的结核病，通过 X 光机可以实现早期发现，用抗生素就能治疗。只不过随着生活环境的改善，过去的结核病已经很少发生了。

但是，现代的生活习惯病通过新药或医疗技术等虽然能够实现对疾病的控制，却很难做到治愈，最终导致医疗技术高度发展的同时也推高了医疗费用。即生活习惯病很少能治愈，大多数情况下都需要通过药品对疾病进行终身控制，从而导致医疗费用上升。例如，我为了治疗高血压，需要医生开出两种处方药，虽然药品能够将血压维持在正常值，但这些药物并不能治愈疾病，不仅今后需要继续服用，而且几乎一生都要持续不断地花费治疗高血压的医疗费用。我使用的处方是 ACE 抑制剂和钙拮抗剂，这是对高血压进行大量医学研究后产生的成果。当然，通过对血管的管理，能够达到降低缺血性心脏病和脑血管疾病的患病风险，从而减少这些疾病对健康的损害。

通过分析研究日本的医疗费用发现，医疗技术的提高、国民收入的提升虽然使医疗服务需求有所增加，但医疗费用的增长也几乎与老龄化趋势同步上升[2]，结果就是水涨船高。从这一分析可以看出，医疗技术是导致医疗费用增加的主要原因。另一方面，例如，CT（电子计算机断层扫描）、MRI（核磁共振成像）、PET（正电子发射计算机断层显像）等技术的进步，需要巨额的投资和维护费用，因而推高了医疗费用，这些统统被称为高价技术；而类似于血液自动分析仪等技术的改进，减少了日常诊疗需要用到的医疗费用，则被称为低价技术。[3] 于是有人认为医疗技术的发展未必一定造成医疗费用的增加。根据这样的意见，似乎可以得出高低相抵的结论。但目前的实际情况是，随着高价技术被广泛用于诊断患者的病情，加之很难做到治愈，最终还是导致医疗费用的增加。

在医疗一线，通过诊断给予患者那些预期有效的药物。此后，如果发现药物无效或有副作用再改用其他药物或酌情增减药量。药效对每个人的作用不同，随着染色体研究的进步，如果能在治疗一线利用该技术，就可以做到事先预测治疗效果和副作用，提高工作效率，从而给患者开出有效力的药物，这样就能抑制医疗费用的增加。[4]

### 6.1.2 从基础研究到医疗

从使用细胞和动物进行研究的基础研究成果，到实际应用并发挥作用为止，我们都知道这一过程需要花费大量的时间和巨额的费用。但是，很多基础研究的成果是不能做成药物的。因此，即便加大对基础研究的科研经费投入，多数国民还是无法立刻感受到成果。例如，远藤章教授获得了 2008 年美国医学界最高荣誉的拉斯克临床医学奖，他在三共制药公司担任研究员时发现了能够降低胆固醇的物质，这是抑制素中的一种"美伐他汀"，那时候是 1973 年。后来美国大型制药企业默克公司通过改良研究出"罗素伐他汀"的抑制素，直到 1987 年才实现产品化。[5] 当年的筑波大学研究生柳泽正史，现在已经是德克萨斯州大学西南医学中心的教授了，他和时任筑波大学教授真崎知生发表论文，宣布发现内皮缩血管因子的血皮缩血管肽是在 1989 年，但血皮素受体阻滞药——"波生坦"在美国获得许可则是 2001 年。[6] 前后一共花去了 12 年时间，在我看来这已经是很快的了。

在东京大学医学科学研究所进行研究的浅野茂隆教授的团队，注意到肺癌患者体内的粒细胞等白血球显著增加，于是对此展开研究，并在 20 世纪 70 年代发现了肺癌细胞产生白血球的细胞内信息传递分子。[7] 这个分子被称为粒细胞集落刺激分子（Granulocyte–Colony Stimulating Factor，简称 G-CSF）。1982 年，接到浅野教授开展共同研究的邀请并在该研究所担任助手的长田重一（现为京都大学教授）通过自己的辛勤努力，对 G-CSF 的基因进行了序列分解并加以解读，这一成果于 1986 年公开发表。[8] 浅野教授的团队和中外制药公司开展合作，研发出了生物药物的转基因型 G-CSF（人粒细胞集落刺激分子），正式开始销售是在 1991 年。[9] 浅野教授写下了这样的感想："从 G-CSF 的发现到创新药物的研制等一系列工作过程中，企业和大学研究人员的利益截然相反，国际专利申请、初期临床试验和此后的疗效状况、医学部的研究……，教育、医疗系统，等等，日本存在各种各样的问题，我真实地感受到国家对此没有形成相关意见。"[10]

正如前文所述，研究室发现的物质能够制成药物需要耗费 10 多年以上的时间。加之基础研究的成果并不是全部都能够直接为医疗所用，更确切地讲，能够成为新药、新治疗方法的却是极少数。这并不意味着基础研究是没有用的，只有一点点地弄清目前尚未知晓的事物，通过不断积累，才能产生新的药品和治疗方法。

## 6.2 各国生命科学政策、医疗政策的比较

### 6.2.1 美国

本节将就包括医疗政策在内的生命科学相关政策进行比较，对象为包括日本在内的发达国家，详情敬请参照表 6-1。

2006 年经合组织国家（OECD）的数据显示，美国的医疗费用占 GDP 的 15.3%、人均 6 714 美元，即便从国家整体来看，其人均水平也比其他国家高出许多。而且其医疗保险制度也与其他发达国家不同，并没有采用全民医保，基本上是靠个人购买民营企业的保险。对老年人提供依靠医疗保险税和保险金运营的保险，对低收入人群提供依靠医疗保险税运营的医疗辅助制度。美国的医疗费用较高，不仅无法提供覆盖全民的医疗保险制度，就连联邦政府负担的医疗费用也仅为 7% 左右，几乎和实行全民医保的经合组织各国处于同样的水平。加之民间其他部门的支出也比较高，这就意味着国民自行支付的负担较重。由于美国的药品价格交由市场机制决定，这就比政府介入市场价格的日本和欧洲要高出不少。因此，世界制药企业和医疗企业如果要想获得利益，就要瞄准美国市场，去美国发展医疗产业。在这方面，日本的制药企业也不例外。不过，世界药品市场规模从 2002 年到 2008 年大约增长了两倍，而拉动世界药品市场增长的美国市场，其增长势头却日益减缓。相对而言，东欧、亚洲和中南美等新兴发展中国家市场快速发展，2008 年，美国市场占全球市场的比例已经跌破40%[11]。但即便如此，一个国家占了世界药品市场的四成左右，依然是一个庞大的市场规模。

表 6-1　日本、美国、英国、德国的生命科学政策比较

| 类　别 | 日　本 | 美　国 | 英　国 | 德　国 |
|---|---|---|---|---|
| 医疗保险 | 全民医保 | 个人为主（正在向着全民医保方向修改） | 全民医保 | 全民医保 |
| 财政 | 保险费＋税收 | 低收入者和老龄人口依靠税收 | 税收 | 保险费 |
| 医疗支出（占 GDP 的比重、人均） | 6.6%（34.1 兆日元）2 670 美元 / 人 2007 年 | 15.3%6 714 美元 / 人 2006 年 | 8.4%2 760 美元 / 人 2006 年 | 10.6%3 371 美元 / 人 2006 年 |
| 生命科学推进政策 | 重点推进领域之一 | 对医学、生命科学研究进行巨额政府投资 | 重视医学、生命科学 | 重视重点领域、基础研究 |
| 生命伦理政策 | 克隆技术管制法，根据国家方针等采取灵活措施 | 以 NIH 等指导方针为中心 | 在法律上对人体受精、胚胎等采取灵活措施 | 通过胚胎保护法、基因工程法等进行严格限制 |
| 平均寿命（2005 年） | 82.3 岁 | 77.9 岁 | 79 岁 | 79.1 岁 |

　　就美国的医学研究而言，卫生部下属的美国国立卫生研究院（National Institutes of Health，简称 NIH）的预算在 2008 年为 290亿美元，2009 年度为 300 亿美元，可见美国在最尖端的医学研究上还是下力气投入了大量的资源。其他发达国家通过建立医疗保障制度，实现了对全民实施平等的医疗保障，而联邦政府却选择了通过"国家力量支持医学、生命科学研究"、向国民提供最尖端医疗的道路。[12]NIH 自主进行了从囊括基础性的染色体研究到精神医学、癌症研究以及临床研究等各种研究，向大学的研究室分配竞争性研究基金。对于 NIH 的独特构成，日本和欧洲找不到相同的范例，这正是第二次世界大战结束后在很短的 50 年时间里，美国的医学、生命科学能够自成体系独立发展，并引领世界发展

的根本动力[13]之所在。从染色体研究、干细胞研究等基础研究，到脏器移植和基因治疗等高难度医疗，美国都走在了世界的最前端。

就生命伦理政策而言，以人为对象的研究根据《国家研究法案》（*National Research Act*）而受到联邦法律的限制，被要求获得知情同意和机构内伦理委员会的审查，有很多课题还受到 NIH 等指导方针的限制。在人类基因组研究方面，还积极尝试将一定比例的研究费用于开展伦理学、法学、社会学等相关研究。而对人类胚胎干细胞（ES 细胞）的研究，美国并不支持此类课题的相关研究，如第 4 章所述，主要原因是受到政治和宗教的极大影响。

综上所述，美国在医疗和医学研究方面，除了人类胚胎干细胞研究以外，还投入了大量的科研经费，其特征是原则上政府很少介入。总结起来就是，支付巨额费用的人们可以享有高度发达的医疗，而贫困的人们却无法获取医疗资源，在获取医疗资源方面存在严重的贫富差距。虽然美国国民支付了高额的医疗费用，加上联邦政府对生命科学投入了科研经费，但美国国民的平均寿命比日本、英国、德国都低。平均寿命虽然不完全是生命科学政策的直接结果，但不失为该政策所带来的结果之一。

从 2009 年 1 月起，奥巴马开始担任美国总统，他希望能够进行医疗制度改革，以便实现同为民主党总统的克林顿当年未能完成的全民医保，类似于建立一个接近全民医保的政策。他在总统选举期间对医疗保险制度做过批评才得以当选，主张应该像其他发达国家那样迅速走向全民医保，但美国国内似乎对他的这一改革持反对意见的力量也很强大。我有幸和专门研究生命伦理的美国人有过交流，根据他的说法，如果实行奥巴马总统所期待的全民医保制度，现在加入民营医疗保险的人们所能够享受的医疗服务范围将会缩小，完全是增加负担却没有带来任何好处的制度。奥巴马政府想要成功引进全民医保制度，应该考虑朝着降低医疗费用的方向进行制度建设的设计。在这种情况下，美国的医疗市场可能会缩小，并将对世界制药企业和医疗器械企业造成影响。

### 6.2.2　英国

从 1946 年起，英国的医疗系统实现了由国家控制下的英国国家医疗服务体系（National Health Service，简称 NHS）向国民提供医疗保障，几乎全靠税收维持运行。该体系基本上是由国家管理医疗服务的供给，并且分配医疗资源。这一制度存在以下几个问题点：[14] 为了实现资源分配，导致管理部门庞大，官僚主义蔓延，而医生和护士等一线服务人员却士气低落，其结果就是医疗质量和效率低下；加之自己不用负担医疗费用，就会加大使用者的道德风险，导致医疗机构发生鱼龙混杂的现象，同时医疗费用也变得过大。正因如此，动摇了英国人对这一体系的信赖，比日本先行一步陷入了医疗崩溃的危机之中，于是英国政府开启了大规模的改革，在历届政府的领导下，积极引进"竞争"和"选择"的观念，开始朝着居民参与型医疗的方向进行改革。[15]

根据外务省整理的《英国科学技术概要》[16]，"英国的人口只占世界的 1%，科学投资额约占世界的 5%，科学论文发表数量占世界的 10%，被引用论文数量占全球的 12%。而且科学研究实施数量仅次于美国，位居世界第 2 位。研究开发的投资总额，虽然比法国、德国少，但论文发表数量和被引用论文数量超过德、法两国，在专利申请方面则不如法国、德国，今后需要努力促进基础研究成果直接、高效地实现产业化"。在研究成果实用化和产业化方面，与以此作为课题的日本存在着共同的问题。

英国在科学技术方面，将重点放在了生命科学研究上。例如，从 DNA 结构排序、老鼠 ES 细胞研究到克隆羊多莉的诞生等成果斐然，并在生殖辅助医疗领域诞生了世界首例体外受精的婴儿。英国政府针对国内进行研发投资的制药企业，实际上采取了默认其高药价的态度，承认其在英国国内获取利益的做法；同时还重组高精尖医学研究机构，充实了用于医疗技术研究的国家财政预算，以便进一步提高其运行效率。[17]

对于生命伦理相关课题，采取了现实可行的政策，即便是自由委托的研究，也不是简单地实行全面禁止，而是通过立法将需要禁止的行为和条件、可以推进的研究方向加以明文规定。例如，对生殖辅助医疗和胚胎的研究，通过制定《人类受精与胚胎学法》加以限制。但是制备人类胚胎干细胞和克隆胚胎会带来新的问题，于是又修改了该法令。为了在某些条件下可以进行研究，英国采取了较为灵活的应对措施。例如，对如何使用皮肤或血液等人体组织做出规定，并于 2004 年 11 月制定了《人体组织法》(*Human Tissue Act*)。该法律针对从生命体获得的脏器和组织的储存、使用，尸体脏器和组织的获取、储存及使用，脏器和组织的展示等问题都做出了明文规定。[18]

### 6.2.3　德国

德国也是实行全民医保制度的国家，其资金来源和英国不同，是来自被保险人所缴纳的保险费。从国家整体上看医疗费用支出，德国的人均水平虽然比日本高一些，但比美国少了许多。日本当年是在学习德国的医疗保险制度和护理保险制度后才进行了本国的制度设计，或许是因为日本医学从明治时期开始就大规模效仿德国的缘故。在英国，社会单位以"个人为主"；德国对其缺陷未能予以完善，而是对"个人为主"进行修正，强调"公共性"。在现实执行过程中，将医保系统建设成社会保障制度是英国政府的考量。在德国，社会的基本单位是"共同体"，而不是谋求实现构成"共同体"元素的个人之间的相互扶助，建立连带具体化的制度进行社会保险是德国政府的考量。[19] 我在 1995 年到 1998 年期间，以科学及环境省秘书的身份在日本驻德大使馆工作。德国的首都当时还在小城市波恩，日本大使馆也在那里，我真切地感受到他们有很强的相互帮助的倾向，附近居民之间相互关心，具有很强的共同体意识。

德国过去在化学领域研究实力很强，诞生了世界级的制药企业。曾经在基础医学和化学方面领先于世界，于是联邦政府也不惜工本来振兴生命科学。联邦教育与研究部将 21 世纪作为生命科学的世纪，并把生命科学作为能够带来经济增长、扩大就业、促进创新的科学技术加以推动。[20]

另外，德国对生命伦理问题采取了严格的政策。对人类胚胎的保护，在克隆羊多莉诞生之前的 1990 年就制定了《胚胎保护法》，严禁制备克隆胚胎，还对转基因制定并执行了严格的限制法令。因为这样的政策，使得德国国内的企业转向海外，有人认为应该对这些限制措施予以松绑，但主张应该继续严格限制的呼声十分强大，最终这些限制法令几乎没有任何松动。德国对人类胚胎干细胞的问题进行了激烈的争论，其结果是继续维持《胚胎保护法》，不认可破坏胚胎的行为。但通过了新的立法，允许进口人类胚胎干细胞用于研究工作。

对那些有必要从基本原则开始讨论，进而实现法制化的问题，德国采取的方法是在联邦议会之下设置审议会（Enquete Kommission），并于 2003 年 3 月成立了"现代医疗法和伦理审议会"[21]。该审议会主要的工作任务就是向议会和政府就立法和政策方面建言献策，由 26 位委员组成，一半成员是联邦议会议员，另一半成员是医学、自然科学、法学、哲学领域的专家学者。该审议会于 2002 年 5 月整理完成了关于基因信息和着床前诊断的总结性报告。总之，德国的政策特征是在立法机构的联邦议会之下进行讨论。

### 6.2.4　日本

日本从 1961 年起，以国家政策的形式实施了全民医保。即日本以强制形式要求全体国民加入医疗保险，只要出示医保卡，在日本国内任何一个医疗机构，原则上都可以得到同一水平、同一价格的医疗服务。日本的国民平均寿命达到 83.2 岁（2005 年），是世界上最长寿的国家。从平均寿命和医疗制度的演变进程来看，日本的医疗政策应该说是取得了很大的成功。不过，日本也存在老龄化社会快速到来、国民医疗费用上升、急救医疗和妇产科医疗体制上的不完善、医保诊断和自由诊断组合的混合诊疗功过难料、医生不足和配比不平衡等各种问题，如何应对这些问题原本就十分棘手。在处理这些问题的过程中，还必须考虑到生命科学的定位问题。

在讨论国家整体医疗费用时，我们使用的概念是国民医疗费。所谓国民医疗费，是指推算医疗机构治疗疾病所需的费用，费用支出包括保险、税收和国民自身负担三大块，支付比例大约是各占 1/3。不过，由于国民医疗费仅指治疗疾病所需的费用，诸如预防和健康管理的费用、提供医疗服务的医疗系统运营的相关费用、医疗机构的运营和设施维护的费用等则被排除在外。因此，日本的保健医疗支出所涵盖的范围和国外大不相同，和国际社会进行比较时，常常备受批评。[22] 本书不是讨论医疗经济的，但为了便于从大处着眼，还是使用了国民医疗费这一概念。

从厚生劳动省 2007 年度国民医疗费的概况 [23] 来看，2007 年度的国民医疗费达到 341 360 亿日元，比上一年度的

331 276 亿日元高出 10 084 亿日元，增加了 3%。国民医疗费占国民所得比重为 9.1%，占 GDP 的比例达 6.6%，人均医疗费为267 200 日元，这些数值比上述国家都低许多，政府的负担依然很小。当然，今后随着老龄化社会的加剧，将会不可避免地带来医疗费用的增加。医疗费仰仗税收和保险，只要能够降低成本和经费支出，就可以尽可能地抑制医疗费支出。对于个人而言，最难能可贵的就是不生病，生病后负担较小则是不得已而求其次。

从经济的角度来看，包括药品和医疗器械在内的医疗领域是一个知识和技术密集型的产业，具有良好的发展前景，并且能够创造就业。正因如此，是不是应该给这个领域增加更多的资金、人才等资源呢？对于国民来说，希望政府对医疗配备更多的资源，以便他们能够获得更高水平的医疗服务。知识密集型的药品产业和医疗器械产业，对于缺乏自然资源、依靠科学技术立国的日本而言是十分重要的产业。日本在创新药物方面，在各个研究领域都储备了人才，具备将其作为一个产业加以发展的能力，而且也应该朝这个方向发展。

因此，日本的当务之急就是，第一，为了促进最尖端研究成果用于医疗，就应该对医疗投入更多的资金。从增加税收的投入、提高保险费，或是增加个人负担三个方法中进行选择，需要全体国民达成共识。第二，应该增加医疗选择的自由度。在这种情况下，需要增加自由诊疗和混合诊疗的部分，富人如果因此能够获得高水平的医疗，那么很可能就会受到医疗不公平的批判。我认为应该在保持现在这样平等地获取高度医疗服务的同时，适当增加自由度，至少可以从扩大混合诊疗范围的方向着手进行改革。第三，强化健康产业发展，利用生命科学研究的成果，进行患病前的预防工作。我们已经有了体检和运动俱乐部等设施，有效利用这些健康相关产业，就能减少税收和保险费的使用，而且对疾病的预防也能够降低医疗费用。我们需要在生命科学和医学的研究成果及健康产业之间寻找到一个商业模式。因此，对那些通过基因检查以及尚未得到验证的学说进行所谓的健康指导，我们需要提高警惕，坚决摒弃此类伪科学的学说，必须在有科学根据的基础上推进产业化。

从过去药品产业的发展情况来看，日本市场并无多少魅力可言。2003 年的市场规模和 1993 年相比较的话，美国市场扩大2.9 倍、英国市场扩大 2.3 倍、德国与法国市场大约各扩大 1.7 倍，日本只扩大了 1.3 倍，这 5 个国家相比，日本的成长率最低，日本市场在世界市场中所处的相对地位下降了许多 [24]。2005 年，日本国内的药品市场规模达到 6.4 兆日元，2006 年上市的新药数量及开发数量为 349 个，居世界第 5 位，与 1996 年相比，在10 年间降低至 0.7 倍。从最近的研究成果来看，生物药品数量比重较低，2001 年至 2005 年之间，在世界认可的新分子化合物当中，日本开发的药品数量只占 15.4%，日本制药企业的研发费用总体为1.17 兆日元，平均一家公司为 858 亿日元。[25] 将日本的药品产业现状在国际上做比较的话，日本的现状非常不乐观。另外，即便重新修改医疗费，现在所面临的情况是医务人员不足以及过重劳动，医疗体系濒临崩溃，所以不大可能削减医生的工资与患者的住院费，加之药品价格持续走低，国内的药品市场缩小，有人指出该产业很难实现大幅度增长 [26]。

但是从微观来看，由于缺少合适的药品，使得药品对产业的贡献度较低，存在很多医疗满意度很低的疾病，迫切期望对这些疾病进行新药品的开发。例如，阿尔茨海默病、肺癌、感统失调症等疾病。对于上述严峻的分析，拜耳药品株式会社（Bayer Yakuhin, Ltd.）董事长荣木宪和认为，老龄化社会的来临将会推高医疗费，扩大对药品的需求，可以预测到药品市场将进一步扩大，必须将医疗作为产业来发展，考虑到医疗需求的增加，他指出日本国内的药品市场还是很有希望的，我对此十分赞同。虽然美国市场的增长率正在下降，但考虑到其他新兴发展中国家的药品市场将会扩大，这些国家与发达国家发生了同样的疾病结构变化，因此对于日本制药企业来说，应该不乏机会。

原本药品产业的研究开发费用占比就比其他产业高，加之生物技术、纳米技术等革新性新技术的发展以及 IT 技术的进步，新型研究工具得以不断被开发出来，创新药物的研究迎来了大变革时期。和过去的药物创新手法相比，现在变得更加高水平化、复杂化、多样化[27]，从而进一步推高了研发费用。制药企业和投资公司如果在日本进行创新药物研发，就需要拥有高水平的人才，能够进行复杂项目的研发。希望那些在生命科学领域拥有博士学位的人才，能够符合这种需求并积极参与进来，大力启用博士人才对培育药品产业来说是至关重要的。但是，被称为巨头的国际大型制药企业辉瑞、拜耳、葛兰素史克、诺华等公司，都裁撤了它们在日本设立的研发据点。例如，同样是国际大型制药企业的默克公司，通过收购万有制药在筑波的研究所而设立了研发创新药物的研究中心，但最终还是决定关闭该研发中心。这些研究所聚集了很多优秀的研究人员，但最终他们都陷入了令人十分尴尬的境地。

此外，从政策方面来看，政府为了实现科学技术振兴，虽然将生命科学作为第 2 期、第 3 期科学技术基本计划的重点领域加以建设，但在经费预算上并不突出，而且在重点领域也没有特殊的照顾。随着老龄化社会的来临，生命科学作为守护国民健康的研究和能够为人类做出贡献的研究，今后将会得到进一步强化。特别是在 2009 年 12 月发表的国家成长战略中，提出了"生命创新"理念，期待该领域研究能够得到强化。但需要注意的是，每一项研究并不是都能如愿以偿地以直观的形式为人们的健康做出贡献。例如，虽然破解了一个糖尿病相关的基因，但却无法立刻对糖尿病的预防和治疗产生作用。希望人们能够理解只有不断积累每个点点滴滴的进步，最终才能获得重大成果，唯有如此才能够振兴这些领域的研究。就日本的生命伦理政策而言，我在本书第Ⅱ部分做了详细的论述，日本政府对每一个问题都制定了法律和行政方针，能够针对现实问题采取灵活应对的措施。

## 注释：

[1]　山崎喜比古，朝仓隆司 . 作为生活方式的健康科学 [G]. 有信堂（2003），1.

[2]　吉田 Atsushi. 日本医疗的问题何在 [M].NTT 出版（2009），264-265.

[3]　真野俊树 . 医疗经济学入门 [M]. 中公新书（2006），149.

[4]　中村祐辅 . 从基因组医学到基因组医疗 [M]. 羊土社（2009），90-110.

[5]　参照 http://www.japanprize.jp/date/prize/2006/outline_of_achiebements_js.swf

[6]　真崎知生 . 药物种类探秘——血管内皮与疾病 [M]. 讲谈社（2004），86-109.

[7]　岸本忠三，中岛彰 . 现代免疫记事 [M]. 讲谈社（2007），192.

[8]　长田重一 . 执着于生命科学的魅力 [J]. 分子消化器疾病：5（2），（2008），90（我的研究简历）。参照 http://www2.mofour.med.kyoto-u.ac.jp/~nagata/Essay/2009-NagataBio.html

[9]　同注释 [7]，193.

[10]　早稻田大学 . 研究者的侧影——浅野茂隆 [OL]. http://www.waseda.jp/scoe/kenkyusya25.pdf.

[11]　八木崇 . 世界医药品市场的结构变化与制药产业的收益基础 [J]. 医药产业政策研究所新闻：No.28（2009），17-21.

[12]　广井良典 . 生命的政治学 [M]. 岩波书店（2006），9.

[13]　挂札坚 . 美国 NIH 的生命科学战略——左右全球研究方法的首脑集团的本来面貌 [M]. 讲谈社 Bluebacks（2004），19.

[14]　同注释 [12]，276.

[15]　竹内和久，竹之下泰志 . 以公平、免费、国营为方针的英国医疗改革 [M].

集英社新书（2009），26.

[16] 参照 http://www.mofaj/gaiko/technology/science/pdf/uktec_gai.pdf

[17] 同注释 [15]，152.

[18] 英国人体组织法概要，参照 http://www.dh.gov.uk/prod_consum_dh/groups/ dh_digitalassets/@en/documents/digitalasset/dh_4109591.pdf

[19] 同注释 [12]，42.

[20] 参照 http://www.bmbf.de/en/1237.php

[21] 德国联邦议会审议答辩——人的尊严与遗传基因信息——现代医疗的法律与伦理（上）[M]. 松田纯，监译. 中野真纪，小椋宗一郎，译. 知泉书馆（2004），XI. 该书是德国联邦议会审议会答辩全文的日文翻译文本。

[22] 同注释 [12]，254.

[23] 参照 http://www.mhlw.go.jp/za/0902/d01/d01.html.

[24] 医疗产业政策研究所. 从国际比较来看日本的制药企业——以财务数据为中心 [DB]. 调查问卷系列：No.23（2004），3.

[25] 科学技术振兴机构研究开发战略中心. 临床医学　科学技术、研究开发的国际比较（2009 年版）[DB]. http://crds.jst.go.jp/output/pdf/09ic05.pdf.

[26] 佐藤健太郎. 医药品危机——78 兆日元市场的急剧震荡 [M]. 新潮新书（2010），113.

[27] 同注释 [24]，11.

# 第 7 章
# 医药品研发的基础研究、临床研究

## 7.1　医药品的研发

### 7.1.1　什么是疗效

正如第 6 章所述，即使在大学的研究室等机构中发现了对治疗疾病有效的物质，这些物质也不可能全部被研发成药品。在几万个备选物质中最终大约只有一个能够被研发成为药品，至于制成药品销售，这期间常常要花费 10 多年的研发时间，并且至少需要 100 亿到 150 亿日元的研发经费。从药品候选物质的化合物到成为药品的全过程如图 7-1 所示。大学或企业对某种疾病的产生原因，需要进行染色体组分析等基础研究，并发现导致该种疾病相关的重要基因（药物靶标发现）。在这个阶段发表的论文，动辄声称将来具备成为治疗药物的可能性，而最终成为药品的化合物大约只有两万分之一 [1]。

首先从致病基因开始研发酵母细胞，并通过动物实验确定对这种疾病能够起到重要作用（药物靶标的检验）。然后分析这种酵母的结构，研究其蛋白质构成，等等，并寻找能够起到阻止功效的物质（先导化合物的发现）。如果能够对酵母细胞起到阻止作用，那么就具有治愈疾

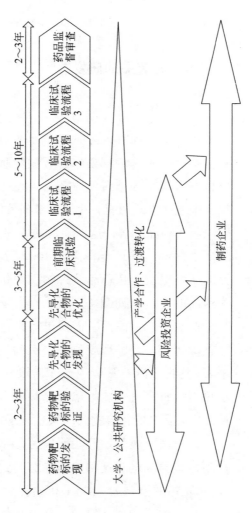

图 7-1 新药研发的流程

病的可能性了（但是，还存在一些物质虽然能够对酵母细胞起到阻止作用，却可能引发体内其他副作用，若最终无法成功阻止酵母细胞的话，那就只能从药品候选目录中剔除出去）。还要进一步对先导化合物进行调整，通过试验来探索毒性小而功效高的物质（先导化合物的优化）。

要想成为药品并进入制造与销售环节，就必须基于《药事法》（即《药品监督管理法》）审查其安全性与有效性，并得到厚生劳动大臣的许可方可实现。为了获得许可，需要对人体进行临床试验，这就是所谓的疗效 [2]。因为疗效是对人体实施的、确认药品候选物质是否安全与有效而进行的试验，所以制定了十分慎重且严格的手续。很多情况下，一些到目前为止未被使用的新物质被直接用于人体试验，因此必须对其安全性进行周密的考量。即便安全且有效，药品在人体内发生反应或许会对人体产生重大影响，从而导致危险的发生，参与临床试验的患者有可能无法达到全员完全治愈的效果。这就必然对参与治疗的患者们造成许多麻烦，如果发生伤害患者的事件将不得不进行治疗和赔偿。因此，在安全性和有效性之间求得平衡是十分重要的。除此之外，对于制药企业和患者而言，不但要考虑安全性和有效性，还需要将成本过高的因素也考虑在内。

在临床试验开始之前，还需要进行临床前试验。所谓的临床前试验，是指使用人类的培养细胞或动物，调查药品候选物质的药效、药理及吸收、分布、代谢、排泄等体内或细胞内的功能（药物动态）；在无毒作用机制且安全用量的情况下，充分研究能否对人体产生期待中的药效、药理作用的试验 [3]。例如，我每天早晨服用的一种叫作血管紧张素转化酶（ACE）抑制剂的高血压药，首先有可能会在胃里被胃酸分解掉，然后在肠道里需要考虑到肠壁吸收颗粒的大小问题，即便能够被顺利吸收，还有可能在输送至肝脏的时候被分解掉，等等，药物靶标的 ACE 蛋白质在抵达之前必须闯过很多关卡。像这样的药物制剂用于人体试验将会产生巨大的伦理问题，必须先行在人类细胞和动物身上进行试验来确认。此外，这种 ACE 抑制剂只需要 10mg 的微量就能控制人体的血压，而在试验实施过程中的微量测定技术也是一项高难度技术。

这些药品即便在动物身上确认了安全性和有效性，但对于人类而言也未必是安全、有效的，最终必须在人身上进行试验。其结果对动物有效而对人无效的情况也很多，而且有些对动物无害对人却有害。如果在进行人体试验前能够确认对人类细胞的安全性和有效性，那么该物质就有望成为药剂；如果显示对人类细胞有害且无效的话，那么在进入需要大量资金的临床试验之前就会被放弃作为药品研发的可能性。但是，由于很难获得人类的肝细胞和心肌细胞，正如第 I 部分所述，我们期待人类 iPS 细胞能够在这个阶段得到应用。

进行临床试验的制药企业、医院及医师必须遵守日本基于《药事法》而制定的《医药品临床试验实施基准相关政令》的规定。这个规定被称为 GCP（Good Clinical Practice），是为了让高质量的药品尽早送到患者手里，以实现审查资料的国际性整合为目的，在日本、美国、欧洲之间进行国际间合作而制定的规定。

制药企业和负责临床试验的医生达成一致意见后，必须向厚生劳动省提交《临床试验实施计划书》（记载"候选药品"的服用量、次数、检查内容 / 时间等项细目的文件）。厚生劳动省对该内容进行调查，如果有疑问就会发出变更等指示。

实施临床试验的医疗机构中设置的临床试验审查委员会（Institutional Review Board，简称 IRB）需要对《临床试验实施计划书》中参与临床试验的被试验者是否拥有人权和福利、"候选药品"具备的效果是否有科学根据、实施临床试验的医师是否合格、是否对参与的患者就临床试验内容进行了正确说明等等进行严格审查。临床试验审查委员会中必须有非医疗专业人员以及与医院无利害关系的人员。从制药公司到实施临床试验的医院，都要接受该委员会的审查，并遵守其发出的指令。还必须将临床试验的目的、方法、期待的效果、预计副作用等不利因素、不再参加临床试验后的治疗方法等通过书面形式告知被试验对象，并且必须以书面形式获得被试验对象的同意。

在实施临床试验的过程中，如果出现了未知的重大副作用的话，那么进行临床试验的制药企业就要向国家报告，为了确保被试验对象的安全，必须重新修改相应的临床试验计划。实施临床试验的企业负责人（监控主管）必须对临床试验进行调查，确认是否遵守了《临床试验实施计划书》和GCP的规定。

人类在外表和性格方面存在千差万别，对药物的反应会因人种、个人而存在诸多差异，加之病情状况也不尽相同，因此，药物可能对一部分患者有效，而对其他患者则完全无效；对一部分人可能有副作用，而对其他人则没有副作用。以此为前提，必须对临床试验规定严格的手续。不仅是日本确立了这样的管理制度，同时也是开发医药品的各国诸多经验积累后的结果。

### 7.1.2　临床试验的流程

临床试验是由第1相（流程1）、第2相（流程2）和第3相（流程3）等试验阶段（相）组成的，通过达成每一个相的目标来推进各个阶段的临床试验。为了确认这些临床试验的疗效并进行准确的评估，必须从有无对照组、是否随机性设定对照组、是否存在有效对照剂或无效对照剂的对照种类、是否进行无偏见测试、是一个机构的临床试验还是多个机构共同的临床试验等诸多设定进行探讨。[4]调查候选药品是否安全、有效，还需要将人分成使用候选药品的人和不使用候选药品的人来进行比较研究，这才是比较理想的情况。这些人群的划分不能随意通过抽签方式进行（随机性设定对照组）。而且对没有使用候选药品的人群，还需要确认他们是否使用了其他药物或无药效的安慰剂（无效对照剂），并与实际有效对照剂进行比较。患者本身是否知道属于哪一类人群，或者医生是否知道自己的患者编入了哪一类人群，等等，这些都需要在计划中一一注明（盲审）。如果医生和患者都不知道将进入哪一个群体，则需要采取最为客观的双盲试验法。判断医药品的安全性和有效性，需要遵循上述科学方法来具体实施。

第 1 相试验是候选药品第一次用于人体的试验，主要是确定其对人体是否安全。因此，不是对患者用药，而是原则上以健康人群中 10~100 人的志愿者作为被试验对象，在确认候选药物多少剂量为安全用量的同时，探讨其吸收、分布、代谢、排泄等人体内的药物动态。近年来，通过使用 PET（正电子放射断层扫描）装置，开发出了非侵入的方式掌握药物动态的技术（分子影像技术）。不过，在明确知悉使用放射线治疗对人体有影响的情况下，将不得对健康人群实施照射。

第 2 相试验是对疾患初期的患者进行的试验，并且是在确保安全的前提下进行药物有效性的试验。第 2 相试验分为前期和后期，前期是确认患者使用药物的安全性、有效性、药物动态，等等；后期是对多数患者确认最适宜的用药剂量，并进行相应的试验，最终确定对患者用药剂量的临床推荐剂量。

第 3 相试验是以数百人至数万人的患者作为试验对象，这是对候选物质的适应征进行临床有效与否的评估及判断的检验，也是该候选药品上市销售前最后阶段的试验，有不少药品因为未能通过该阶段的检验而前功尽弃。为了收集很少见的副作用，必须尽量多收集一些症状病例。而且为了获知候选物质的有效性和安全性，正如前文所述，需要将人群分为摄取候选物质和摄取无效药剂（安慰剂）两种，最好能够对医生和患者进行都不知道摄入何种物质的双盲试验。但是，现在有些人认为没有对那些正在遭受疾病折磨的患者投放有效的药剂，这存在严重的伦理问题。在日本，为了判断新的候选药品的安全性和有效性，通常的做法是将临床中已经确认有效的药品作为对照群，以便防止上述伦理问题的出现。

上市销售后，与临床试验阶段相比，药品将会被大规模使用，于是会出现一些并发症的患者，例如，老年人、儿童、孕妇等在使用该药品时往往还会摄入其他药品，由于长期与这些药物一并被摄入，可能会出现临床试验阶段未曾出现的副作用。因此，上市销售后也需要继续进行安全性确认和临床研究的工作。例如，治疗流行性感冒所使用的奥塞米韦也是通过临床试验后才上市销售的，而在大规模使用之后却发现会导致脑部神经系统出现症状。

除此之外，在确定临床试验的效率和效果时，不仅需要生物学和医学的知识，还需具备统计学的知识。通过对临床试验和临床研究的效果进行统计性分析，不但要分析讨论那些结果性的数据，还需要对确立计划之初参加临床试验的患者症状、属性、人数等进行充分讨论。这就需要通晓生物统计的研究人员，不过目前此类人才严重短缺。

疗效的第 3 相试验结束后，接下来就要等待审查了。以 2007 年被认定的药品审查期间为例，日本政府的审查工作虽然比上一年度缩短了 2.0 个月达到 20.1 个月，但依旧比美国长 10.6 个月，比欧洲长 6.6 个月，日本比欧美审查时间长出不少，常常为世人所诟病。[5] 为此，日本负责审查的独立行政法人医药品医疗器械综合机构（PMDA）增加了人手，强化了临床试验协调机制，努力缩短审查时间。但即便增加了人手，真正具备应对能力的人员依旧缺乏，组织的审查能力还是无法得到提升。

国外已经被用于医疗的药品，在日本却不被认可而无法使用，从而导致了"药品上市延迟"问题的发生。根据对美国及欧洲已经先期上市的药品进行的调查，结果发现与它们的药品上市存在的"药物延迟"时间差长达 4 年之久，可见日本国内着手于药效的时间周期对于制药企业的影响是何等的巨大[6]。

## 7.2　推进临床研究

### 7.2.1　创造革新型医药品、医疗器械的五年战略

2007 年 4 月，以厚生劳动省为中心，文部科学省和经济产业省负责协作，通过和产业界的意见交流，制定了"创造革新型医药品、医疗器械的五年战略"。这个 5 年计划打破了相关省厅的行政壁垒，促进了各省厅间进行合作，推动日本科学技术力量创造出新的医药品和医疗器械。

为了落实强化合作的机制，克服那些阻碍革新性技术开发的不利因素，相关各省在通力合作的基础上，于 2008 年在内阁府设立了"尖端医疗开发特区（超级特区）"，主要负责推进各项制度之间研究资金的使用更加便捷化，以及落实规章制度在各部门之间得以平行协调的机制。

日本在流感领域的研究获得了较高的评价，但临床方面的研究却并不尽然。例如,在刊载基础学科研究成果的《自然》杂志上,日本学者发表的论文数量从 1983 年的 1% 以上，增加到 2002 年

的 5% 以上。而在相应的临床研究杂志 *Lancet* 上，几乎没有刊载过日本学者发表的文章。此外，某调查数据显示，通过比较刊载基础学科论文的 *Nature Medicine*、*Cell*、*Journal of Experimental Medicine* 等，就发表文章的作者国别而言，日本排在美国、德国之后名列第三；而比较同样刊载临床研究论文的 *New England Journal of Medicine*、*Lancet*、*Journal of American Medical Association*（*JAMA*）等，日本排名仅为第 18 位，甚至比位于第 15 名的中国还要落后。[7] 日本虽然在流感领域的基础研究水平很高，但临床方面的研究却不容乐观。

大学的附属医院不仅仅是日常疾病的诊断机构，还应该承担医生和护士等医疗从业人员的人才培养、创造新医疗的临床研究等功能。所谓临床研究，我的理解是包括与新医药品开发相关的研究、使用 iPS 细胞等干细胞分化产生的细胞进行细胞治疗的研究、使用机械和机器人进行新手术的研发、非侵入式成像诊断装置的研发，等等。但时至今日，日本依然以大学增收为出发点，不得不将重点放在了疾病诊断上，从而导致大学附属医院里临床研究的比重持续下降。另外，医学部学生毕业后需要进行为期两年的实习，致使升学进入研究生院的医生数量减少，许多医学部教授都指出这种现象导致学校越来越无力从事研究工作。大学附属医院承担了其他医院所无法进行的高精尖医疗研发的功能，但实际状况却是困难重重、举步维艰。

在日本，由于对开展临床研究及转化型研究的资助体制十分薄弱，基础研究成果很难顺利转化为药物创造，更难抵达新医疗的临床一线，而这种回报社会的成果国民是很难感受到的。导致大学附属医院很难开展临床研究的原因主要有以下几点：从统计分析中能够确认的病例数量比较困难，能够分析大多数病例的生物统计专家较少，需要办理获得患者的知情同意书等伦理性的手续，等等。另外，已经弄清发病机制的治疗药品和较为容易开发的药品均已上市销售，而现在要追求的是第 6 章中讲到的治疗暂时还没有对症药品的疾病。还有就是占日本人死因 1/3 的癌症用药及其治疗方法的研发，像这样的疾病由于还不了解其发病机制，我们对其寄予厚望，大学应该首先关注此类研究。

综上所述，基础研究的成果和临床、临床试验之间的结合迫切需要政策上的支持。上述五年战略中所涉及的相关府省需要通力合作，共同推进政策的实施。

### 7.2.2 人才培养

文部科学省支持设立以培养临床试验相关人才为目标的研究生院（专业院校），同时还会资助那些旨在培养临床研究实施人员、临床研究辅助人员的教学计划。作为设立临床试验疗效专业人才培养的研究生院，具体情况如下所示：2003 年，熊本大学研究生院药学教育部（分子机能药学专业、生命药物科学专业）；2004 年，德岛大学研究生院药科学教育部（新药科学专业、医疗生命药学专业）；2005 年，冈山大学研究生院牙科药学综合研究科（新药生命科学专业）；2006 年，富山大学研究生院医学药学教育部（药学专业、临床药学专业、生命药物科学专业）；2007 年，东京大学研究生院医学系研究科（公共健康医学专业、专职研究生院），岐阜大学研究生院联合新药医疗信息研究科（新药分子科学专业、医疗信息科学专业、与县立岐阜药科大学联合）、京都大学药学研究科（医药创新信息科学专业）；2008 年，东京大学研究生院药学系研究科（综合药学专业）等。这样就强化了以药学系研究生院为主的临床试验型人才的培养。

另外，为了培养临床研究人才及研究辅助人才，政府对表现突出的教学计划予以重点资助，2007 年选中了群马大学、神户大学、山口大学、九州大学、琉球大学及东京慈惠会医科大学的教学计划以及北里大学、庆应义塾大学、顺天堂大学三校合作教学计划 [8]。从 2010 年起，横滨市立大学与进行药品和医疗器械审查的独立行政法人医药品医疗械器综合机构（PMDA）合作，开设了研究生院，开始从医生当中培养临床试验人才。

大学进行这样的人才培养，很难在短时间内显现效果。只有等学生们大学毕业或者结束研究生院学习后成为医生或进入产业界，才能开始积累经验并推进药品的研发工作。由于很难在短期内出成果，所以需要我们立足于长远，耐心等待 5 年、10 年之后才能形成人才培养的综合效果。

### 7.2.3　支持转化型研究、临床研究

正如前文所述，研究生院开展了一些临床研究，也有一些与疗效相关的课题。毕竟单纯依靠一家医院是很难收集大量病例的，加之时至今日一直未能建立起一套能够有效参与目前十分流行的国际临床试验的机制，大学附属医院只能基于药事法，大多采取接受制药企业的委托实施临床试验，或者以医师主导形式自行实施。因此，迫切需要多所大学附属医院或地方医疗机构联合打造一个合作网络，以便分配各机构的职能，相互补充合作，从而提高临床试验的质量，提升临床试验的速度并且降低成本。

例如，为了促使大学附属医院建立一套能够积极引进国际间共同实施临床试验的机制，东京大学、群马大学、千叶大学、筑波大学、东京医科牙科大学、新潟大学于 2006 年 6 月设立了"大学附属医院临床试验联盟"。在九州地区，以 9 家大学附属医院（九州大学、

福冈大学、久留米大学、长崎大学、佐贺大学、大分大学、鹿儿岛大学、产业医科大学、宫崎大学）为中心，于 2004 年 8 月联合九州各地的医疗机构设立了非营利法人 "CReS 九州"。

在上述步骤的基础上，文部科学省从 2007 年度开始，征集大学现有的医、药、理、工各学科的基础研究成果（种子项目），并支持这些成果面向适用于人类的临床研究转化，从而开启了"转化型研究支援推进计划"[9]。该计划的目标是，以那些可能实现医疗实际应用的基础研究成果进行临床应用的机构作为支持对象，基于各期制定的开发战略及药事法的规定，重点支持能够制造试验物质的转化型研究，并且将其发展为研发基地，通过支持这些机构的发展从而实现对整个研发网络的全方位支持。该计划是为了推动将基础研究成果能够高效地向临床转化而开展的基础设施建设，希望能够将那些具有划时代意义的治疗药物、医疗器械等迅速地投入使用，从而回报国民。

为了整合并支持转化型研究的各个研发基地，该计划需要确立以下几点：第一，强化支持转化型研究机构的功能。例如，低分子化合物的研究需要结合开发候选试验物质来制定战略，对着眼于未来的战略以及知识产权的保护、利用等予以支持。第二，为了能够持续地开展转化型研究，必须为那些精通药品开发及产业化的人才、通晓数据分析及实证的生物统计人才、精通医学研究伦理的人才，构筑一整套确保、录用、培养的机制。第三，支持转化型研究的机构及其他机构拥有的种子项目，应着手支持它们向临床研究转化。第四，指定各类援助机构，掌握各个支持转化型研究机构的基本情况（进展情况的管理），形成相互间信息交换的网络，以便对各个机构予以支持。通过该计划，5 年内将有希望的基础研究成果在遵守药事法规定的前提下，达到一个机构能够实施两项临床试验研发的目标。正如本章第 2 节中所述，从基础研究成果到进入临床试验阶段存在诸多困难，所以这个目标算是设定得很高了。

征集的结果是，札幌医科大学（和北海道大学、旭川医科大学共同组成覆盖北海道的先进医学、医疗基地）、东北大学（形成了以医工合作为基础的转化型研究基地、未来医工学治疗开发中心）、东京大学（支持尖端医疗研发基地的形成与实践）、京都大学（形成了创新药物、新型医疗研发的学术团体基地）、大阪大学（形成了 TR 即转化型研究实践的战略型高功能基地）及财团法人尖端医疗振兴财团（推进并支持再生细胞治疗的转化型研究基地）等机构提交的方案得以被认定为转化型研究基地，并选定财团法人尖端医疗振兴财团作为各机构的支援机构。2008 年，政府又认定了九州大学（形成了革新型生物医药医学工程学的医疗技术开发基地）。该计划的推进体制如图 7-2 所示。

为了顺利推进临床试验，厚生劳动省认定了一些临床试验医疗基地和临床试验核心医院。

为了更有效果、更有效率地推行政策，以厚生劳动省为中心、文部科学省配合的形式，除了认定疗效医疗基地、疗效核心医院、推进转化型研究机构之外，从日本医师会、日本制药工业协会的成员中认定并设置了"疗效核心医院""基地医疗机关联合会"。

此外，文部科学省和经济产业省通过紧密协作，正在推进一体化的"转化型研究推进合作事业"。该项目是以实现尖端医疗技术实用化、产业化、迅速惠及国民、进一步加快发展转化型研究为目的，在从大学、研究机构等还处于种子项目阶段向企业主导的事业化方向发展的过程中，给予无缝接轨的支持，这些计划若能实现，那么通过促进临床研发机构的基地化及充实其功能，将会极大地强化日本的临床研究基础。

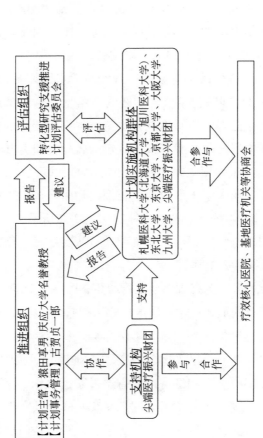

图 7-2 支持转化型研究计划的实施体制

### 7.2.4 为了让研究成果惠及患者

再生医学的研究成果作为医疗之用并惠及患者的途径有两条。一是遵照医师法或医疗法，经历"基础研究→临床前研究→临床研究→先进医疗"的过程，最终达到像手术一样以医生技术进行投保的途径。在这种情况下，需要加大力度认可主治医生对病情的判断，但要将实施此类治疗限定于具备培养技术资质的医疗机构之中。在医师法、医疗法的规定之下进行人类干细胞的临床研究，是根据 2006 年 9 月 1 日由厚生劳动省发布的《人类干细胞用于临床研究的相关指南》进行的。该指南常常被人诟病为过于严苛，但这也迫使大学等研究机构提交的科学实验报告的质量日益提高，并且接近了国际标准。[10]

二是在完成临床前研究之后，基于药事法进入临床试验阶段的途径。由企业或医生主导进行的临床试验，在获得药事认可并投保的前提下，研发的物质就可以作为药品从企业销售给各医疗机构，患者即可直接使用。日本最早使用人体细胞、组织的再生医疗产品并且适用保险的药品，就是 J-TEC（Japan Tissue Engineering Co., Ltd.）公司开发并销售的自身培养表皮——Jace。据说从临床试验到投保耗费了大量的时间和精力。实现自身培养细胞投保的道路尚且面临如此严峻的状况，而本书第 I 部分中所介绍的以 iPS 细胞为代表的以干细胞为基础的细胞治疗，通过新的技术使用他人的细胞来制造所需的细胞、组织等，这些无疑将会更加困难。这些在技术上大都有很高的创新性，过去对其使用的经验、信息都十分缺乏，由于技术的不断进步，使用从人体获取的原材料存在混入一些感染源物质的风险，不得不慎重对待。在实施临床试验之前，为了检查产品至少达到最低限度的质量、安全性，临床试验的委托方需要向厚生劳动大臣提交保证质量、安全的"确认申请",并且必须在严格的行政指导下才能实施。[11]

　　有志于实现再生医疗实用化的研究人员和企业,若在私下里谈话,就会明白他们为了达到这个严格的安全防范机制的要求都不得不煞费苦心。由于该机制没有明确的基准,研究人员不清楚应该准备哪些数据来应对,因此普遍感到不满。另外,负责机制防范的厚生劳动省和 PMDA 虽然也希望能推进有效、安全的产品研发,加快审查速度,但新技术的危险系数毕竟是完全未知的,很难迅速推进这个进程。

　　因此厚生劳动省从 2008 年度起,作为厚生劳动科学研究业务而发起成立了"关于确保使用人类干细胞的细胞、组织加工医药品质量、安全性研究班"(班长:早川尧夫),在此集中探讨人类体性干细胞、人类 ES 细胞、人类 iPS 细胞等干细胞尽早实现实用化的相关课题。[12]2008 年,厚生劳动省对以往的方针和国际动向进行了详细的分析和讨论,将有关确保质量与安全性的要件／要素剥离出来。在药事法的规定下,本着实现临床应用的原则,为了让研究开发、确认申请、评估等变得更加高效、合理,围绕与之相应的技术、制造方法、特性解析方法、质量管理方法和稳定性评估等相关注意事项,以及安全性、有效性等相关数据方面所存在的诸多问题,只要对上述 3 类干细胞各种特化的形态加以汇总,就能找出它们各自的方向性。再生医疗的新型治疗手段,为那些饱受病痛折磨的患者提供了获救的机会,这就要求我们在研究的同时须推进其安全性的讨论。在实施以人为对象的临床研究之际,需要对大学附属医院等实施临床研究的机构进行审查,厚生劳动省负责该审查事宜当然责无旁贷。

　　过去的药事法体系主要是针对低分子化合物的医药品管理模式,对类似于再生医疗的新医疗而言,不少大学及企业的研究人员就能否用其判断安全性和有效性提出了疑问。但是,确立新的规章体系也需要经历安全性和有效性的几个阶段，从这个角度来看，在药品开发的历史中需要注意的几个问题点基本上没有太大的变化。

正如本章第 1 节所述，基础研究的成果要想造福于患者，需要好几个步骤，并闯过数道关卡。理化学研究所经过数年开发的治疗花粉症的物质一直不能实现药品化，花粉症患者对此十分不满，他们认为这是毫无用处的研究。我曾经对这个问题做过说明，即便在基础研究和使用动物的研究方面获得了一些成果，但仍然需要进行以人为对象的临床研究和临床试验，在发达国家中对此有长短不一的相关限制措施。这种措施是行政部门自行规定的，完全不顾及患者的痛楚，当然，政府也因此常常被人诘问能否跳过这些繁琐的规章制度。对于患者而言，如果进行了动物实验，就迫切希望尽快制造出给人使用的药物。但是另一方面，对患者缺乏安全性的药品是绝对不能获得许可的。因此，我们不仅要关注生命科学的重要性，还需要让更多的人理解并支持安全规章的必要性。

最近，患者团体开始参与临床试验方针的制定，举办了一些支持研究工作的活动。在临床研究和新药开发方面，患者的合作参与将会越来越重要。

### 7.2.5　临床研究支援方面的课题

关于药品和医疗器械如何才能为人所用的问题，虽说在动物身上确认了有效性和安全性，但最终还是需要在人类身上予以确认，这就迫切需要得到民众的普遍关心和支持。因此不仅为了确保医疗的安全，而且在此后日复一日的研发过程中，需要得到人们对研发所产生的风险予以理解。本书第Ⅳ部分中所要说明的就是科学传播的相关问题。

例如，本书第 I 部分中所介绍的山中教授及其研发团队，他们制备出来的 iPS 细胞还处于基础研究阶段，并不能立刻用于临床。不过正是有了这些基础研究才有可能进行"转化"，需要对基础研究给予长期、足够的重视。而且以 iPS 细胞为代表的各种基础研究成果，在不久的将来应该作为转化研究对象加以扶持，期待再生医疗能够对医疗事业做出贡献。到目前为止，正在实施的转化型研究大多以大学为中心，缺乏从产品研发视角的切入，当企业接盘继续推进该项目时，就需要对很多非临床试验和临床试验全部推倒重来，因此在效率方面经常遭到诟病。[13] 另外，从国家层面对转化型研究给予扶持的经费，平均每个大学大约是几亿日元，这终究还是杯水车薪，不足以支付从研究到产品的各项经费。基于这样的现实，在强化临床研究基地的同时，还必须加快推进临床试验，建立健全从初期就开始进行产学合作的体制。此外，我们期待研发方和 PMDA 之间紧密合作，从临床前研究开始之前的初期阶段起，就开始共同探讨应该采用哪些数据进行临床试验。

## 7.3　诸多领域的协作

### 7.3.1　学科与学科之间的协作

如果想要将生命科学的成果回报社会，就必须认识到这一科学的涵盖面十分广阔。即不仅限于传统的生物与人类之间的生物学、生化学、医学、药学，还包括在生物材料科学、计算机科学、统计学、物理学、化学、工学等更广阔范围的学科之间进行紧密协作。日本在各大领域都拥有相关的人才，并且研究氛围炽烈，只要我们努力发现存在的各种问题，就能够开发出新的药品和医疗器械。

但是，从日本生命科学相关的研究人员来看，常常发现有些研究人员以及其他领域的研究人员并不擅于合作。有人甚至心平气和地说："如果连这个家伙都能分得到研究经费，那就应该多给我分点，我的成果比他多多了。"我曾经听到过负责分配科研经费政策的主管官员将这种状况称为"耗子扛枪窝里横"。在生命科学研究当中，还有人无所顾忌地说，"我们这个研究领域应该受到重视，你们关注的那个领域，投再多钱也出不了成果"。这种情况往往发生在拥有至少 20 人规模的研究室当中，他们常常在精心研究、切磋学问的过程中发表高质量的论文，同时又在内部保持相互竞争的心态。在实现产学合作之前，要首先进行"学与学"之间的协作，如果能够实现这种协作将会极大地推动研究工作的开展。最近，我们充实并强化了大学的教育研究功能，为了形成卓有成效的国际性教育研究基地、培养领先世界的创造型人才，政府通过了名为 GLOBAL COE 的补助款计划，逐步推动研究人员同仁之间开展合作、建立研究网络。

另外，我们通常认为在医学研究者讨论之际，药学研究者的存在感就会相对较低。而且药学研究的讨论以往大多都是以有机化学和微生物学等基础研究为中心来进行的，但是，他们最近开始强化了对创新药物的介入。当然，医学部和药学部的密切协作和配合是非常必要的，为了克服医药不协调的问题，我们开展了许多活动。例如，通过 GLOBAL COE 补助款计划的就有东京大学"疾病型化学生物学教育研究基地"[14]。该计划在病理分析和革新性新药研究之间实现无缝接轨，培养了研究这些疾病、医药的研究人员，以致那些进行疾病研究、治疗的医学研究人员也都具备了对有机化学和化合物实施筛查的药学研究能力，而研究创新药的药学研究人员也加深了对疾病的理解。日本药学会从 1985 年起，几乎每年都会召开"创新药物讨论会"，在会议上各方人士得以百家争鸣，大学研究人员谈论尖端的基础研究和疾病，企业方谈论企业的成功案例，政府则会谈到药品开发、药品监督管理、专利等政策。[15] 日本药学会还组织了药学界的洽谈会，委托各方进行各个领域的演讲，并汇编成《医疗创新与药物》一书结集出版。[16]

在医学部中，负责所谓基础医学的研究人员和附属医院进行临床工作的医生和研究人员之间存在着较大的距离感。从最近的医疗发展趋势来看，X线、CT、MRI、手术机器人、伽玛刀和粒子治疗设备等都需要工学知识和技术，医学和工学之间的协作也已成为重要的课题。我们以支持转化型研究计划为契机，争取尽量缩短他们之间的距离感。

### 7.3.2 产学协作的现状与问题

在制药企业从事研发工作的佐藤健太郎认为，尚未解决的疑难杂症还有很多，以新型流感为首的威胁人类生存的新型疾病接踵而至，而能够与之进行较量的生产新药的企业只能仰仗药品生产企业，大学及公共研究机构虽然进行了许多卓有成效的研究，但它们无法创造出实用型的新药。[17] 由于大学及公共研究机构是承担教育与研究的组织，并不是以实施临床试验和药品开发为目的的机构，而实施药品开发、组织进行医疗临床试验则是制药企业的强项。因此，要想将卓有成效的研究成果变成医药品的话，大学、公共研究机构与制药企业之间展开密切合作至关重要。

第 6 章中提到的发现内皮素的论文在 *Nature* 上发表之后，很多研究人员和制药企业就拜访了真崎教授的研究室，但就反应速度而言，显然是外国的制药企业捷足先登 [18]。我也咨询过大学医学部和药学部的研究人员，他们都认为国外制药企业与日本大学研究室的接触十分迅速。很多研究人员指出，或许是由于日本制药企业往往在企业内部拥有一套研发组织架构，导致优先进行企业内部成果的开发，而疏于对外部机构研发成果的关注。

另外，咨询日本的制药企业的话，他们常常认为日本大学值得称道的研究成果寥寥无几。因此人们对此颇有微词："日本的制药企业对国内技术表现冷淡，对国外技术却趋之若鹜，特别是总盯着欧美的大学、生物创业企业。"对此，企业方面则指出这是日本的大学对专利制度的考量极不成熟而导致的[19]。我也认为，日本的大学对专利权的态度和企业截然不同，处于极不成熟的状态。但是，我在本书的第Ⅰ部分中也提到了iPS细胞研究及其专利，日本的企业比美国企业的动作要早，它们对专利权态度不成熟的日本大学的研究成果表现出了极大的关注，不过就整体而言，日本的制药企业对国内大学的技术关注度确实不高。

对制药企业的研发经费进行比较的话，从1993年国外的大型、准大型药企来看，平均一家公司的研发经费都是日本企业的3.4倍和1.5倍，到2003年扩大为5.3倍和1.9倍，这不仅是绝对金额的差距，而且差距还在逐年扩大。[20]国外制药企业和日本制药企业的研发经费差距，可能也是导致它们对日本大学态度不同的一大原因。总之，国外制药企业的研发经费比日本的主流企业要多，以致它们能够有足够的经费拉近与日本大学之间的距离。而日本的制药企业，正因为自身研发经费较少，为了实现高效的研发，更应该加强与日本大学及理化学研究所等公共研究机构之间的合作。日本国生命科学研究的预算比美国要少，在企业看来缺乏足够的吸引力。前文中提到的"革新性医药品、医疗器械的五年战略"中就涉及有关政企对话架构的问题，制药企业应该加强和大学、公共研究机构之间的合作，积极开展生命科学研究，这一点值得我们拭目以待。不过，正如本章第1节所述，大学等方面对专利权的申请和使用确实有待进一步探讨。

推进产学协作之际，还需要注意利益相左的情况。例如，对于大学附属医院而言，临床研究是比较重要的，很多大学从医药企业或医疗器械企业获得研究经费，以此开展共同研究、开设讲座。在这种情况下，人们不得不怀疑这会对研究结果和诊疗药品的选定存在诸多影响。共同研究的内容又往往不公开，因此，我们应该要求研究机构和企业从提供研究经费之初开始，就必须将与利益相左的相关事项更加透明地公之于众。[21]

经济产业省"2008 年度高校创新型企业相关基础调查"[22]显示，到 2008 年年底为止，由高校发起的创新型企业为 1 809 家，而且这一数字还在逐年增加。其中，生物相关（生命科学型）的创新型企业约占 35%，所占比例最高。2008 年度设立的创新型企业略有减少，约占 21.8%。这主要是因为对生物相关（生命科学型）企业的风险投资（VC）降低所导致的。药品从实现成功上市到获得利益为止，是十分耗费时间与资金的，生命科学创新型企业在短期内是很难获得利益的，于是导致风险投资的投资欲望降低。

而美国方面的情况又如何呢？目前，作为科学研究的一个方面，美国无疑已经在生命科学革命方面取得了惊人的成功。从整体上看生物技术领域的风投企业（美国称之为新兴企业），虽然它们的销售额在迅速增加，但几乎没有利润，或者依然处于赤字状态而惨淡经营，与人们所期待的业绩相去甚远。[23] 美国的生物风投企业虽然取得了巨大成功，但除了安进（Amgen Astellas BioPharma）和罗氏（Genentech inc.）等企业之外，其他企业也都表现平平。日本的有些药品开发专家们认为，应该以安进和罗氏作为成功案例，培育日本的生物风投企业。但是，因为美国有几个州集中了传统的制药企业，所以生物技术企业正是那些在拥有研究型医院的大学中创业成功的 [24]。

日本与美国一样，期待风投企业能够在高校等学院型研究机构和大型制药企业之间起到桥梁的作用。制药企业往往希望减少研发的风险，风投企业在判断所开发的药品成功率较大时，就会转而由企业自行继续开发。而对于大型制药企业而言，在疗效的第 2 流程前半段，对研发物质的有效性和安全性就已经较为明了了，于是就可以通过风投企业收购那些很可能成功上市销售的研发项目。

文部科学省的科学技术政策研究所进行的"高校风投企业的现状与课题的相关调查（2008—2009）"[25] 显示，生命科学创新型企业有以下几点特征，即生命科学领域的创新型企业和高校的研究机构之间关系密切，更多表现为自行开展研发。在财务方面，比信息通信等其他领域需要更多的资金，很多创新型企业在经常性净利润方面多为赤字。这不仅仅是因为研发和获取专利权都需要不菲的花销，研发时间较长也是一个原因。很多创新型企业都存在资金困难的问题。

从投资方来看，生命科学的研究项目大多存在研发期间长、很长时间内难以实现利润产出、研究成果转化成优质产品的比率低等问题，因此很难调动风投企业的投资兴趣。日本金融机构存放了全体国民的储蓄，但目前这些资金还没有对创新型企业进行投资。这主要是因为日本的金融机构和风险投资存在一大缺点，不具备像美国那样拥有足够对风投企业的技术能力和未来成长进行评估的能力。日本的金融专家积极从大学经营和国家研发等方面对金融和财务进行了分析，从金融角度的分析十分重要，其本身将会对提振企业起到重要作用，期待能为培育创新型企业做出应有的贡献。

### 7.3.3 专利权的获得和使用

日本学习美国的政策，推动高校和公共研究机构开发的研究成果申请专利。于是在 1998 年制定了《大学技术移转促进法》（《TLO 法》），1999 年制定了《日本版拜杜法案》（《产业活力再生特别措施法》第 30 条 )。2004 年推行国立大学法人化之后，采取重视专利的政策，推动科研成果申请专利。虽然过去这些成果都属于国家的权利，但现在高校和公共研究机构可以拥有这些权利，还可以自行提出专利申请，这些机构持有的专利开始逐步增加。关于大学的专利，需要就是否应该获得专利、向哪个国家提交专利保护申请、有关联相似的专利情况如何、获得专利保护后的实施情况如何等几个方面进行深入探讨。

首先，动用来自国民税收的公帑进行研发所获得的专利，能否为机构所垄断是存在疑问的。有一种见解认为，倒不如将这些专利作为共同的知识、技术让人们自由使用。主张应该持有专利的一方认为，这可以促进尽早实现实用化，对保障更多人的健康和康复将起到重要作用；相反，认为不应该将这些成果作为专利进行申请的一方则强调，让更多的人可以自由使用这些成果将会发挥更大的作用。因此，将来需要根据具体情况加以区别对待。

其次就是应该向哪个国家提交专利保护申请。专利保护是提交专利申请国的国内事务，如果在日本提交申请，那么只能在日本国内得到保护。如果在专利申请方面的经费较少，只在日本提交了申请，那么研究成果就不能在其他国家受到保护了。因此，在日本国内从事经营活动的日本企业就必须支付专利使用费，而在国外从事经营活动的企业无须支付专利使用费即可使用该成果。在日本企业看来，只在日本国内申请专利就足够了，最好不要到其他国家申请专利。高校和公共研究机构提交专利申请之时，也需要将这个因素考虑在内。目前药品最大的市场是美国，因此必须在美国提交专利保护。

　　然后要对有关联相似的专利进行探讨。过去的药品是低分子化合物，关于这种化合物往往只有一个或几个专利保护该药物，这就能够保障制药企业的利益。但是，抗体类药品和 RNAi 医疗等生物医药品则与许多专利有关，如果在研发的中途阶段申请专利，就会导致关联相似的专利落入其他研发机构的手中，可能严重妨碍到实用化的进程。关于 iPS 细胞等干细胞的专利也存在同样的问题，因此需要有一整套知识产权保护的规划。[26] 我们虽然很难做到在基础研发阶段就制定出知识产权保护规划，然后开展研究，但如果是特别有希望的研究成果，那么就应该从战略上推进其研发工作，不妨尽早与企业开展合作。

　　最后，根据文部科学省"2008 年度高校产学合作实施状况"[27] 来看，前文提到的日本所有大学的专利费收入达到了 9.9 亿日元，远远不够填补研究费支出，但生命科学领域在申请专利数量、共同研究数量、委托研究数量等方面，比信息通信、环境、材料等领域都高出不少。反观美国，拥有多项转基因基础技术专利的哥伦比亚大学，在 20 年里大约有 3 亿~4 亿美元的专利收益。哈佛大学医学部的附属医院马萨诸塞州综合医院 2003 年的专利收益大约有 4 600 万美元，其中大约一半的收益是来自被称为"恩利（Enbrel）"的治疗类风湿性关节炎的药物。[28] 美国大学在生命科学领域从专利使用费中获益颇多，对大学的运营和研究起到了重要的支持作用。当然，也不是说美国的大学都是诸如此类能够拥有较多专利使用费收入的高校。

　　第 2 章中提到了 iPS 细胞，日本的大学和公共研究机构对此也设立了保护知识产权的相关机构，其成员由一批知识产权方面的专家组成，这和企业的专利保护功能还是有所区别的。大学申请专利的确能够带来专利使用费的收益，但由于不是以制成品作为研发目的，所以在获得专利收益上还是比较困难的。我更期待与其这样，倒不如让日本大学申请的专利通过产学合作的方式得以有效利用。

生命科学领域的专利和其他领域有所不同，需要从伦理上加以探讨。1987 年，哈佛大学菲利普·李德（Philip Leder）研究室培育出来的转基因动物"哈佛鼠"在美国获得了专利。这是对培育出来的动物授予专利，固然首开先河、青史流芳，但是这也凸显了在专利史方面，人类对动物的那种高高在上的俯视态度，完全是在炫耀人类的傲慢，因此某些人对此给予了猛烈的抨击。[29] 那么能否对我们人类细胞授予基因专利呢？这将涉及人类伦理的问题。在专利申请的实际操作中，如果能确定是相同的基因，首先要弄清其功能并满足专利法的基本要求，那么就可以对其盐基序列所具有的化合物授予物质专利。持有乳腺癌基因 BRACA1 和 BRACA2 专利权的美国 Myriad Genetics 公司，为了确保这一基因高昂的测试价格而垄断了该技术，从而限制了人们对乳腺癌基因技术的获取。[30] 总之，生命科学相关的专利事务还存在着许多变数。

## 7.4  研究基础的重要性

### 7.4.1  研究基础的作用

日本的科学技术政策，国家会每隔 5 年按照事先制订的科学技术基本计划按部就班地贯彻实施。第 3 期科学技术基本计划是以 2006 年度至 2010 年度的 5 年时间为期限，重点领域为生命科学，在其所制定的各领域推进战略中，提出了"构筑世界最高水平的生命科学基础"。

正如下文叙述的顺序所示，生物遗传资源和生命信息整合化的数据库是支撑生命科学的基础，欧美在这方面比日本先进。日本为了在国际上确保领先地位，就必须积极推进生命科学研究，构筑巩固的研究基础，并且以此作为科学技术发展的战略重点，加强日本在国际上领先的学科和国际性分工领域的基础。例如，国外的生物遗传资源中心已经开始提供某些实验动物和细胞等生物资源并用于研究，该中心往往会有许多附带条件，在生物资源提供合同上要求研究成果的专利属于该中心，或者注明未经该中心许可不得申请专利，等等。因此，为了加强日本的研究基础，研究战略至关重要。

支撑这些研究基础的就是基础研究，同时也需要对临床研究和药品、医疗器械的研究给予资助。这种基础研究的质量，可以毫不夸张地说足以决定日本大学和公共研究机构的研究质量。此外，产业界也十分关心数据库基础建设的重要性。

### 7.4.2　生物遗传资源

生物遗传资源是指作为用于研究开发材料的生物系统、集团、个体、组织、细胞、DNA，以及这些材料所产生出的信息，等等。[31]要想进行卓有成效的生命科学研究，就需要优质的生物遗传资源。但是毕竟涉及生物，所以准备这些资源存在着诸多问题。

文部科学省设立的生命科学委员会讨论通过了加强生物遗传资源战略的报告书，并且提出了下列问题。[32]生物遗传资源存在的问题当中，最为重要的是这项业务能否持续连贯的问题。生物遗传资源是活的生物，一旦半途而废就无法复原了，这与其他研究材料存在本质的区别。而且因为是生物，所以常常发生变化，这也和其他研究材料截然不同，为了保证其质量，就必须长期不断地培养优秀人才从事此项工作。为了克服这些困难，必须采用与通常研究资助有所不同的资助和评估体系，从知识基础建设开始就要提高到战略性环节加以重视。

生物通常都有个性，如果直接进行研究会导致数据出现混乱，而且无法达到重复再现的要求，就不能成为我们所追求的科学。高质量的研究需要减少其个性，获取其共性。为了能够科学地评估近来的生命科学研究，应尽可能使用背景数据信息一致的生物遗传资源。理化学研究所的生物遗传资源中心收集了老鼠类的实验动物、拟南芥类的实验植物、人类和动物的细胞材料、微生物、动物、人类的 DNA 等基因材料、微生物材料，等等，这些都是进行生命科学研究不可或缺的生物遗传资源。通过整理遗传资源的出处、特性等相关信息，对遗传资源进行高质量管理下的增值和保存，为国内外学者提供"世界高水平的研究基础"。[33] 这其中就包括人类和老鼠的 iPS 细胞。文部科学省和理化学研究所生物遗传资源中心共同推进了国家生物遗传资源项目的建设，支持国立大学等公共机构和大学建设青鳉鱼、牵牛花、西红柿等生物遗传资源[34]（表 7-1）。

表 7-1　国家生物遗传资源项目实施课题

| 生 物 种 类 | | 代 表 机 构 |
|---|---|---|
| 实验动物 | 老鼠 | 理化学研究所生物遗传资源中心 |
| | 野鼠 | 京都大学研究生院研究科附属动物实验设施 |
| | 果蝇 | 京都工艺纤维大学果蝇遗传资源中心 |
| | 线粒虫 | 东京女子医科大学医学部 |
| | 热带有爪蛙 | 广岛大学研究生院理学研究科附属两栖生物类研究设施 |
| | 蚕 | 九州大学研究生院农学研究院 |
| | 青鳉鱼 | 自然科学研究机构基础生物学研究所 |
| | 斑马鱼 | 理化学研究所脑科学综合研究中心 |
| | 日本猴 | 自然科学研究机构生理学研究所 |

续表

| 生物种类 | | 代表机构 |
|---|---|---|
| 实验植物 | 海鞘、日本海羽星 | 京都大学研究生院理学研究科 |
| | 拟南芥 | 理化学研究所生物遗传资源中心 |
| | 稻 | 信息、系统研究机构国立遗传学研究所系统生物研究中心 |
| | 小麦 | 京都大学研究生院农学研究科 |
| | 大麦 | 冈山大学研究生院农学研究科 |
| | 藻类 | 国立环境研究所 |
| | 菊花类 | 广岛大学研究生院理学研究科附属植物基因保管实验设施 |
| | 牵牛花 | 九州大学研究生院理学研究院 |
| 实验植物 | 莲、大豆 | 宫崎大学边缘学科科学实验综合中心 |
| | 西红柿 | 筑波大学基因实验中心 |

例如，寿命短、繁殖能力强的老鼠，很容易就能观察其一生以及数量的增殖状况，很多研究室将老鼠作为实验标本。随着转基因技术的发展，研发出了带有各种疾病的实验老鼠。患有高血压和高血脂等病症的实验老鼠，为弄清其致病机理和创新药物，研发起到了重要的作用。但是，对于抑郁症和精神分裂症而言，与人脑相比，结构过于简单的实验老鼠就不能作为实验标本了。于是，普通猕猴（卷尾猴科）就会经常作为脑科学研究的实验标本。

今后，我们需要和美国、欧洲、亚洲各国能够提供生物遗传资源的机构展开合作，需要建设并强化一个能够囊括国内外提供生物遗传资源的稳定体制，如此一来，就能实现材料提供合同（Material Transfer Agreement，简称 MTA）的简洁化和一站式服务。许多专家指出，必须从资源使用者的需求出发进行体制建设。[35] 日本的资源如果也能被国外所使用，这不仅仅是对国际做出了贡献，还将为日本获得研发领域的标准制定权。

由于生物遗传资源并不显眼，也几乎不为国民所熟知，但它是生命科学研究发展所不可或缺的要素，起到的是无名英雄般的重要作用。

### 7.4.3　数据库

生命科学的研究对象包括基因、蛋白质等分子领域，以及细胞、脏器、器官、个体、集团等，从各种研究当中产生了各种各样的数据。近年来，以能够高速解析 DNA 序列的序列分析仪为代表，各种检测仪器实现了精密化、高速化，于是我们就能从中获得大量的数据，通过分析这些数据产生出新的认知，我们称之为"数据驱动"。加上以往对生物所进行的研究，只要大量分析现有数据，就能从中找到新的发现。

不过，因为不同的研究人员对数据的保存形式不尽相同，并没有采用统一的模式，所以往往有人认为数据的信赖度很低。加之这些研究是使用公共资金开展工作的，因此单凭论文形式发表成果并不能交差了事，而是必须将获得的数据公开，让所有的人都能使用这些数据。如果能够将这些数据整理成数据库，不仅对生命科学研究能够形成有效的机制，还能惠及医疗、民营企业以及社会大众。这不仅限于学界，产业界也迫切希望能够对数据库加强整合、维持及运营，以便进一步充实并强化数据库的建设。[36]

对于很多研究人员来说，将研究成果申请专利或发表论文就可以视为研究已经告一段落了，在研究人员之间还很难建立起将研究成果的数据进行相互沟通、实现共享的意识。而且，从研究中获得的数据还没有加以总结，无法做到让其他研究人员得心应手地使用。此外，业内也没有在研究结束之后建立起一套完整的规则，促使研究产生的数据登录到数据库中，推动并保证其他研究人员和用户能够自由地接入。

为此，文部科学省制定并调整了综合科学技术会议的方针，为了更加便捷地使用日本的生命科学相关数据，加强数据整合，促进将其用于基础技术开发与人才培养，达到构建数据库的综合利用目标，目前正在大力推动"生命科学综合数据项目"的建设。不过该项目以年限来划分进度，这实际上并不适用于数据库的整备，毕竟基础性工作需要踏踏实实地持之以恒。于是，综合科学技术会议提出了一些疑义，并将该项目和JST的分析复杂生物资料中心合并，变成了JST的一项长期业务。通过以上措施，将这些可以视为国民财产的研究成果——数据库进行了整合，很多研究人员和产业界也能够较为便利地使用该数据，我们期待进一步利用这些研究成果，为国家和国际社会做出更大的贡献。

虽说是整合，但随着信息技术日新月异的进步，也不用将这些数据集中于某个特定之处。通过配备超大型的计算机，所有的数据和数据库并不需要集中于一处。使用最新的信息技术，可以将散落在各处的数据库整合起来加以利用，还能对这些数据进行分析，产生新的知识。如果能够将分散的数据库加以综合利用，就能打破现有的府（总理府）、省（部委）及研究机构之间的条块分割。外部如果能够连接府与省的研究成果数据库，用户就能横向使用相关的数据库了。

不过正如前文所述，生命科学各个领域的研究人员存在"耗子扛枪窝里横"的情况，这也十分不利于数据库的整合。而已经自行公开的研究人员也会抱怨，已经全部公开了，就没有必要再做什么整合了。加之工作人员对整合工作过于热情，这在持有数据的研究人员看来，很容易被误解为自己辛辛苦苦获得的数据被强行要求公开了。除了应该在公共研究基金申请要求中明确告知有义务向数据库提交数据之外，同时还需要让研究人员理解有必要在研究人员之间进行数据共享。

与人体相关的数据，在第 4 章中已经有所涉及，因为存在保护个人隐私的伦理性、法律性的问题，必须密切关注数据库的公开场合。

### 7.4.4 基础研究的重要性

很多人常常发问，振兴基础研究将会给纳税的国民带来什么好处呢？毋庸讳言，这对国民的生活不仅没有直接影响，政府还要为基础研究支付更多的税收公帑，普通民众很难从中获得实际的感受。这一点将在第 9 章的科学传播中详细论述。

药品产业是从科学中产生的，是一个旨在从科学到产生利益的产业，并且被认为是一个建立在科学基础之上的商业模式。[37]不过，某些基础研究即便有了成果，也不能迅速转化为药物研发。从第 6 章中所举例的斯达汀（Statin）、G-CSF、内皮素（endothelin）等案例可知，一种药品的成药需要不断进行庞大的基础研究。如果从基础研究中无法产生成果的话，就失去了能够回报社会的种子。因此，即便建立了一套回报社会的机制，如果没有基础研究的成果，就无法有效地利用这套机制。日本制药工业协会在对政策进行意见交换时，代表某制药企业的出席人员提出了意见，他认为文部科学省不要总是考虑大学和产业界的合作，恰恰应该在推动基础研究的政策方面多下功夫。大学的强项就是应该强化民营企业所难以投入的基础研究，产业界也才会给予更多的合作。目前人们普遍的印象是，产业界希望进一步加强产学合作，但在企业中进行实际应用研发的人员是不是也应该多理解大学基础研究的重要性呢。

所有的生命活动中，都是细胞内蛋白质在发挥作用。遗传基因虽然已将蛋白质编码，但承担生命活动的毕竟还是蛋白质，因此仅仅研究遗传基因是无法弄清生命活动和疾病的。在脑活动、免疫功能、癌症等生物体功能和疾病中，多种蛋白质起到了重要的作用。而且很多药品也是通过控制与疾病相关的蛋白质，才能发挥治疗疾病的作用。因此，对蛋白质进行战略性研究显然就是当务之急，文部科学省实施了"瞄准蛋白质研究计划"[38]。在"瞄准蛋白质研究计划"中，用到了目前为止大约 3 000 种蛋白质相关项目的研究成果和研究基础（NMR 及 X 射线结晶构成分析设施等），那些依靠现在的技术水平还无法弄清其结构，但对学术研究和振兴产业具有重要作用的蛋白质被选作研究对象，研发能够分析高难度的蛋白质结构和机能的技术，以期弄清目标蛋白质的构造和机能。"技术开发研究"的内容主要是制备蛋白质试验材料的"生产"、分析立体结构的"解析"以及控制其机能的"控制"等，"目标研究"主要从分析基本生命现象、对医学 / 药学的贡献、能应用于食品 / 环境等产业的角度着手，从而弄清目标蛋白质群的结构和机能。只有弄清了蛋白质的立体结构和机能，才有可能设计出控制其机能的化合物，从而提高新药的效率。从最近的蛋白质研究情况来看，过去或许需要研究人员穷尽一生才能弄清的立体结构，现在变得轻而易举，很多硕士研究生的论文也经常提到此类研究。

　　要想实现回报社会、解决社会上常见的疾病，就必须对基础研究加大力度。考虑到日本的未来，药品和医疗器械的开发是十分重要的业务。要想实现回报社会，需要制定长远的计划和战略，加强基础研究尤为重要，它能够起到种子的作用，是发展的基础。中国、韩国、新加坡等国正在穷追不舍[39]，如今又被美国越甩越远，我们不能总停留在空喊阶段，而是应该扎扎实实地加大支持那些需要大量时间才能实现产业化的基础研究，这对于考量日本生命科学的未来才是当务之急。

## 注释：

[1] 参照 http://www.jpma.or.jp/event/campaign/campaign2009/。该主页是日本制药工业协会在 2009 年度为某个药品举办宣传活动时对其制造流程所进行的解说，非常通俗易懂。

[2] 厚生劳动省的疗效的主页，http://www.mhlw.go.jp/topics/bukyoku/isei/chiken/index.html

[3] 真崎知生. 药物种类探秘——血管内皮与疾病 [M]. 讲谈社（2004），194.

[4] 椿广计，藤田利治，佐藤俊哉. 今后的临床试验——医药品的科学评估——原理与方法 [M]. 朝仓书店（1999），3-5.

[5] 安天邦章，小野俊介. 日本新医药品的开发期限——认可审查期限与临床研发期限 [J]. 医药产业政策研究所新闻：No.28（2008），24-29.

[6] 石桥庆太. 针对缩短新药认可延迟所应解决的课题——基于制药企业调查问卷的分析 [J]. 医药产业政策研究所新闻：No.24（2009），17-20.

[7] 高岛登志郎. 日本国临床医学研究的现状与国际比较 [J]. 医药产业政策研究所新闻：No.25（2010），18-23.

[8] 参照 http://www.mext.go.jp/b_menu/houdou/19/07/07072516/002.htm

[9] 关于转化型研究支援推进计划，参照 http://www.tr.mext.go.jp/outline/index.html

[10] 松山晃文. 再生医疗研究大国日本走向再生医疗的进程（根据确保再生医疗品的质量、安全性过程中所必需的最低限度要求事项中的明文规定，以加速实现再生医疗与回报社会为目标）[J]. 再生医疗：Vol. 9, No. 1（2010），100-104.

[11] 岳北和宏，广濑志弘，鹿野真弓，早川尧夫. 药品监督认可与病理——面向再生医疗的早期实用化而对使用细胞、组织的产品进行审查 [J]. 病理与临床：Vol. 27, No.4（2019），386-391.

[12] 早川尧夫，等. 关于确保人类（自己）体性干细胞加工医疗品的质量以及安全性的指南（中期报告）[J]. 再生医疗：Vol. 9, No. 1（2010），116-127.

[13] 远藤康浩，田中纮一. 再生医疗的现状分析——企业调查问卷的调查结果 [J]. 再生医疗：Vol. 9, No. 1（2010），105-110.

[14] 参照 http://www.chem-bio-gcoe.com/index.html

[15] 社团法人日本药学会 . 医疗创新与药品的影响 [G]. 丸善 Planet（2008），94–95.

[16] 同注释 [15]

[17] 佐藤健太郎 . 医药品危机——78 兆日元市场的急剧震荡 [M]. 新潮新书（2010），182–183.

[18] 同注释 [3]，91.

[19] 松本弥生，坂田恒昭 . 制药创新中的开放模式 [G] // 元桥一之 . 日本的生物创新——开放创新的进展与医药品产业的课题：白桃书房（2009），95.

[20] 医药产业政策研究所 . 从国际比较来看日本的制药企业——以财务数据为中心 [DB]. 调查问卷系列：No. 23（2004），35.

[21] 赤林郎 . 医疗伦理入门 [G]. 劲草书房（2005），340–341.

[22] 参照 http://www.meti.go.jp/policy/innovation_corp/whatsnew/fy20vn.pdf

[23] Gary P Pisano. 科学、商业的挑战——对生物产业失败从本质上进行检验 [M]. 池村千秋，译 . 日经 BP 公司（2008），22–23.

[24] You don't know him, but he may be the biggest winner in U.S. healthcare reform. So who loses?[N].Time，November 2，2009，22–25.

[25] 文部科学省科学技术政策研究所第 3 调查组小仓都 . 高校风投企业的现状与课题的相关调查，2007—2008[R].http://www.nistep.go.jp/achiev/ftx/jpn/mat173j/pdf/mat173j01.pdf.

[26] 松山晃文 . 高校校办企业无法取得系列成果的原因何在——从知识产权的观点进行探讨 [J]. 再生医疗：Vol. 8, No. 3（2009），80–84.

[27] 参照 http://www.mext.go.jp/a_menu/shinkou/sangaku/__icsFiles/afieldfile/2009/07/30/1282374_1_2.pdf

[28] 同注释 [23]，20–21.

[29] Philip R Reilly. 林肯的 DNA 与遗传学的冒险 [M]. 高野利也，译 . 岩波书店（2003），367.

[30] 隅藏康一 . 遗传基因专利与生命伦理 [J]. 生命伦理：Vol.14, No.1( 2004），20–27.

[31] 科学技术、学术审议会研究计划、评估分科委员会生命科学委员会生物遗传资源建设战略作业分会（2006 年 6 月 28 日）旨在生物资源建设战略的报告书。参照 http://www.lifescience.mext.go.jp/download/report/report_bio.pdf

[32] 同注释 [31]

[33] 关于理化学研究所生物资源中心各项业务内容，参照 http://www.brc.rikengo.jp

[34] 关于国家生物资源计划的内容，参照 http://www.nbrp.jp/

[35] 生命科学委员会 . 新型生命科学研究的构筑与展开 [G]. 第 4 期科学技术基本规划中生命科学研究的基本方向（2009），10.

[36] 科学技术、学术审议会研究计划、评估分科委员会生命科学委员会 . 生命科学信息基础建设作业分会生命科学数据库整合、维护、运用的基本原则。

[37] 同注释 [23]，18-19.

[38] 关于目标蛋白质研究计划，参照 http://www.tannpaku.org/

[39] 每日新闻科学环境部 . 面对亚洲的压力，日本的研究者该怎么办 . 理科系列白皮书 3[G] 讲谈社文库（2009），60-123.

# 第Ⅳ部分　生命科学与科学传播

# 第 8 章
# 研究中的学术不端和对科学的信赖

## 8.1　连续发生的学术不端及其背景

2005 年 12 月，韩国首尔大学教授黄禹锡（Hwang Useok）发表论文声称：克隆人类的胚胎干细胞制备成功并且从中提取出了 ES 细胞云云，结果被证明纯属捏造，这对韩国科学界乃至全世界科学界都造成了巨大的冲击。不仅如此，他在试验中要求女性提供卵子的过程也存在诸多问题[1]。

2004 年 2 月，黄禹锡造假丑闻还没有被揭穿，我刚好在位于纽约郊外的生物伦理智库企业黑斯廷斯中心读到了《纽约时报》对他的长篇专访文章[2]。他将成功制备克隆人类的胚胎干细胞和 ES 细胞的研究发表在 Science 上，负责发行 Science 的 AAAS（美国科学促进会）还在西雅图召开的年度大会上邀请他出席。当时，美国联邦政府对 ES 细胞研究进行了严格限制，AAAS 的做法也是意在反抗这一政策，以便推动人类 ES 细胞研究。

正如第 4 章所述，人类克隆胚胎涉及伦理性问题，该研究在国际范围内一直没有太大进展。在这样的背景之下，黄教授的研究团队很容易就得到了人类卵子，随后成功制备出了人类胚胎并公开发表，由此引起全球同行的关注，韩国政府不惜倾国之力支持该研究。因为韩国已经走在了世界前面，日本也有一部分学者提出应该尽量加快人类克隆胚胎的研究。因为黄禹锡是第一位被韩国政府授予"韩国最高科学家"称号的研究人员，很多人都认为他或许有望为韩国拿到第一个诺贝尔奖，所以他的造假事实对韩国造成了巨大冲击。哺乳动物的克隆技术在 1998 年就已经诞生了克隆羊多莉，因此就算是克隆人类胚胎技术成功，其科学意义其实也不是很大。

日本在最尖端领域进行科学研究的科学家们也接连发生了学术不端，2005 年 5 月在大阪医学部及同年 9 月在东京大学研究生院工学系研究科发现了数据造假行为[3]，综合科学技术会议成员也被指控存在不当使用研究经费的问题，等等。此外，还发生了抗震强度造假事件以及隐瞒汽车设计缺陷，等等，技术上的行为不端还牵扯到社会问题。本文所论述的生命科学领域不仅要研究复杂的事物，还要对是否存在数据捏造、造假等行为保持高度警惕[4]。

这些不端行为会导致国民对科学技术的信任感降低，并对国民的安全和健康造成影响，从而引发深层次的社会问题。有人或许会认为，如果不端行为仅仅是学术论文问题的话，那就不会对社会造成直接的影响。但事实并非如此，例如，在医学上的研究，基于其结果而开展的研究有很多，将来就会对人们的健康造成影响。数据造假和论文抄袭会导致国民对科学技术的信任感降低，从而减少对科学技术研究的预算分配，进而影响日本未来的发展。

文部科学省的科学技术、学术审议会下辖的"关于研究活动学术不端行为特别委员会"整理了一份报告《对研究活动学术不端的应对指南》[5]，对导致不端行为发生的背景做了分析。竞争性资金、竞争环境和竞争意识的固化，随着研究水平的提高，必须获得更多竞争性资金的压力日益增大。加之研究人员职位的流动性增强，一方面推动了研究的发展，同时也加剧了获得职位的竞争。还有就是缺乏对学生和青年研究人员进行研究活动本质与方法、研究伦理方面的教育。随着研究竞争的加剧，竞争性资金的增加和研究人员的增加，从事科研的环境已经和以前截然不同了，但管理科研人员的意识和研究行为的相关制度没有跟上时代的步伐，依旧墨守成规。

## 8.2 日本学术会议的应对措施

日本学术会议是人文/社会科学、生命科学、理工学等学界的代表机构，由 210 名会员和 2 000 名合作会员组成，直接隶属于内阁府，这在发达国家的学术团体中极为罕见，是政府组成机构的一部分。日本学术会议通过修改会员选举办法，强化政策建言功能，等等，在 2005 年 10 月进行了改组。为配合改组工作，我在当年 7 月进入日本学术会议，主要负责科学研究的学术不端问题。

日本学术会议长期以来一直在对科学不端行为进行探讨，分别于 2004 年、2005 年发布了《防止科学不端行为》[6]《科学不端行为的现状与对策：面向科学家群体的自律》[7] 等报告书。日本学术会议几乎代表了所有学问领域，虽然一心想要实现此类问题的自律，但此后依然饱受国内外的各种批评。

日本学术会议在 2005 年秋冬之际进行了改组，电视新闻曝光了前文所述的国内外论文造假和科研经费使用不当等问题，在日本学术会议的会员之间，深刻感受到民众对科学和科学家的信任感正在下降的危机。通常情况下，日本学术会议的活动一般不太受到社会的关注，而代表科学界的日本学术会议将如何处置此类科研上的不端行为却受到媒体的热议。而且会员中很多人意识到这可能并不是一时之间的偶发现象，或许早已是冰冻三尺非一日之寒。日本学术会议中的多数人则认为，不应该直到东窗事发才采取行动，而是应该通过科学家之间的相互交流，主动采取内部应对措施。

日本学术会议开始讨论过去的措施，不仅制定了科学工作的"行动规范"来杜绝科研不端，还提出了科学工作者应该怎么做的问题，并且专门设立了"科学工作者行动规范检讨委员会"（委员长浅岛诚，日本学术会议副会长、东京大学教授）。慢条斯理的处理将会导致民众对科学的信任感降低，最后该委员会于2005年12月28日召开了第一次碰头会，2006年4月底之前举行了6次集中审议会，在4月召开的日本学术会议例行大会上提交了相关议案草案。该草案由东京大学研究生院工学系研究科教授笠木伸英主持编订。草案涉及的研究学科囊括数学、物理学、化学、生物学、医学、药学、农学、环境学、信息学、工学、哲学、心理学、史学、教育学、社会学、法学、政治学、经济学，等等。检讨委员会认为该机构只是日本学术会议组成的一部分，并不适合制定覆盖如此广泛范围的行动规范。加之这是日本学术会议自行制定的规范，对日本学术会议以外的科研人员缺乏约束力，使得规范的制定陷入尴尬局面。于是，他们将草案提交到全体会员都有出席资格的大会进行商议，总结并制成了日本学术会议的提案，然后将该提案送交全国各地的大学、科研机构、学会等2 800多个团体，广泛听取他们的意见。

此时的日本学术会议提案由四个部分组成。一是时任会长黑川清的书简——"科学工作者伦理的构建"。这是向各送交机构请求予以配合的说明性文件，对后述三个文件的意义进行了说明。

　　二是"科学工作者的行动规范"（暂定版）。所谓的暂定版，是考虑到要听取相关机构意见后方能制定最终版。"科学工作者的行动规范"（暂定版）包括以下几点内容。

　　（1）科学工作者得到社会的信任与托付，进行自主且自律的科学研究，促进科学的健康发展，必须遵守科学工作者的基本行动规范。

　　（2）前文已经就科学的意义、科学工作者的定义、学问的自由和科学工作者的责任等理念进行了说明。"科学工作者"包括技术工作者是职业性研究人员的情形。

　　（3）包括"科学工作者的责任""科学工作者的行动""自我钻研""说明与公开""研究活动""遵守法律""保护研究对象""与他人保持适当的关系""排除差别""回避利益冲突""创造研究环境"等项目，讲述了各研究领域共同的问题。

　　基于对该行动规范的问卷调查结果，"科学工作者行动规范检讨委员会"整理出了最终方案，在 2006 年 10 月召开的日本学术会议大会上再次讨论并获得通过。

　　三是"贯彻科学工作者的自律行动"。这是对相关机构要求执行自主性措施的函件，要点如下。

　　（1）教育、研究机构、学术协会、研究资金提供机构应促进科学工作者诚实且自律的行动，并能自主引进相关机制。

　　（2）引进相关机制，设置能够就造假、篡改、抄袭等不端行为提出异议或举报的窗口。

　　（3）充实伦理教育。

　　四是就"科学工作者的行动规范"（暂定版）对各机构的意见进行调查，以及各机构对研究中的学术不端行为所采取措施的现状也要进行调查。日本学术会议若将决定的事情强迫要求相关机构执行，势必无法获得对方的理解；若只是通知性质则无法传达日本学术会议的危机意识。另外，考虑到行动规范可能还没有在科学工作者、学会、大学中得以贯彻；于是在听取相关机构意见时，还需要对各机构如何对现行行动规范和处罚科研不端行为的机制等进行调查。那些被认定为学术不端的科研人员如果不服所属机构的判罚，是否应该设立可以向外部机构提出申述的机制，《科学不端行为的现状与对策：面向科学家群体的自律》和"科学工作者行动规范检讨委员会"也就此类意见进行了调查。

通过这一系列的努力，日本学术会议最终取得了一致意见。为了制定能够达到涵盖全部学科的文件，进行了超乎事先预估的庞大整理工作。学科方法和情况各不相同，并且使用的语言也不尽相同。例如，在生命科学领域，研究参与者往往指的是被实验对象，但在其他学科，指的是合作参与研究的研究人员。而以物质和物理现象为对象的学科，则根本不存在被实验对象。正因为存在这些差异，为了恢复人们对科学与学问的信任，必须采取必要的措施并保持危机意识，因此有必要整理成书面形式的规定。整理出书面的规定条例只是一个出发点，通过对条例进行不断的修订，大学和学会终将采取措施取缔科研中的学术不端行为。

## 8.3　科学工作者的反应

### 8.3.1　树立实践型的研究伦理

科学工作者和技术工作者对实际发生的科研不端行为，往往试图从现实的、妥当的判断加以解决。此时，不能任由个人情绪或感情随意判断，需要以上述行动规范为基础才不至于做出误判。

科学工作者和技术工作者都是见解不凡的专家，原本都有自我约束的准则，以此获得社会和民众的信任。但是由于人类又很容易犯错误，科学工作者和技术工作者在这个方面也并不例外。我们不是要任意宣扬原则，而是为了朝着更好的方向前进，需要从这些具有实质意义的观点中提炼出原则性的东西。完全杜绝不端行为是十分困难的，只是要设计出一套制度让不端行为不易发生，或在发生的情况下有相应的应对措施。本文所介绍的日本学术会议采取的措施也正是基于这样的出发点。

在和活跃在科研一线的科研工作者进行意见交流时，我听到了一些消极的声音。为防范科研不端行为，实验笔记不能使用活页，教授的印鉴必须定期盖章等，对这些细致的地方如此规定未免过于烦琐（使用活页是不恰当的，又需要教授的监督）。为了防止科研经费的不当使用，规定十分严格，强化了监管，但由此导致繁文缛节增多也会制约研究的开展，何况科学研究和技术开发本来就需要自由宽松的环境。当然，自由也需要承担相应的责任，所以需要建立一套科学工作者的自律规则，并且得到社会的支持。

当然，也存在一些在实际中很难适用规则的情况。例如，就数据收集而言，能否断言某人是在造假或篡改，也许可以理解成对数据的解读不同，如何判断这些具体问题是十分困难的。从科学的历史来看，新的发现和理论往往都是颠覆以前的学说才得以前进的。以前的学说错了或者被颠覆了，不能视为以前的研究就是不端行为。而且如果没有得到当事人的配合，很难对这些科研上的不端行为进行调查或判定。

如果发生对大学和研究机构的判定不服的情况，有些人提出了一个提案，那些被认为被定为学术不端的科学工作者可以谋求包括日本学术会议之外的外部机构进行裁决。这些外部机构拥有强制调查的权限和能力，并且当事者将遵守该机构的裁决，那么或许就能解决这些不端行为了。但是，在调查学术不端行为时，就会涉及学术自由和大学自治等问题，如果大学、研究机构及科学工作者当事人不主动配合就无法进行调查，因此这还称不上是一个现实可行的方案。如果给予这些机构权限，那么就需要配套编列相应的人员与预算，这就导致赋予日本学术会议的外部机构调查和裁决权的方案最终没能获得通过。

要求科学工作者和大学等研究机构遵守日本学术会议提出的"行动规范"不仅错综复杂，而且旷日持久、成本高昂。有人认为应该如同实验需要实验药品、研发需要配件那样，为达到遵守"行动规范"的目标就要建立一套制度和手续来促进科研的顺利进行。如果大学和企业等组织不能促使下属的科学工作者和技术工作者遵守"行动规范"，那么必将演变成社会问题，大学和企业将失信于社会，必将受到更大的损失。我们需要一种危机管理，其意义与本书第Ⅱ部分所述之生命伦理相关问题存在共性。除了研究本身之外，科学技术对社会的影响越大，就越需要在知识产权、生命伦理、科研不端行为、宣传等领域加强建设。

### 8.3.2　教育学生

关于实验数据和调查数据的获取方法、实验笔记的写法、利益冲突情况下的处置措施，等等，以往这些内容大多是由各研究室或所属机构通过师承来学习，在研究的同时进行这些教育也是十分重要的。不过，随着研究生院的扩招，研究生和博士后研究人员的增加，科研上的竞争日趋激烈，从大学和研究生阶段开始就有必要开展防止科研不端行为的体系化教育。我也给本科生和研究生讲授过研究伦理的课程，研究生对此还有所理解并表示关注，而本科生则完全不明白其重要性。

美国科学院发行了一本叫作 *On Being a Scientist* 的小册子。日本将其翻译为《希望成为科学家的人：什么才是科学工作者负责任的行动》（池内了译，化学同人出版社，1996年）并公开出版。该书是写给青年学者的，序言中写道："本书主要分析科研人员在理解科学活动的伦理性基础和进行科学研究之际，可能遇到的个人及职业上的问题。"虽然是一本很薄的书，但案例研究和参考文献充足。加之组成美国科学院的美国国家工程院（National Academy of Engineering）和医学研究所（Institute of Medicine）也参与了编写，其内容不仅限于理学，工学和医学等理科研究都能适用。为了对这些年轻的科学工作者进行伦理和行动规范教育，美国科学界所采取的措施是值得称道的。相较于美国科学院重点对青年学者进行教育，日本学术会议是以包括学术大家在内的全体科学工作者作为防范对象。

### 8.3.3 是否需要行政介入

另外，对于科研方面发生的不端行为，行政机关应该采取什么样的措施呢？对于科研经费的不当使用，行政领导也会从其可以判断的范围出发制定相应的行政机关规则，并在实际中执行。但是关于研究工作是否存在不端的问题，行政机关就无法进行判断了。

2007年12月，日本分子生物学会、日本生化学会的青年学者委员召开了学术不端问题研讨会。会议主席是京都大学教授山中伸弥和九州大学活体防御研究所教授中山敬一，发言人是京都大学教授柳田充弘、《论文捏造》一书的作者因此书一举成名而担任电视节目主管的NHK松村秀以及本人。会议之所以要求我发言，不仅仅是因为我担任生命科学课的课长，还因为我参与了上述日本学术会议的相关活动。因为有很多青年学者参加此次会议，大家都对这一问题表示出了极大的关心。在会议上，一些青年学者就学术不端行为提出了下列问题：行政机关是否应该更多介入？是否也应该设立类似于美国卫生部（Department of Health）下辖的科研诚实办公室（Office of Research Integrity）那样的组织？我认为数据造假和论文抄袭等科研上的不端行为，原则上应该属于科学工作者、技术工作者的自律问题，首先应该是我们科研群体考虑的问题，不应该轻易地交由行政处理。我们理解青年学者的科研工作十分繁重，但也要尽可能多地创造机会让他们学习科学和社会的关系，以及日本宪法保护学问自由的重要性，由此深感本科和研究生教育的重要性。本书的第 9 章将会讲述，有人指出科学技术应该实行文官控制，为了反驳这种指责，也为了提高社会对科学技术的信赖度，我认为必须提高科学家群体的自律性。

## 注释：

[1] Josephine Johnston.Paying Donors:Exploring the Arguments[R].Hastings Center Report 36, No.1（2006），28-31.

[2] 关于纽约时报的报道，参照 http://www.nytimes.com/2004/02/17/science/17CONV.html?scp=73&sq=human%20cloning%20Korean%20scientist&st=cse

[3] 松村秀 . 捏造论文 [M]. 中公新书，（2006），6-8.

[4] 石黑武彦 . 科学的社会化综合症 [M]. 岩波书店，（2007），9.

[5] 参照 http://www.mext.go.jp/b_menu/shingi/gijyutu/gijyutu12/houkoku/06082316/001.pdf

[6] 参照 http://www.scj.go.jp/ja/info/kohyo/pdf/kohyo-18-t995-1.pdf

[7] 参照 http://www.scj.go.jp/ja/info/kohyo/pdf/kohyo-19-t1031-8.pdf

# 第 9 章
# 生命科学和社会的关系

## 9.1　社会中的科学和为社会的科学

### 9.1.1　世界科学大会的世界宣言

1999 年 6 月，联合国教科文组织和 ICSU（国际科学理事会）合作，在匈牙利布达佩斯举办了"世界科学大会"[1]。大会的目的就是要对新形势做出回应，毕竟社会对科学抱有期待，随着人类与社会的发展而提出的课题急需应对，为了促进科学发展我们应该如何努力的问题也要予以验证。这是一次将科学和社会的关系放在世界范围内进行考量、从科学角度解决社会课题的大会。在即将步入 21 世纪之际，这是一次令人反思科学在过去所发挥的作用，思考科学应该如何面向新世纪的重要机会。

各国代表团、国际机构、NGO、各国科学院等大约 1 800 人出席了此次世界科学大会。日本除了 13 位政府代表以外，以时任日本学术会议会长的吉川弘之为首的日本代表团、驻联合国教科文组织的日本相关机构等也一同出席了大会。

此次大会分为三大主题，进行了全体大会演讲和分科委员会讨论，详情如下：①"科学：

成果、缺点、挑战"；②"社会中的科学"；③"新的承诺"。

会议成果就是通过了《关于使用科学和科学知识的世界宣言》以及《科学日程表：行动的框架》。我们不妨首先来分析一下对世界科学技术政策产生影响的《关于使用科学和科学知识的世界宣言》。该宣言明确提出了应该遵守的指导原则，即为了实现可持续发展，就要确保与社会、教育相匹配的科学能够取得进展，促进国际间的科学合作，还要确保科学的和平利用。而且宣言在前言中提出，科学应该为全人类服务，为实现科学地创造和利用知识，必须积极地对信息进行民主讨论。宣言由以下四个部分构成。

**1. 科学的目的在于求知，知识的目的在于进步**

该部分论述了传统科学的意义。即科学的意义在于，科学知识在自然、社会领域所创造出的新知识，不仅丰富了教育、智慧、文化的内涵，同时还带来了技术的进步，创造出了经济利益。科学内部为了促进自发性的发展和进步，就必须大力推动基础研究。进而还论述了政府部门和民营部门所应承担的责任，指出二者应该对科学研究提供资助，并且进行紧密合作、相互配合。

**2. 科学的目的在于和平**

该部分论述了科学工作者国际合作的意义，对世界安全以及不同国家之间、不同社会之间、不同文化之间的和平共处，做出了重要的建设性贡献。国家和社会为了解决各种纷争的产生原因，应该认识到如何利用自然科学、社会科学、技术力量才是当务之急。因此，科学可以对和平做出贡献。

**3. 科学的目的在于研发**

该部分阐述了在帮助发展中国家的开发过程中科学的作用。对于经济、社会、文化乃至我们念兹在兹的环境开发而言，科学都是不可或缺的基础，为了培养民众适当且均衡的科学、技术能力，必须对每一项教育研究事业予以高质量的援助。无差别、全阶段、全方位的教育是广义上寻求民主主义和可持续发展的必要条件，能够帮助发展中国家实现民主发展。科学能力的培养需要区域、国际的合作，实现科学的进步需要各种形式的合作。对于联合国机构来说，帮助发展中国家是一个重大课题；而对于日本的科学技术政策相关人士而言，这个领域其实并不熟悉，因此我们应该对如何为国际社会做出贡献的问题给予更多的关注。

　　各国都对科学制定了相关的国家战略和机制，设立财政支援机构，使之服务于研发，并且希望强化科学在实现可持续发展过程中的作用。此外，需要对知识产权进行保护，通过科学知识的普及可以实现科学振兴和回报社会，所以还必须采取强化知识产权保护和科学知识普及的措施。

　　**4. 社会中的科学、为社会服务的科学**

　　这是该宣言中最值得关注的部分。将科学研究中获得的知识加以利用，必须以人类福祉为目的，尊重人类的尊严、权利以及全球性环境。在科学实践、科学知识利用以及技术应用的过程中，必须处理好伦理问题，应在各国创设合理的架构，让科学工作者具备高度的伦理意识。另外，对待科学不可厚此薄彼，不能只是消极地应对来自社会、伦理的呼声，而是要最大限度地发挥出科学工作者集体的力量，主动发展顺应人类需求的科学。

　　2009 年 11 月，在纪念世界科学大会 10 周年之际，匈牙利科学院、联合国教科文组织、国际科学大会（ICSU）、欧盟（EC）在布达佩斯共同举办了世界科学论坛“知识和未来”（World Science Forum“Knowledge and Future”）。

　　**9.1.2　社会中的科学、为社会服务的科学**

　　从科学技术政策的视角出发，世界科学大会的宣言中最受人关注的，就是对社会中的科学、为社会服务的科学这个根本性问题从正面进行了论述。过去，传统科学主要是求知的科学，是在知识好奇心驱动下以挑战真理为中心的。但是，近年来科学增加了两大作用，即为发展经济做贡献和解决地球环境问题。同时，生命伦理问题日益受到重视，科学在社会中应该如何定位的问题尤其受到关注。对科学技术政策造诣颇深的原文部科学省科学技术、学术政策局长有本建男认为，该宣言对 21 世纪的科学技术发展方向和科学工作者群体的行动规范具有重要影响。"为社会服务的科学"是援引时任 ICSU 会长 J. 勒普琴科的发言，这是 21 世纪科学技术和社会之间的契约，如果对此类意识问题进行讨论的话，就需要突破科学工作者的范围，加入政治家和企业家，并超越理科与文科的学科界限，使之扩展至全球。[2] 科学技术和社会、政治、产业有着密切联系，社会和科学技术的交集部分囊括了普通市民、大学和公共研究机构里的各个学科领域的研究人员、企业家和企业中的研究人员、政治家和行政官僚，等等。在这个交集之中，相互之间对对方的知识和经验表示尊敬是十分重要的。和自己掌握的知识与经验不同，否定他人是不能产生新知识的。例如，大学运营和民营企业经营是截然不同的，企业经营者必须采用企业经营的方法，大学的运营法则不能否定企业的经营方法。

为知识服务的科学与英国科学技术政策研究专家迈克尔·吉本斯（Michael Gibbons）所主张的模式论中的模式 1 是相同的。模式 1 是以往科学的思维方式，研究的方向和研究的评估都是由科学工作者团体决定的，与科学技术相关的各种问题都封闭在科学工作者群体内部。新近提出的模式 2 是这样的：需要解决的问题的设定，应该取决于科学应用的逻辑性；社会和经济的需求则决定问题的大框架，大量研究人员参与解决问题。该模式在负责制定欧洲科学技术政策的人员当中获得了许多支持。[3] 模式 2 的思维模式就是注重"为社会服务的科学"理念。如此考量科学和社会的关系固然饱受非议，不过也得到了很多人的支持。

从社会关系的角度出发来思考科学技术政策，首先应该尊重学术自由和大学自治。将哪个领域作为研究重点，如何制定伦理性的原则，如何解决问题，等等，应该超越科学工作者群体的范围，积极吸纳更多相关人士的观点，从而集思广益、产生智慧。但是，对于个别研究的方向而言，还是应该将其限制在法律准则的框架之内，学术自由则交由研究人员负责；在个别研究出现问题的情况下，首先应遵循大学自治的精神，交由大学进行检查、讨论。基于上述认识，我认为应该借鉴一下拿来主义，大家不妨思考一下社会中的生命科学、为社会服务的生命科学。

## 9.2  日本的科学与社会

### 9.2.1  日本的近代化和科学技术

日本为什么能够在以最尖端的生命科学研究为代表的科学技术研发领域长盛不衰呢？日本不是最近才突然开始积极发展科学技术研究的，我们需要追溯历史，通盘考量。

日本的近代化和科学技术的发展，不应简单地理解为明治维新之后从西欧引进技术而发展起来的。其实恰恰是在明治维新之前就奠定了日本技术发展的基础。例如，日本刀近乎艺术的锻造技术、从种子岛传入并在日本工匠手中发扬光大的火绳枪制造技术、室町幕府末期形成的以书院造为代表的日本传统建筑、支撑起消费型都市的江户匠人、以日式商船为核心的发达物流，等等，这些在明治维新之前就已经出现的技术基础才是近代技术得以扎根于日本的关键所在。另外，常有人说西欧传入的技术和日本的传统属于"同种嫁接"[4]。2009 年去世的法国人类学家列维－斯特劳斯（Claude Lévi-Strauss）[5]在 1985 年到日本进行演讲时指出，19 世纪中叶的欧洲和美国是工业和机械文明最为先进的国家，但这并不表示欧美在所有领域都领先于世界。例如，在炼钢业和有机化学方面落后于日本的锻造技术和酿造技术，可能这就是今天日本在生物技术上取得领先的原因。日本在明治时期引进的技术并不是单方面接受，因为之前一直存在着能够吸收技术的土壤。日本从战国时期到江户时期，经过长期准备并进入了成熟期，这才有了明治时期近代化之花的盛开。[6]有本建男认为，日本引进近代科学技术制度始于 19 世纪 70 年代，正好处于欧洲各国对现代科学技术实施制度化并且经历了数十年的节点上，对于作为后起之秀的日本而言，可以参考、比较发达国家最新的做法，采取最有效率的方法实现超越。[7]

因此，正是因为存在明治之前的传统技术，日本无须大费周章就吸收了从欧洲引进的近代科学技术的制度化。基于以上两点，日本实现了科学技术的引进与发展。

### 9.2.2 科学技术和社会的关系

科学技术和社会二者之间常常相互影响，正如本章第 1 节所述，日本在明治时期之前就已经有了近代科学技术，那么科学技术和社会之间的关系也存在着同样漫长的历史，而我们对科学技术和社会关系的讨论却不常提及。从 20 世纪 90 年代开始，人们日益关注全球变暖、人类基因组解析和克隆技术等问题。这不仅仅是日本独有的现象，正如本章第 1 节中提到的 1999 年世界科学大会的召开，这一时期讨论科学技术和社会的关系是一种世界性的现象。

科学技术社会论专业教授、大阪大学小林传司认为，科学技术与社会之间发生摩擦的事例增加了不少，在过去并没有发生过如此这般非常不和谐的关系；而同时期日益明显的变化，具体来说，就是从 20 世纪 90 年代开始科学技术和社会关系的变化，其实是从 20 世纪 70 年代开始的。[8] 从事科学史、科学哲学研究的中山茂树教授在 1981 年出版的专著[9] 中指出，日本在 1968 年出现了大量纷争，社会中的科学存在模式也发生了变化，还讲述了公害、核电站、转基因等当时社会与科学的相关问题。这些问题在当时就以不同的形式出现了，并且与当今的社会紧密相关。例如，公害问题，当时主要是大气污染和水质污染问题，现在则体现为世界范围内的环境问题；就转基因技术而言，当时主要对该技术会产生不可预知的生物而感到不安，但现在则是对转基因食品感到不安。

本书第 Ⅱ 部分提到的从生命科学中产生出的新问题（超越自我）也日益受到人们的关注。原子能发电大约占到日本全部电力的三成，这在当时并不是一个很大的问题，但此后发生了切尔诺贝利核电站事故、文殊号液态钠泄漏事故、东海村核临界事故，等等，核电安全性问题一直持续至今。切尔诺贝利核电站事故发生之时，刚好是我进入原科学技术厅工作的第二年，正在原子能安全处任职；东海村核临界事故发生之时，我在放射线医学综合研究所负责收治患者和事故处理等工作。这些亲身经历使我深深地感受到原子能和社会问题密切相关，确保安全和充分交流至关重要。

明治以后的近代化，科学技术和社会的关系一直没有表面化，但科学技术和社会的关系在 1970 年前后日益受到重视，就连政策方面也经常提及。而且随着 20 世纪 90 年代的科学技术发展和人文、社会科学的深化，讨论的次数越来越多。这就意味着，我们至少已经用了 40 年的时间正式思考了科学技术与社会的问题，已经积累了不少经验。

### 9.2.3 对生命科学的期待与不安

20 世纪后半期，科学技术的发展提高了更多人的生活质量，并且促进了全世界的社会经济发展。同时也给我们的社会带来了许多堪称科学之里影的负面问题，例如，本章第 1 节中提到的从 20 世纪 70 年代开始产生的环境问题、操控生命等相关问题。京都大学教授石黑武彦从事工学研究，他将科学和技术产生的各种令人烦恼的病状称为"科学综合征"[10]。

生命科学作为科学技术的一部分，关注的问题是在本书第Ⅱ部分中提到的最尖端研究中的生命伦理问题，本书没有直接提及的脑死亡、肝脏移植、转基因作物等问题，以及那些无法直接简单回答的新问题。生命科学是最容易导致"科学综合征"的研究领域。当然，生命科学主要是针对以诊断和治疗困难的疾病与新型流感为代表的新兴、复兴型感冒疾病，以新的医疗和药物开发为基础，同时也和农作物 / 家畜改良、农业振兴、粮食问题的解决有所关联，并且在推进植物研究、改进全球变暖、改善环境问题等方面将起到重要作用。也就是说，需要将生命科学作为社会中的科学、为社会服务的科学加以讨论，并且为其设立一个单独的学科。

2007 年 11 月 29 日—12 月 9 日，内阁府实施了"科学技术和社会的舆论调查"[11]。该调查以 3 000 人作为调查对象，有效回答率达到 55.6%。通过调查，回答如果有机会"想要问问"的科学工作者和技术工作者的人数达 1 007 人，对于他们具体想要询问哪些与科学技术有关的问题，回答"地球环境问题"的比例最高，达到 61.3%；其次是回答"生命相关的科学技术和医疗技术（生命科学、生物技术等）"，达到 52.4%。与上一次 2004 年的调查相比，关心"生命相关的科学技术和医疗技术（生命科学、生物技术等）"的比率从 46.2% 上升到 52.4%；而对期待发展的科学技术领域，有 47.8% 的人选择了"食品（农林水产品）的生产和健康的增进、维持"。该调查进一步询问了对科学技术发展感到有什么不安，回答"转基因食品的安全性"的人数最高，达到 59.7%。从该舆论调查中可以看出，民众对生命科学的期望很高，同时又感到最为不安。正如前文所述，因为生命科学是一个与我们的健康、疾病、粮食、环境等日常生活有着密切联系的学科，于是出现了这个调查结果。

该调查还询问了是否关心科学技术的需求及其相关话题，回答"关心"的人达到了 61.1%，比上一次 2004 年调查的 52.7% 高出了不少。研究科学传播、进化生物学、科学史的渡边政隆博士认为，这种人数上升是因为从 2007 年 11 月开始对京都大学教授山中伸弥的 iPS 细胞进行了大量报道的缘故。[12] 因为早间的咨询节目 Wide Show 对其有所报道，所以被很多人所熟知，于是人们在这个时候的调查中很自然地就直接回答"关心"了。

东京大学教授藤垣裕子指出，科学研究通常包含未知的部分，需要科学工作者通过日复一日的努力和各种试错试验才能弄清未知部分，现在很多被认为是真知灼见的知识，不久之后或许就会被新发现的事实所否定。[13] 例如，iPS 细胞研究和脑科学研究等最尖端的研究，可以说是一个日新月异的研究领域。思考科学与社会的关系时，她明确指出科学技术当中存在两种情况，即经常改头换面的最尖端科学和已经被公认并得以确立的科学。与那些常常改头换面的最尖端的科学研究相比，让民众感到不安或有可能成为社会问题的恰恰是那些大致上得以确立并广泛应用于医疗和食品等已经深入社会的科学技术。内阁府的调查显示，对"转基因食品的安全性"感到不安的人达到了六成以上，转基因食品相关技术就是一项比较成熟的技术。

克隆技术和人类 ES 细胞等在实验室阶段就饱受伦理、法学、社会问题的困扰，而对 iPS 细胞在实验室中取得的成果却寄予了厚望，这些都是现代社会的特征。如果需要就此对市民进行说明，那么就要对其情况进行详细说明并且相互交换意见。不过，最尖端的研究领域往往有可能被取代，专家之间也存在着意见不同的情况。这些情况很难向普通人说明，甚至其成果即便被用于社会也未必都是正面效应，这就导致了问题更加难以处理。更重要的是，我们要让普通民众认识到科学技术不是那些确凿无疑的事物，而恰恰是被那些新知识所取代了的东西。下一节中将就此问题展开论述。

### 9.3　文官控制

我们的现代生活，每天都得益于科学技术之恩惠。手机、网络、电脑、高铁、抗生素、疫苗、内视镜，等等，这些渗透进我们生活的科学技术成果不计其数。我们食用的农作物，也和分子生物学、植物学等科学技术密不可分。但是，正如本书第 II 部分中所述，存在着涉及伦理、法学和社会问题的研究，以及一些被社会加以利用就会带来重大影响的研究。社会如何才能与科学技术实现契合，已经成为一个重大课题。

脏器、细胞、基因等应该如何在医学研究和医学产业中使用呢？在论及此类问题的书本上，有人明确指出："就我的感觉而言，很多科学技术已经失去了批判的知性，迷失了本来的方向，甚至进入了一个疯狂的领域。科学于对于我来说，依然是人类生存不可或缺的思考工具，同时也是必须与之战斗的对象，现代文明所造成的失败，或许就是使科学成为人类最大的敌人。"[14] 造就现代社会的正是科学技术，而作为学问却缺乏批判的精神，致使现代社会出现破绽的也恰恰是科学技术，我认为此人想要表达的意思就是"水可载舟，亦可覆舟"。对那些支持生命科学发展立场的人，我特别希望他们能清醒地意识到，生命科学的发展使得我们面临着前所未有的危险。但是通过和生命科学各个相关研究领域的人谈话、实际走访研究现场、解读文献，我发现没有人认为这个研究已经进入了"疯狂的领域"。对于这两种截然不同的主张，大家不妨仁者见仁、智者见智。生命科学对社会有着重大影响，我认为社会和生命科学必须构建一个恰当的关系，这也是贯穿本书的主旨。

科学技术也日益受到政治学的关注。例如，政治学学者筱原一教授指出："新的社会轮廓与其说是由议会达成一致意见决定的、政府决定的，倒不如说是由电子工程学、核反应堆技术、基因工程学的发展所决定的。""最近，如对社会的重大决定，与其说是政府决定的，倒不如说更多是由医院和企业的研究室所决定的。从这个意义上看，企业的行动＋科学＝技术决定，就有了新的侧面，即政治性、伦理性，因此更加迫切地需要市民参与监督。"[15] 科学技术对社会造成的影响是巨大的，必须加以足够的重视。社会的决策方式依然是国会和国民的讨论，我认为应该对其作用进行恰当的评估，事实上，医院和企业的活动对社会的影响越来越大。另外，筱原一教授在下一节中进一步举例介绍了共识会议，指出在共识发展会议上"明确了市民对科学技术关心的问题，以此成为具有治理市民、决定政策的间接影响力，这是对科学进行文官控制的尝试"，"科技是近代社会的核心推动力，市民尝试操控近代作为'神'而存在的科学技术，也是时代的一个重要特征"。我们可以理解为，比起那些在研究室进行的最尖端的研究，筱原一教授更担心的是科学技术被应用于社会后所产生的影响。小林传司教授也从科学技术社会论出发，指出"如何让拥有巨大力量的科学技术为我所用并且使用得心应手，这是当代的一大显学。基于这样的认识，我们应该进一步对科学技术的文官控制论观点加以讨论"[16]。

文官控制在《广辞苑》中解释为"军队指挥权由文官控制，并且规定政治对军事保持优势地位，防止并抑制军方介入政治的制度"。对于科学技术引进文官控制的观点，显然是认为应该对科学技术采取等同于军队的措施，我对此有很强的违和感。民主主义社会中只有一个政府，将实际拥有强大物理力量的军队交由文官身份并且是由国民代表的大臣来统辖是理所当然的。虽然我们需要对大学和公共研究机构等所从事的科学技术采取适当的管辖，但采取与军队一样的考量是否合适显然存有疑义。所谓的操控科学技术，实际意义上应该是操控那些实际从事相关科学技术研究的科学工作者和技术工作者。科学技术的文官控制概念所涉及的具体内容还不明确，必须进一步明确其具体指的是什么、采取什么方法，等等。"文官控制"一词是统辖军队的概念，往往给人以巨大冲击。而且将民众和科学技术置于对立的结构当中，显然是不合适的。

另外，科学工作者和技术工作者在研究室内进行的每一项研究和开发都要交由外部加以操控，这显然也是不现实的。当然，宪法虽然保障了学术自由，但也不是说做任何研究都可以。侵犯人们的生活和人权的研究就不被允许，对于那些有危险性的研究也需要制定相应的规则。生命科学中的个别问题，正如本书第 II 部分所述，只要采取现实可行的处置方案，就能够解决很多问题。要想用于研究室以外和实现回报社会，就需要相应的立法和行政措施来加以保障。现在，针对医药品有药事法，针对脏器移植有脏器移植法，针对原子能有原子炉规制法和电气事业法，针对个人信息收集有个人信息收集保护法，等等，不能说是没有进行控制。在法律框架之下，所谓的控制意味着通过了国会并受到了国民的控制。

但是，仅仅有法律的规章制度和行政指南，这样的说明还不够充分，法律和政策的制定过程是要反映出不同立场的人们的意见，有必要对此进行讨论。为了让国民判断相关科学技术是否恰当，充实本章的第 5 节和第 6 节所阐述的科学传播也是十分重要的课题。

## 9.4　走向共识

### 9.4.1　共识会议

生命科学相关的新闻报道，在文章结尾处经常出现口头禅式的字样"还存在很多问题，需要社会达成共识"作为总结。[17]这个情况一直保持到最近几年，依然没有太大变化。

加藤尚武教授指出："脏器移植、生殖辅助医疗和遗传基因治疗等，只是少数人的问题而进行了结构性引进。世界上只有 30 个遗传病患者需要治疗，是否有必要投入如此大量的研究经费？如果采取多数表决，那么这个研发肯定就会遭到否决，医学将很难惠及这些少数人群。"[18]如果采取少数服从多数的原则，那么这就是对少数人的不公平、不公正，这不仅限于尖端医疗问题。例如，在人口有 1 亿且并未实施全民医保的国家，7 000 万人自行购买了医疗保险，1 000 万低收入群体由政府承担购买了保险，剩下的 2 000 万人没有保险，那么增加赋税建立全民医保制度就成了为那些没有购买保险的少数人而引进的制度。如果采取多数表决，那么全民医保制度就有可能遭到否决。这种资源分配的问题，恐怕不仅仅只是讨论公正与否的问题，需要从患者、保险公司、医疗机构等相关人员的立场进行多角度的讨论。

实现共识的一个手段就是召开共识会议。共识会议原本是由美国发明的，针对昂贵的医疗器械如何交给患者使用的问题，促使医疗专家之间就标准化使用基准达成共识的手段。这一方法在1985 年的丹麦得到了脱胎换骨的发展，演变成为非专业的市民和科学技术专家之间的对话，通过对话形成共识的模式。[19] 共识会议是就社会应该如何应对科学技术进行多方位讨论，并在普通市民和专家讨论之后总结意见的会议。但该会议的实施形式存在多种变化，名称也往往不限于采用共识会议。我也曾经参加过关于遗传基因解析的共识会议。普通市民和专家进行讨论，我认为市民总结提问是一个很好的方法。市民和科学技术的研究人员并不总是处于对立结构之中，市民也不是单方面反对科学技术。因此，共识会议虽然是围绕科学技术的相关问题，但其手法可以用在科学技术之外的领域。

日本也举行过几次共识会议，但这些会议都是和各省厅的审议会同时召开的，民众原以为能够介入政策决定过程的时代已经到来，但结果并非如此，很多人对此表示不满。[20] 共识会议的方法在政策决定中如何定位也是一大问题。对于代议制民主主义国家而言，应该如何将民众意见直接吸纳到这种会议中呢？目前还没有形成一个普遍的原则。

参加共识会议的民众意见，也不能说是完全反映了那些更多的没有参加会议的民众意见。与我有关的共识会议，从居民登记卡（住民票）中随机抽出一些人邀请他们参加会议，结果有相当一部分的民众并没有给予配合。像人类基因组解析这样比较复杂且无人问津的问题，在周末当然召集不到民众参加这样的讨论。结果转而采取应征参加的方式，通过公开应征到场的民众都是对相关问题（当时是人类基因组解析）感兴趣的人，于是这个会议与其说是普通民众参加的会议，倒不如说是关心这些问题的特定民众参加的会议。

现代日本在中央和地方一律实行代议制民主主义，大家普遍认为通过选举选出来的议员能够反映民众的意见，但实际上议员并不能完全将国民或地方居民的期望和声音全部代议。因此，参加共识会议的民众的提议，从抽象上看可以说是代议制民主主义的补充形式，我认为很有必要斟酌政策的制定。

丹麦通过国会决议，设立了"技术委员会"［后改为"丹麦技术委员会（The Danish Board of Technology，简称 DBT）"］，可以说是 DBT 创造了今天的共识会议。[21] 共识会议对丹麦的代议制民主主义起到了补充作用。丹麦的人口大约为 550 万人，面积为 4.3 万平方公里（和日本的九州岛差不多大），而日本的人口是 1 亿 2 000 万人，国土面积大约为 37 万平方公里土地。不仅是人口和面积不同，文化背景和政治体制也不尽相同，丹麦的做法能否适用于日本，需要进行慎重的探讨。不过有一点可以确定，通过共识会议这种由专家和非专家之间讨论、提议的方法，今后将会愈发重要。

### 9.4.2 总结各种意见

过去，对科学技术的探讨大多采用召集专家讨论并得出结论的方式。第二次世界大战后，有人认为尖端科学技术很难为普通人所理解，随着这些人进入政治圈，政府方面曾就如何推动科学技术政策进行探讨，一度认为应该限于官员和专家群体的范围内才可讨论。对此，过去的科学技术政策通常是由一部分专家决定的，普通人只能事后被迫接受。但随着科学技术日益精细化、复杂化，就连专家也很难做到跨学科总揽全局，有人认为普通人的意见与之正相反，可以通观全局，在某种意义上可以看作是专业的"合理性意见"。[22]

在本书第 II 部分所讲到的关于生命伦理问题，伦理审查委员会中的确有各个领域的专家，也有普通立场的非专业人士担任委员。另外，在政府机构的委员会中，新闻记者、患者联谊会的成员也可以担任委员参与其中。普通民众是否具备大局观，取决于每个人的经验与见识的不同，肯定会因人而异，让普通民众担任委员是因为他们会持有和专家们不同的观点。但是，如果让普通人对科学技术进行判断，正如后文所述，他们需要在一定程度上掌握关于科学技术的知识和判断力的"科技常识"。理想的状态是能够找到既具有专业知识，又能够通观全局的知识分子。稍微夸张的说法是，我们必须在人类积累起来的庞大的知识财富基础上进行议论和探讨。

在科学技术社会论的背景下，组织民众参加科学技术政策的讨论，意在让民众能直接参与政策的制定。但是，这就要求我们必须考量如何处理好直接民主主义和代议制民主主义之间的组合关系。很多普通市民每天都在为工作和生活而奔忙，他们对医疗、福利、教育、物价、工资等日常生活中能接触到的问题十分关心，但他们可能还很难达到讨论科学技术的水平。另外，参与科学技术讨论的普通民众，姑且不论其是否支持科学技术，至少他们是关心科学技术的人。最近，在科学传播领域，那些对科学技术关心的民众组成的 NPO 法人组织表现得十分活跃，这些 NPO 组织和科学家群体、行政机构之间的深入交流将会显得愈发重要。

作为从事科学技术政策的一员，我当然希望越来越多的民众能够关注、讨论科学技术政策。但与民众实际对话时，并不完全都是在心平气和、友好协商的理想状态下进行的，也常常会遇到很大的麻烦。讨论会期间和会后，不仅仅是大学和企业的科学工作者和相关人员之间进行交流，还要与很多普通民众进行讨论、交换意见。常常遇见带有感性色彩的讨论，也有兴奋到亲密无间的交流。在答疑的时候，并不都是受到批判，有时也会遇到老是陈述意见就滔滔不绝的人。即便如此，科学工作者和政府官员毕竟直接接触到了普通民众的意见并进行讨论，仅凭这一点就弥足珍贵。

限定在科学工作者范围之内制定科学技术政策，科学工作者群体根据科学视角进行评估，将其准则和政府官员共享，就能做出较为正确的判断，这被视为技术官僚管理模式。[23] 日本过去的确十分适合采用这一模式，但该模式如今已经有些陈腐了。现代政府官员如果只和科技专家讨论，仅仅知道科学和技术内容，那么就会感觉到对其制定科学技术政策起不到什么具体作用。官员倒不如和患者、普通民众等更大范围内的相关人员进行交流，通过理解社会和科学的关系，在联系科学技术和社会中发挥出自己的作用。近年来，信息技术和人与人的交流技术迅速发展，加之互联网的普及，国民能够直接表达自己的意见了。通过这些 IT 技术，必须多下功夫反复讨论，总结各种意见，这就是所谓的兼听则明。

## 9.5 科学传播的意义

### 9.5.1 科学传播的目标

人们对科学技术的应用感到不安、踌躇，他们将对社会公正性和公平性的质疑、缺乏信任等与科学技术知识毫无关系的元素混为一谈。但是，过去的增进理解活动往往只是将人们的不安或不理解等视为缺乏知识。[24] 这被称为有缺陷模式，技术官僚认为民众只要学习了知识就不会对科学技术感到不安并会转而支持科学技术。但随着知识的增加，即便能够降低人们的不安感，也并不意味着他们就一定赞成科学技术。我更希望不要采用这种单方

面的信息传播，而是应该采取信息交流、互相学习的方式。也就
是说，过去开展的科学技术增进理解的活动，大多是拥有科学知
识的专家们从知识高地向缺乏知识的民众传播知识，但最近的情
况正在发生变化，让民众和科学家以同样的视线谈论科学传播的
用语多了起来（图 9-1）。[25]

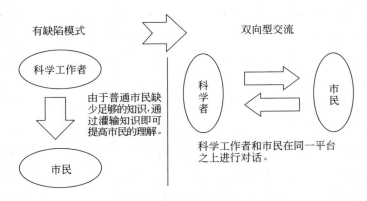

图 9-1　从有缺陷模式到交流模式

　　国外关于科学技术的例子，通常都会提到美国的情况，但提
及科学传播领域，还是应该更多地以英国为例，因为日本也长期
受到英国科学传播的影响。在英国，圣诞节演讲和星期五演讲是
面向民众的，从 19 世纪起持续至今，在该领域有较为深厚的历史
底蕴，加之英国皇家科学院从 19 世纪起就一直举办科学节。近年
来，日本开始兴起的科学咖啡馆（science cafe）也是从英国发祥
的。科学传播如此兴盛的英国，在 20 世纪 90 年代围绕转基因技术、
生命伦理问题、疯牛病（BSE）等科学技术，发生了许多社会问题，
动摇了国民对科学技术的信赖，结果导致国民和科学技术渐行渐
远。[26] 例如，英国政府和科学工作者否定了疯牛病对人体的传染，
后来发现实际感染率很高，造成人们对科学和科学家的信任丧失
殆尽。面对这种情形，英国议会上院科学技术委员会在 2000 年

2月发布了《科学和社会》(*Science and Society*)报告。该报告为了推进国民对科学技术的理解,对当时存在的问题点和应该采取的措施做了总结,明确指出为了消除国民对科学技术的不信任感,研究人员和国民之间需要进行双向交流。

科学传播的目的之一,就是让那些对科学漠不关心的人和不了解科学的人转而关心科学、喜欢科学。这可以说是科学技术增进理解工作的衍生品,科学工作者不是单方面地对科学技术的重要性进行说教,而是应该重视双向交流。通过这个活动,科学工作者就可以知道民众在思考什么,也就能够定位自己的研究在社会中的处境。科学工作者有必要知道专业以外的人们对科学技术是如何认识的,并充分考量科学技术与社会的关系。

另外一个目的则是通过双向的信息交流,让民众可以自行对科学加以判断。现代社会产生了许多和科学技术有关的问题,普通市民需要对这些问题加以理解、判断。例如,转基因作物和基因诊断,等等,并不能单纯地将其归结为善或恶,而是需要民众正确理解,自行加以判断。

如何才能提高人们对科学知识的理解力、提高人们的科技常识,在什么样的情况下、采取怎样的手段进行科学传播,以及如何加强民众和科学工作者交流的科学传播工作,都将是今后推进科学传播的重要课题。

### 9.5.2 科学技术政策上的定位

2001年,日本在综合科学技术会议上制定了第2期科学技术基本计划,其中专门有一章论及建立科学技术和社会的新关系,主要内容就是基于"为社会服务、社会中的科学技术"的观点,必须整合实现科学技术与社会之间双向交流的基本条件。另外,还大力强调人文、社会科学的作用,明确指出"日本的人文、社会科学对科学技术与社会关系问题的相关探讨还不充分。今后应该从'服务社会的科学技术、社会中的科学技术'的视角出发，推进人文、社会科学的研究，并在这些成果的基础上积极推进相关媒介性活动的开展"。在指导全国科学技术政策的科学技术基本计划中，不仅吸收了世界科学大会宣言"社会中的科学"和"为社会服务的科学"的观点，还明确指出了科学传播的重要性。由此可见，日本的科学技术政策从10年前就开始关注科学传播了。

2006年，在日本制定的第3期科学技术基本计划中仍然设有一个专门讨论社会、国民支持科学技术问题的章节，甚至对具体的预算补助款都有所涉及，"研究人员和国民一起对话，推动科研人员能够获知国民需求的双向交流活动（拓展活动）。为此，在申请竞争性科研资金制度中，还引进了对拓展活动进行一定程度补助的机制"。此外，还提到了加强初等、中等教育阶段的数理教育和科技常识，"为了提高国民对科学技术的关注，初等、中等教育阶段应该加强数理教育，这对提高成年人相关科学技术的知识和能力（科技常识）有着重要作用。为此，日本还制定并普及了科技常识标准（对科学技术相关知识、技术、事物的见解能够加以通俗易懂的解释，并落实到文字化的东西）"。

在2004年度的《科学技术白皮书》中，明确指出不能只是单方面地推广普及，更应提倡交流的重要，"实现社会对科学技术长久的理解、信任、接受，就必须很好地疏通民意，并取得信任"。[27]这一年的《科学技术白皮书》以"科学技术和社会"为主题，举例说明了科学传播和科学咖啡馆的情况。2010年度的科学技术白皮书也专门设有"社会、国民中的科学/技术"一章，十分重视科学技术与社会的关系。[28]

文部科学省基于第3期科学技术基本计划的成果，从2005年度起在科学技术振兴调剂费的"重要课题解决型研究的推进"项目中，将大约 3% 的直接经费用于充实扩大拓展活动（以通俗易懂、容易亲近的方式传播科学技术，加深交流，解决人们的不安和期待，能够反映自身科学技术过程的活动），还进一步对拓展活动进行中期评估、事后评估，并对具体事项进行了公开征集。[29] 通过这些工作，激发了研究人员拓展研究之外的科学传播活动的积极性。

生命科学大多是研究关于人类健康和疾病的，人们对其抱有的期待与不安都较大，必须特别重视生命科学与社会的交流。我在本书第 3 章 "立足于长远规划的脑科学研究基本构想及其推动方针：综合型人类科学的构建以及对社会的贡献"（见表 3–1 中相关内容）中，列举了脑科学和社会的交流。

不过人们毕竟是因为缺乏足够的知识、对科学技术不了解才会导致不安，如果科学地向他们传授知识，那么或许可以慢慢地促进人们对科学技术的理解；如果采取前一项所介绍的 "有缺陷的模式"，就会因为缺乏双向信息互换的科学传播，最终导致截然不同的结果。2008 年 12 月，生物技术政府民间推进会议总结出了 *Dream BT JAPAN*[30]。该报告中设有推进国民理解的一个章节，主要内容有："组织设立生物技术相关文化（理解、思考、使用信息及知识的能力）的组织架构，需要政府和民间采取一致行动"，"对媒体、地方政府、市民开展推广生物技术相关的普及、启发性活动。"另外，在中央政府领导下推进国民对生物技术的理解，"在 'BT 战略推进政府民间会议' 之下设置 '国民理解推进作业分会'，并在其领导下开展工作"，"为了让国民更好地理解生物技术研发的相关科学信息，应积极推进向媒体提供相关信息的政策"。不但要开展研究开发，还要提升国民的文化，并获得他们的理解，这些都是很好的建议。但这毕竟是在以往那种有缺陷的模式下开展的工作，尤其是试图实现立足于在中央政府领

导的前提下开启民智。对此，委员当中的部分有识之士意识到国
民并没有接受转基因作物和食品，希望国家加强在这个领域的领
导作用。如果国民对转基因技术有正确的认识，就能做出理性的
判断，他们认为有望让民众逐步接受转基因食品，因此与其说科
学传播很重要，倒不如正本清源，回到如何制定科学技术基本计
划更为合适。不过，我认为国民对科学技术的理解至关重要，毕
竟在讨论方案的过程中已有产业界的委员加入，更应该就此进行
讨论并加以评估。

如何实施科学传播，我的意见是应该以民众和科学工作者为
中心，政府提供支持，或者以民众能够直接参与的形式最为合适。
政府方面工作的重点，就是收集并提供能够让民众获取的相关信
息。当然，仅仅是科学工作者参加交流活动还远远不够，政府的
政策说明、与民众的讨论等也是非常重要的机会，应当积极予以
推进。

### 9.5.3 消除科学工作者和民众之间的二元对立

从事脑科学研究的京都大学副教授美马达哉就 ES 细胞研究
指出，日本对研究的管理思路，往往就是建立一个市民社会良知
模式，以便能够与科学家分庭抗礼并阻止其疯狂的行为。仅凭这
种不费吹灰之力的二元对立模式，要想确立 ES 细胞的生命政治
学势必步履维艰。[31] 为了防止这种二元对立，必须在科学工作者
和民众之间开展双向交流。顺着这种思路进行推断，科学工作者
进行 ES 细胞研究，应该让民众了解到通过该技术能够治疗疑难
杂症，从而树立科学工作者的正面形象；与此同时，是否也应该
让科学工作者了解民众为何感到不安，民众到底期待什么呢？另
外，政府为什么要推进该研究、政府为了缓解民众的担心采取了
哪些相应的措施等问题，也必须做出解释与说明。

　　但是，不能单纯地分为科学工作者和民众两个群体。随着现代科学技术的细分，科学工作者也不是通晓全部学科。当然，科学工作者应该比普通民众要懂得多。例如，我和某位物理学家有过一次谈话，他家里有位癌症患者需要治疗，入住的医院认为患者的病状不符合使用疗效评估中的新药。他们原本以为能够获得一线生机，于是对医院的冷漠表示强烈不满。关于疗效评估中的药品，我在第 7 章中已经解释过了，为了对其有效性和安全性进行评估，必须执行十分严格的审批程序，原则上对那些不适合使用的患者是不能使用的。他的家人受到病魔折磨十分痛苦才会提出这个要求，但作为医疗机构对此或许未能做出充分的说明。不过，将有效性和安全性尚不确定的药品提供给患者使用，从医学或医疗伦理的角度来看，都不是大家乐见其成的。即便是优秀的科学工作者，在不同研究领域就变成了普通民众，因此我认为在专业研究领域之外，既要站在科学家的立场之上，同时也应该展现出民众一方的感觉和见解，二者之间不应厚此薄彼。

　　科学传播的伦理对象不仅仅是科学和科学工作者，也应该包括科学技术政策和政府官员，不过就目前的情况来看，似乎尚未将产业界或企业人士囊括其中。大学研究室进行的研究往往不会直接对普通民众产生影响，大多是要通过企业做成产品，通过医院才能用于医疗，这样才能最终惠及民众。正因为如此，科学传播的范围应该将产业界和医院也都囊括进来。

### 9.5.4　伪科学和伪科技常识

　　将那些并非合理的事物与现象用科学的言论加以说明，这就是所谓的伪科学。例如，我们常常听到有人教育人们，以感激的心情将水放入冰箱当中，它的结晶就会变得漂亮。遗传基因决定血型固然是科学事实，而一度甚嚣尘上的血型和性格之间的关系其实并无科学根据。还有，说到某种有效的减肥方法时，很多人在没有科学数据的基础上就购买了机器和食品。天文专业的池内了教授将这些伪科学分成 3 类加以分析。[32] 第 1 类伪科学，利用没有科学根据的言论给人以暗示；第 2 类伪科学，通过引用、错用、滥用科学将自己进行科学包装；第 3 类伪科学，对那些很难用科学加以证明的复杂化问题，将真正原因模糊化，然后就变成了伪科学或科学的灰色地带。这些伪科学使用具有科学性的理论和用语，令人很难反驳，很多人都难免受其迷惑。加之现在很多被视为正确的学说已然被新的研究成果所颠覆，导致某些情况下很难区分真正的科学和伪科学。

日本神经科学学会在《〈人脑功能的非侵袭性研究〉的伦理问题等相关指南》（2009 年 2 月 3 日修订，2009 年 12 月 4 日及 2010 年 1 月修订语句）"第 2 条：非侵袭性研究的目的和科学的、社会的意义"中写道："关于脑功能，随着新知识的获取，社会上不正确的或被扩大的信息动辄就会增加，并且容易产生不被科学所认可的庸俗性观点，或是对脑神经科学的不再信任，增加了产生怀疑的危险性。"[33] 近几年来，脑科学非常受人关注，书店里关于脑科学的著作堆积如山，电视上也常常播放关于脑科学的连续剧和综艺节目。很多人关心脑科学，这对于研究脑科学的人来说固然是好事，但书本和电视节目如果对此进行了不正确的解释，就会变成庸俗的说法，正如日本神经科学学会所指出的那样，或将导致人们对科学的怀疑。

在 OECD（经济合作与发展组织）的主页上，公布了 6 个以"神经神话"命名的与脑科学相关的伪科学。[34] 即神话一：脑在某特定的"临界期"内，对某种信息具有可塑性，因此出生后的 3 年里决定了婴幼儿此后的发育与成功。神话二：富裕的环境有利于学习，能够提高大脑的能力。神话三：学习的种类分为视觉型、听觉型、触觉型三类。神话四：我们的大脑只使用了10%。神话五：
关于多语言主义的神话：①两种语言争夺大脑的资源；②一种语
言所获得的知识，其他语言则无法使用；③在学习第二语言之前，
第一语言必须做到很流畅才行。神话六：关于右脑、左脑的神话，
等等。

　　关于基因和细胞也存在伪科学。在没有十分可靠的科学论
据的情况下，某些企业就推出了不知所云的基因检查服务。另
外，时不时就在电视节目中播出通过基因检查测算寿命，等等。
他们通过测定修复细胞染色体端粒与端粒之间的端粒酶，用以预
测人的寿命。加州大学教授德尔伊丽莎白·布莱克本（Elizabeth
Blackburn）因研究端粒和端粒酶而获得了 2009 年度生理学或医
学诺贝尔奖，他在获奖时对此做了说明，听众可能认为测定端粒
酶判断寿命就是科学的了。但实际上，端粒、端粒酶和人类寿命
之间的关系尚处于未知领域，根本不可能预测人的剩余寿命。

　　关于医疗，普通医疗之外有人经常宣传各式各样的替代医疗，
这也是吸引人们眼球的噱头。替代医疗也和药品、医疗技术的开
发一样，正如第 7 章所述，需要使用双重盲检法，需要将对患者
实施替代医疗的团队和实施其他医疗的团队（或是安慰剂团队）
加以区分并实施临床试验。这是因为人们认为其安全性和有效性
还需要进一步检验。[35] 很多替代医疗无视此类检验，将患者的体
验与感受发布到报纸、杂志的宣传栏，虽然这样做不会触犯相关
法律，但是普通人必须认识到只有经过科学方法的临床试验才算
真正有效。

　　对伪科学采取的措施和科学技术相关的社会问题进行正确的
判断，需要对科学技术具备足够的判断力和相应的"文化"。为
了更好地掌握科学技术，全体人员都应该拥有以科学、数学、技
术相关的知识及技能为基础的见识和思维，这就是所谓的科技常

识 [36]。科技常识不仅限于获得科学知识，还需要让人了解包括思考是为了什么、原理原则是什么等内容。科学技术造就了现代社会，促使人们能够对日常社会生活中的各种场面做出正确判断，人们必须具备相应的科学技术知识和思维方式。

日本学术会议和国立教育政策研究所合作，为了弄清我们生活中迫切需要什么样的科技常识，正在推动实施"21 世纪的科技常识形象——科学技术之智项目"。该项目分为数理科学、生命科学、物质科学、信息学、宇宙 / 地球 / 环境科学、人类学 / 社会科学及技术等 7 个分科，各个分科就各个学科所涉的常识内容进行了探讨并且整理出一份报告书 [37]。该项目是我到日本学术会议工作时开始的，作为负责该项目的工作人员，我与该项目有过密切联系。国际基督教大学物理学专家北原和夫教授和茶水女子大学生物学者室伏贵美子教授都是委员会的委员，平时非常重视科学传播和科技常识，他们对很多研究学者都会热心帮助。

当然，要实现提高科技常识水平，仅靠这个项目是不够的，小学、初中和高中的教育也十分重要。大学升学之际，如果选择了被称之为文科的专业，那么就得进入文科课程的学习，他们不用学习微积分、运动方程式和热力学法则、遗传结构等知识就可以顺利毕业并走向社会。不让文科生产生反感，并且让他们加深对科学的兴趣与理解，学校教育就显得至关重要。通过这种教育，正如下一节中所说到的科学咖啡馆和科学大会，也能为提高科技常识水平做出贡献。

研究科学传播的内田麻理香认为，提高国民科技常识措施，并没有送到真正有需要的普通民众手中，这可能是因为开展这些活动的核心人物本身对所有的科学都不太感兴趣的缘故。[38] 喜欢学习并善于学习的人是无法体会到那些不喜欢学习而且不善于学习的人的心情的，对此也要加以适当考量。

## 9.6 科学传播的实际开展情况

### 9.6.1 科学咖啡馆

科学咖啡馆是指在街角咖啡馆、酒吧举行气氛轻松的科学技术交流活动，与讲座和演讲不同，它是在非常轻松愉快的氛围中就科学技术的趣味、意义、喜悦和不安等进行最直接对话的场所。[39] 在英国，常用法语发音称之为 cafe scientifique。科学咖啡馆于 1988 年在英国萌芽，随后开始向全世界传播。[40] 参加者多的时候有 30~40 人左右，普通民众和科学家能够平等对话，颇有吸引力。

2006 年 4 月，在日本开展科学技术周期间，我也参加了科学咖啡馆的策划活动。正如前文所述，我在日本学术会议秘书处任职，站在支持会员审议的立场。日本学术会议在 2005 年改革之际，积极强化政策建言功能。这个作用主要表现为：①对政府提供政策建议；②参加国际性活动；③构筑科学工作者之间的网络；④对科学起到舆论启发的作用等。第④项对科学起到舆论启发的作用，让人感觉好像是科学工作者对民众单方面进行启发，这种模式显然存在缺陷。该会议的会员中也有人意识到双向科学传播的重要性，这些人一直在努力推动舆论启发和科学传播的工作。

时任会长黑川清指出，应该将日本学术会议发生的变化积极展示出来，于是科学咖啡馆开始逐渐起步，并且作为科学传播的组成部分。他提议可以让这种模式先试着发展看看。科学咖啡馆作为组成"对科学起到舆论启发作用"的一部分，突破了日本学术会议过去所坚持的看法，离普通民众更近了一步。

并不是说接受了这个提议就能顺利举办科学咖啡馆。原来依靠会员和合作会员支持的日本学术会议秘书处，没有一个工作人员是专业从事科学技术政策的。即便是内阁府，也大多是原总理府和总务厅负责表彰、统计、青少年培养、经济等方面的工作人员。就连专门从事科学技术政策工作的我，也只是听说过"科学咖啡馆"和"科学传播"等词语，完全没有实际经验。在会员和合作会员中，估计也很少有人了解科学咖啡馆。通过研究经营学的会员联系到了经营连锁咖啡店的老板，向他说明了举办科学咖啡馆的想法和意义，但终因无法获得对方的理解而归于失败。由此可见，学问和实际事务是截然不同的。不过，也不是所有企业都不给予支持，下文将讲到在日本学术会议策划的科学咖啡馆活动中，动员了各种各样的科学传播人才，并得到了出版社和书店的支持，科学咖啡馆才得以持续举办。

日本科学未来馆馆长毛利卫博士过去是一名宇航员，曾经担任日本学术会议的科学力增进委员会委员长，与他协商时他就明确表示，这是学术会议应该做的活动，日本科学未来馆也同意给予支持。在日本科学未来馆内的展示和活动，有很多是优秀的科学传播节目，非常通俗易懂。除了馆内的工作人员之外，还有很多志愿者参与科学咖啡馆的工作。在我还是政策研究研究生院教授的时候，曾和该馆科学传播的核心人物长神风二（现为东北大学副教授）有过交流，他对科学咖啡馆工作也做出了贡献。他们拥有科学传播的网络圈子，遍及北海道到冲绳，可谓遍及南北。通过他们的帮助，才能确保在科学技术周期间同时举办科学咖啡馆所需要的服务人员（顺利推进科学咖啡馆活动，对接会场民众和科学家的人）和场地。确定场地、通知、运营等均由各地的志愿者执行，日本学术会议方面只需要负责向各地派遣担任讲师的会员。

对那些讲述重要科学技术内容的会员，需要让举办方和会员方达成一致意见。日本学术会议也不能单方面命令那些讲师会员。

会员情况也不尽相同，有些会员过去就积极参加以科学咖啡馆为代表的科学传播活动，既有对此表示关注的会员，也有完全没有听说过科学咖啡馆的会员。我们日本学术会议秘书处的职员们居中协调举办地的举办方和日本学术会议会员。日本学术会议既有人文、社会科学的会员，也有天文、环境学、生命科学等领域的会员，还举办过以伊斯兰学和经济学为主题的科学咖啡馆。另外，秘书处的职员们也参加了周末举办的科学咖啡馆，从而亲身体验了一下。从总务省统计局调到日本学术会议秘书处的职员，一直都十分努力地工作着。他们和学术、科学技术原本并不沾边，却因为有了他们的努力工作，才为日本学术会议的科学咖啡馆活动[41]打下了坚实的基础。

以日本学术会议为中心举办的日本科学技术周，也同时举行了科学咖啡馆活动。有人对这种官办形式的活动提出了批评，但也有人认为哪怕让科学咖啡馆活动能够推广得更多一些，也是应该给予肯定的。[42] 日本学术会议是由学者代表组成的组织，因此被视为"官办"机构，常被责问其存在的意义，但日本学术会议进行科学咖啡馆活动的尝试得到了积极的评价，着实令人感到欣慰。

### 9.6.2　科学大会

所谓科学大会，是指从 2006 年起在东京台场的国际研究交流大学村（东京国际交流会馆、日本科学未来馆、产业技术综合研究所临海副都心中心别馆），每年 11 月都要进行科学传播的一项大型活动。其宗旨是为了商讨如何才能积极利用科学技术来建设一个更加美好的社会。

沿着第 3 期科学技术基本计划的主旨，明确提出以"得到社会、国民的支持，成果回报社会的科学技术"为目标，积极开展活动[43]。利用每年 11 月份的长假，开展为期 3~4 天的研讨会、展

示会、科学咖啡馆、实际实验参观等科技展示活动。第 1 届大会
的目标是聚集科学传播的相关人员；第 2 届大会则旨在建立起纵
向联系，负责制定科学技术政策的研究人员、企业界人士、NPO、
个人、家庭成员等全部囊括在内，并开始计划建立全国各地科学
传播积极分子之间横向的联系和相互交流的平台[44]。举办第 1 届
大会活动时，秘书处发出呼吁，强调规划展出的范围还很小，参
展方也或多或少地对此存在疑虑；从第 2 届大会开始，在进行普
通募集的同时，还呼吁那些开展企业社会责任（Corporate Social
Responsibility，简称 CSR）活动的企业共襄盛举，于是不少企业
积极响应。在大学和公共研究机构的基础上，企业的参与是十分
重要的。正如本书所强调的那样，科学技术对社会和生活的影响，
在产业化方面要表现得更多一些。

我从第 1 届大会开始就参与其中。召开第 1 届大会时，正好
是我在日本学术会议任职期间，作为科学大会的一个大型活动，
日本学术会议主办召开了研讨会，我负责研讨会的会务工作。从
第 2 届大会开始，得到协办方日本学术会议各委员会的支持，很
多一线的研究人员也都前来捧场。[45] 第 2 届大会上，我以演讲嘉
宾的身份参加了 JST 支持的社会技术论坛"生命科学的伦理与管
理"的小组讨论，感到荣幸的是会上来了许多听众。第 3 届大会上，
我不是以主办方身份出现，而是作为普通参加者出席活动。这时
我不是信息发布方，而是以信息获取方的身份参加活动。集中召
开研讨会、展示会等，不论是对于那些关心活动的人还是不关心
的人来说，都能从中获得许多有用的东西。

### 9.6.3　科学报道

每天播报的各类新闻，在科学传播中也是获得信息的重要渠
道。报道是单方面的发布信息，并不是双向信息交换的交流形式。

但是作为交流基础的科学技术的信息，能够通过这种渠道将许多信息直接传播给民众，因而具有重要的意义。

　　也正因为如此，我在接到报纸、杂志和电视台记者的采访要求时，总是尽可能地给予配合。当然，对尚无定论的事物和政策判断等肯定只字不提，对科学的事实、政策、报告书的情况、报道发表的背景等则是尽可能地详细说明。记者和政府官员一样，因为人事调动和转岗十分频繁，这些记者对生命科学和生命伦理等也不太了解。就研究内容和该研究的定位等问题，记者们往往需要像研究人员那样对民众进行说明，甚至还要对过去的情况和国家政策做比较说明。这样一来，我认为记者需要对内容有了充分了解之后才能进行新闻报道。记者采访的内容十分多样，并不限于报道我们所做的说明，有时也会写一些和我们所说明的内容完全不同的新闻报道。此外，很重要的一点就是记者知道民众的关注点，记者背后是大量的读者，记者的关注点和国民的关注点相互关联。所以，在考虑如何制定政策时，政府官员和记者交流意见也是很有意义的。

　　《朝日新闻》记者竹石凉子女士以 iPS 细胞为例，对科学报道的难度分析做了一番阐释[46]。正如本书第 I 部分所述，就 iPS 细胞的科学意义而言，应该对培育出老鼠 iPS 细胞给予高度评价，但将其视为包治百病的万能细胞也有违和感。对于这个疑虑，竹石记者的报道会让大家觉得人类 iPS 细胞培育成功则是更接近我们的生活，感到很快就会用于治疗了。而万能细胞的提法，早已被用于 ES 细胞了，如果将 iPS 细胞以类似于 ES 细胞的细胞加以宣传，就能让人感到该研究很了不起，足以说明这是能够吸引读者的语言。此外，还需要在宣传中体现诚意，下功夫做到让人通俗易懂，而不是一味煽情蛊惑。

　　研究人员抱怨道，有些报道让人误以为研究内容很快就能投入实际应用，于是我们认真做了解释，但媒体不予报道。当然，记者方面的难处他们也都有所了解。科学工作者和记者之间需要十分认真地进行交流。

### 9.6.4　外出式教学

最近，大学和公共研究机构的研究人员走进高中，通过外出式教学来讲述研究工作的最前沿，并将这些内容制成单行本发行。例如，东京大学脑科学家池谷裕二副教授撰写的《过度进化的大脑》[47] 和《单纯的大脑、复杂的"我心"》[48] 等就堪称是其中的代表作。在《单纯的大脑、复杂的"我心"》中，作者说道："将最新的科学知识向普通人进行通俗易懂的讲解，就能获得压倒性的多数支持。"我在面向民众的研讨会上，曾有机会听到池谷副教授的讲解，确实是通俗易懂、引人入胜。现在，不仅理科的学问采用了外出式教学，文科也常常举办此类教学。例如，东京大学教授加藤阳子就到高中宣讲近现代史，并将内容归纳后结集出版，这就是《尽管如此，日本人还是选择了"战争"》[49]。

外出式教学中，由研究人员介绍最尖端研究的做法是十分有意义的。不过，接受这种方式的学校需要有所准备和限定范围，而且研究人员还需要具备能够通俗易懂的讲解技能，有的研究人员适合搞教学，有的则不太适合。因此，顺利实施外出式教学，授课方需要完备一整套机制，学校教师和研究人员也要通力合作，才能确定能够相互联动的教学课题。[50]

## 9.7　连接生命科学和社会的人才

现代社会中，科学超过了其专业领域，与社会各领域有着广泛的联系，以至于出现了各种各样的问题，局面异常错综复杂，科学家仅从自己的专业领域根本无法做出回答。科学工作者即便可以从科学的客观事实的角度进行分析，但对人类的生存方式和社会问题显然无能为力。[51]

现代科学技术拥有巨大的能量，我们需要有一个专门研究科学技术和社会关系的学问。大学除了肩负维持传统学科、加以提炼后传递给下一代的使命，还有另外一个重要任务，那就是要将社会目前需要解决的问题做成学问。小林传司教授指出："如果将大学外发生的活动解读为'社会的需求'，那么大学又是什么？我的看法就是在传统学科基础上，对'社会的需求'进行学术加工、整理成形并留存于历史之中。"[52] 的确，大学是学习人类所积累的知识与传统的场所，如果因为社会的需求而不断发生变化，最终可能导致无法发挥出应有的作用。当然，我们也迫切需要利用这种知识来分析现代的问题。

我从东京大学医学部保健专业毕业。虽然很多学校如今都开设了保健专业，但几乎都是在培养护师、保健师、临床检查技师等医疗工作人员。但我当年所学习的保健专业却并不是为了培养医疗工作人员，而是以医疗本身作为研究对象，从社会学的侧面开展研究，通过统计学研究疾病和健康，总而言之，就是围绕医学、医疗和社会的关系，从社会科学的视角进行教育研究的先进科学研究。但是我们毕业后，作为医学部的毕业生却不能当医生，很多人感到不可思议，而且我们没有医生资质却对医学和医疗品头论足，常常不受欢迎，对此我记忆犹新。筹备设立保健学科、发挥核心作用的教师们大多持有医生资格，是公共卫生学专业出身，他们的理想或许是希望能建设成为类似于美国的公共卫生学院。但是，这些教师们虽然拥有医生资格，却对医学和医疗之外的事物缺乏了解，很难将这个学科培养出来的人才输送到大学以外的地方，促进他们的良好成长。除了一位担任就业指导的教师以外，他们大多不了解此间的实际情况。然而，我却因为接受了这个教育而获益良多，能够更全面地思考生命科学和社会的连接，并且直接掌握生命科学和生命伦理的相关政策，从而得以撰写本书。

后来，在这些问题的背景下，东京大学医学部保健学科被改组为健康科学护理学科，也开始下功夫培养保健师、护师，等等，改变了成立之时的初衷。从 2010 年度开始，它又进一步改组为综合健康学科，强化了对医学、医疗和社会关系的教育研究，期待他们能够将重心放在培养连接医学、医疗和社会的人才上。

因为缺乏新药物相关的生物信息学人才，于是就开设了该领域人才培养项目。具体内容由生物学、医学、公众卫生学、统计学等构成，这与我学生时代上的课程基本一样。我所接受的教育是领先于时代潮流的，如今更是深刻体会到当初老师们创立保健学科的先见之明。该学科几乎没有将医疗方法本身作为研究对象，加之也没有相应的人才供给措施，这在 20 年前就备受批评 [53]，时至今日依旧如故，要说变化只是些许而已。

连接科学技术和社会的人才是科学传播人才的一部分，他们应该做到将科学技术以通俗易懂的方式向普通人进行说明，并能够将普通人的疑问与思考传递给科学工作者。2005 年，科学技术振兴调剂费是文部科学省竞争性科研经费之一，在其人才培养的栏目之下，交由三个大学开展科学传播相关项目，即北海道大学的科学技术交流人培养项目、东京大学的科学技术翻译员培养项目、早稻田大学的科学技术记者培养项目。我当时担任政策研究研究生院的教授，参与了这些项目的评审工作，都是一些很有特色的项目。北海道大学的项目简称为 CoSTEP（Communicators in Science and Technology Education Program），聚集了一些研究传统科学与社会关系、成果颇丰的教师，在此基础上经整合后发起了该项目。东京大学的项目是在驹场校区的研究生院综合文化研究科内设置了正式的课程。早稻田大学的项目简称为 MAJESTy（Master of Arts Program for Journalist Education in Science and Technology），设置了研究生院政治学研究科的硕士课程。今后的问题是，为这些教学计划所培养出来的人才准备好让他们发挥才能的工作岗位。科学传播人才不但要对科学技术进行通俗易懂的解说，还必须是能够对科学和社会的关系进行广域思考的跨学科人才。最近，大学和研究所聘用的科学传播专业人才开始增多，希望这种趋势能够扩展至民营企业、行政机关、媒体机构，等等。

## 9.8 结 语

生命科学不仅包括在生物学和医学范畴，还是信息科学、物理学等各个学科合力打造的综合学科，同时又是一门处于发展中的新兴学科，今后无疑会对社会做出极大的贡献。过去，一些规模较小的研究室曾经生产了质量很高的论文，为了实现回报社会的需求，这样的研究方式显然是不够的。最近，多个研究室开展了密切合作，推进大型项目的研究，这种趋势越来越明显。在这个发展潮流中，生命科学在社会中的存在感将会越来越强劲。本书想要强调的是，发展中的生命科学不会游离于社会而存在，而是与社会密切相连。对于生命科学和社会的关系，那种即便置之不理也能自然生成的观点并不成立，需要通过相关人士的不懈努力，才能将生命科学与社会连接起来。因此，就本书所列举的各类问题而言，有必要在生命科学研究人员、普通民众和患者、产业界人士、政策相关的政治家和官员之间进行交流，并且总结出其中所蕴含的深刻意义。

本书第 I 部分所列举的 iPS 细胞是突破常识的成果，不仅对世界科学工作者群体，还对普通民众和产业界产生了重大影响。

人类 iPS 细胞培育成功后不久，报纸和电视台几乎每天都在进行大量报道，即便两年之后，这一研究依然备受媒体的关注。对于此类重大研究成果的政策，虽然每次也都会有所报道，还没有在整体上加以总结。本书以"连接科学和社会"为主题进行了论述，这一研究可以视作具有代表性的例子，对如何讨论、制定政策的整体情况做了介绍，并且指出了今后的发展方向。

"自我"指的是内宇宙基础的脑研究，并没有涉及心灵的领域，人们在医疗、福利等社会贡献方面对其寄予了厚望。另外，以人类基因组研究为代表的关于人类起源和处理个人信息的研究，若要将其应用于医疗，那么就必须对此加以研究。这些研究必然引起个人和社会之间的冲突等生命伦理问题。生命伦理是生命科学进入社会后遭遇的第一个难题。在本书第Ⅱ部分中，作者对此类问题不再进行空洞的理论探讨，而是对现行政策展开了讨论。

正如本书第Ⅲ部分所述，为了实现将研究成果应用于医疗，就必然涉及生命伦理问题以及临床研究、疗效、知识产权，等等，至少需要耗费 10 年以上的时间。这些都不是生命科学内部的问题，而是外部的社会制度问题，必须考虑建立一个能够让研究成果安全高效地得以应用的社会制度。为了推进生命科学的应用，还需要筹划药品和医疗器械产业的发展。虽然可以将这些产业的产品用于医疗一线，直接提供给患者；但如果避开讨论的话，那么应该由谁来负担费用呢，这个问题不予解决，结果终将归于失败。例如，增加患者的选项，固然可以促进药品产业的发展，但同时也会导致自由诊疗部分比现在增多，即便广泛认可混合诊疗仍然难免受到指责，民众会认为由于贫富差距而导致接受的医疗服务存在差异。这些问题都将交由今后医疗政策的制定者进行深入讨论。生命科学政策应该从长期的视角出发，且与医疗政策、产业政策也紧密相关，需要得到府省、医学界、产业界的通力合作，深思熟虑之后再予以实施。虽然每个人都能在其中发挥作用，但绝不能忽视基础研究。

生命科学的发展日新月异，生命科学和社会之间将会不断地产生新的问题。回答这些新问题并没有固定的公式，应该加大力度让生命科学和社会更加紧密结合。本书第Ⅳ部分列举了我们现在所做的各种努力，相关人士积极出谋划策，对这些问题做了很好的解答，而且今后或许还要周而复始地对其是否具有现实意义做出评估，生命科学和社会之间应该还将继续保持着传接球式的关系。

## 注释：

[1] 会议概要，参照 http://www.mext.go.jp/b_menu/houdou/11/10/991004.htm；宣言原文，参照 http://www.unesco.org/science/wcs/index.htm

[2] 财团法人新技术振兴渡边纪念会. 科学技术厅政策史——科学技术厅的成立与发展 [G]. 科学新闻社（2009），288-289.

[3] 中岛秀人. 日本的科学 / 技术将会走向何方 [M]. 岩波书店（2006），39-40.

[4] 同注释 [3]，98-99.

[5] 克洛德·列维·斯特劳斯. 列维·斯特劳斯讲义——现代世界与人类学 [M]. 川田顺造，渡边公三，译. 平凡社（2005），177.

[6] 金子务. 江户人物科学史——拜访"另一个文明开化"[EB]. 中公新书（2005），Ⅲ.

[7] 同注释 [2]，237.

[8] 小林传司. 超科学的时代 [M]. NTT 出版（2007），96-117.

[9] 中山茂. 科学与社会的现代史 [M]. 岩波现代选书（1981）.

[10] 石黑武彦. 科学的社会化综合症 [M]. 岩波书店（2007），59-60.

[11] 参照 http://www8.cao.go.jp/survey/h19/h19-kagaku/index.html

[12] 渡边政隆. 一粒柿子的种子——科学传播的广阔范围 [EB]. 岩波书店（2008），146-147.

[13] 藤垣裕子，广野喜幸. 科学传播论 [M]. 东京大学出版会（2008），101.

[14] 泷井宏臣 . 人体生意 [M]. 岩波书店（2005），7.

[15] 筱原一 . 市民的政治学——什么才是大众讨论式的民主政治 [M]. 岩波书店（2004），54-55.

[16] 同注释 [8]，82.

[17] 菱山丰 . 生命伦理手册 [M]. 筑地书馆（2003），37.

[18] 加藤尚武 . 生命伦理在日本的起步 [G]. 日本的生命伦理——回顾与展望：九州大学出版会（2007），15.

[19] 小林传司 . 谁在考虑科学技术 [M]. 古屋大学出版会（2004），39-40.

[20] 同注释 [8]，201.

[21] 同注释 [8]，186.

[22] 同注释 [13]，181-182.

[23] 同注释 [13]，240.

[24] 北海道大学科学技术交流人才培养 Unit（CoSTEP）. 开始吧！科学技术交流 [M].Nakanishiya 出版（2007），9.

[25] 同注释 [24]，3.

[26] 文部科学省 . 2004 年度年度科学技术白皮书 [R]. 第 1 部第 3 章 . http://www.mext.go.jp/b_menu/hakusho/html/hpaa200401/hpaa200401_2_028.html.

[27] 同注释 [26]

[28] 文部科学省 . 2012 年度年度科学技术白皮书 [R]. 第 1 部第 3 章 . http://www.mext.go.jp/b_menu/hakusho/html/hpaa201001/detail/1294970.htm.

[29] 文部科学省 . 2011 年度年度科学技术白皮书 [R]. 213.

[30] 关于 BT 官民推进会议，参照 http://www8.cao.go.jp/cstp/bt.html

[31] 美马达哉 . 病态奇观——生命权的政治学 [M]. 人文书院（2007），116.

[32] 池内了 . 疑似科学入门 [M]. 岩波新书，（2008），v-vii.

[33] 参照 http://www.jnss.org/japanese/info/secretariat/rinri/

[34] 参照 http://www.oecd.org/document/4/0,3343,en_2649_35845581_33829892_1_1_1_1,00.html

[35] Simon Singh，Edzard Ernst. 替代医疗的骗术 [M]. 青木熏，译 . 新潮社（2010），19-58.

[36] "21 世纪的科学技术全景——科学技术的智能项目"主页，参照 http://www.science-for-all.jp/explain/index.html

[37] 参照 http://www.science-for-all.jp/minutes/index5.html

[38] 内田麻理香 . 与科学结缘的正确方法 [M]. Discover 21, Inc.（2010）, 48-49.

[39] 同注释 [24], 115.

[40] 2004 年度科学技术白皮书, 参照 http://www.mext.go.jp/b_menu/hakusho/html/hpaa200401/hpaa200401_2_033.html#n114.1

[41] 参照 http://www.scj.go.jp/ja/event/cafe.html

[42] 同注释 [10], 66-67.

[43] 科学大会 2008 开幕报告, 参照 http://www.scienceportal.jp/scienceagora/agora2008/doc/agora_report2008.pdf

[44] 科学大会 2007 开幕报告, 参照 http://www.scienceagora.org/scienceagora/agora2007/download.html

[45] 同注释 [44]

[46] 竹石凉子 . 科学报导的难处——从"iPS 细胞"的案例来看 [J]. 最新医学: 64, 3（增刊号）（2009）, 267-280.

[47] 池谷裕二 . 过度进化的大脑 [M]. 朝日出版社（2004）.

[48] 池谷裕二 . 单纯的大脑、复杂的"我心"[M]. 朝日出版社（2009）.

[49] 加藤阳子 . 尽管如此,日本人还是选择了"战争"[M]. 朝日出版社（2009）.

[50] 同注释 [24], 162-167.

[51] 同注释 [13], 179.

[52] 同注释 [8], 265.

[53] 米本昌平 . 尖端医疗革命——技术、思想、制度 [M]. 中公新书（1988）, 166 页 .

# 后记

从 2001 年 1 月到 2003 年 6 月的两年半时间里，我在文部科学省担任生命伦理、安全对策室主任之职。此后，又担任了政策研究研究生院教授（大约两年时间）、日本学术会议秘书处参赞（大约 1 年半时间），从 2007 年 1 月到 2009 年 7 月的两年半时间里，我再次回到文部科学省并担任生命科学课课长。

在我担任生命伦理、安全对策室主任的时候，组织讨论了克隆技术、人类 ES 细胞、人类基因组解析、转基因等问题。根据那时积累的经验和知识，我撰写了《生命伦理手册》（筑地书馆，2003 年 7 月刊）。在政策研究研究生院的时候，我主要从事生命伦理学和科学技术政策的调查研究，同时还作为生命伦理的专家参加了联合国教科文组织的讨论。在日本学术会议工作期间，我获得了很好的机会，不仅从生命科学的角度出发，还从更广阔的视角为保障"科学与社会"的相关审议和科学咖啡馆活动的实施，做了许多实际性的支持工作。担任生命科学课课长期间，为了对社会能够有所回报，我积极推进了连接基础研究成果和临床研究的过渡型研究；还大力支持脑科学、基因组研究、蛋白质研究等基础研究，充实并完善了大数据和生物资源等研究的基础建设。与此同时，我还遇到了引起全日本乃至全世界高度关注的 iPS 细胞研究，并果断采取积极措施促进了该研究的发展。加上在放射线医学综合研究所度过的 20 世纪最后的 1 年半时间，算下来大约有10 年光景，我一直从事生命科学相关政策以及科学与社会的实务性工作。在自己的专业领域内，十分感谢上级和部下们的诸多关照，从而让我得以很好地完成了工作。

寻求具体策略解决某个社会性问题或课题是政府职能的一大作用。政府官员不仅需要具备从整合信息到多面手的基本素质，还需要具备能够将政策加以归类整理的专业知识。25 年前，我在决定成为一名公务员的时候，读到了一本书，就是大来佐武郎的《日本官僚的状况》（TBS– BRITANNICA Co.,Ltd., 1984 年刊行）。该书认为日本的官僚制度偏重于多面手式的通才，因为社会和经济日益复杂，越来越多的事情不能再单纯依靠常识处理了，因此需要的是既拥有自身专业技能同时又具备多面本领的人才。虽然这是写于 25 年前的著作，但正如书中所述，政府官员应该既是通才，同时又是某一方面的专家。本书正是从专家的角度展开讨论的，是我个人思考的总结。

制定政策还包括综合理论、经验等知识化程度较高的许多因素。另外，在信息日益复杂、泛滥的现代，很多时候需要用简明扼要的语言加以总结。除了言简意赅之外，还需要对积累起来的知识给予足够的尊重。对政府官员而言，必须拥有能够制定政策的相关知识水平。

本书是对在北海道大学、筑波大学、东京大学、京都大学、庆应大学、早稻田大学等高校及研究项目和学会召开的研讨会上的报告，以及在东北大学、筑波大学、京都大学、京都医疗科学大学上课时所做的讲义进行整理总结后结集出版的。我在这些地方进行了讨论和疑问解答，能够了解研究人员、普通民众、学生们对什么事情表示关注。本书中的诸多讨论，正是因为有了这些经验才得以写出。

有一位从事生命科学研究的硕士生有志成为公务员，在发给我的邮件中说，他十分憧憬我的人生职业经历。为社会、为日本而辛勤工作的理想，促使我在25年前成为公务员，但在这25年里几乎听到的都是对公务员的严苛批评之声。我从来没有想到能够得到别人的憧憬或成为别人的榜样，作为现代社会的一分子，我只想为建设现在的社会略尽绵薄之力而已。这不禁让我想起要对这些年轻人或下一代负有责任，可能我当真已经上了年纪。

正是基于这样的考量，我和在东京大学研究生院医学系研究科担任医学伦理学讲师的忘年交儿玉聪做了交流，他劝我应该将我思考的东西总结出来写成书，并把劲草书房的编辑土井美智子女士介绍给我。我拜托儿玉聪对第Ⅱ部分、第Ⅲ部分、第Ⅳ部分进行了审稿，他和同事一起帮我审阅文章，并且进行了详细的总结。土井美智子女士编辑过很多有关生命伦理的书籍。对本书，她从结构到专业术语的使用等给我提出了详细的意见。如果没有他们二位的鼎力相助，本书就无法完成，在此深表感谢。

因为书中提到了山中伸弥教授和iPS细胞，我认为有必要呈报他过目一下，所以就拜托山中教授审阅了第Ⅰ部分。他在百忙之中抽空审阅了书稿，指出了事实关系上的错误之处，并回想起3年时间里发生的种种事情，还做了概括性总结。此外，我还拜托在担任生命科学课课长期间的助理生田知子女士，让她帮忙审阅了第Ⅰ部分和第Ⅱ部分。她是和我一起摸爬滚打、一路走来的同事，十分了解情况，如果没有她的帮忙就无法进行准确的审校。在大家的期待中，我完成了详细的总结，而且观察问题的角度也是前人所不具备的。在此，我对山中教授和生田女士一并表示感谢。

因为我不仅是大学和研究所的研究人员，还有机会能够和制药企业的管理人员、研究人员、知识产权专家、风险投资和生物制药投资的企业家、国会议员、相关府省的官员等人相识，所以能够从他们那里获得许多知识和智慧，并且使我对事物的多面性能够有所了解。正是因为能够与这些人结识、交流意见，向他们请教，才能够总结完成这本书，在此衷心表示感谢。

最后还要申明一点，我是利用周末时间撰写此书的，在陋室中堆满了各种文献，家人们都默默地对我的工作给予了支持，在此也要表示感谢。

2010 年 7 月

菱山丰

# 译者后记

进入 21 世纪，生命科学的迅速发展及其所取得的成就不仅使该领域成为现代科学中最引人瞩目的前沿领域之一，而且对人们的观念和社会生活也产生着深刻而巨大的影响。《日本的生命科学政策——连接社会与科学》一书，便是在介绍了近年来日本生命科学研究中所取得的一系列重要成就的基础上，直面这些前沿科学的发展所带来的伦理与社会问题，进而对破解这些问题做出了在制度和政策层面上的探索和展望。

该书内容由四大部分组成。第一部分，以京都大学教授、诺贝尔医学奖得主山中伸弥主导的 iPS 细胞研究所取得的成就为切入点，提出并探讨了日本的科学技术体制应如何支撑科学技术前沿日本科技人员的研究与探索，进而作者也分享了在日益激烈的国际竞争中，日本的科技政策在推动日本科技前沿的成果迅速有效地产业化，进而使日本产业在未来的国际市场上抢占主导地位的若干心得。第二部分，展开讨论了 21 世纪生命科学前沿的重要成就及其所引发的关于伦理问题的思考。伴随着生命科学在脑科学、人类基因组和人类胚胎领域中的研究取得突破性的进展，其所引发的相关伦理问题使伦理指南的制定成为日本生命科学政策的重要议题。作者在本书中介绍了联合国相关机构针对生物伦理问题的相关讨论和联合国教科文组织拟订的生命伦理宣言，并阐明了关于建立普遍性的生物伦理的相关思考。第三部分，在介绍了生命科学基础研究和医疗技术新成就的基础上，对各国的生命科学政策和医疗政策进行了比较，在探讨了推动医药制品的研发，临床医学研究中诸多领域合作问题的同时，强调了强化基础研究的重要意义。第四部分，鉴于新时期科学技术的发展对社会带来的深刻影响，强调科学技术政策的制定者们不应仅仅满足于和科技人员打交道，科学技术政策的制定，应当拥有面向社会公众的更加宽广的视角，因为今天的社会公众，早已不再是以往那些专家面前接收说教的受众，他们也大都是在特定领域中学有所长的专家。因此，推动学科间的交叉整合，是当今科学技术政策制定者需时常面对的重要课题，而广泛的公众参与和强化科学技术在不同领域之间的跨界交流与传播，也无疑构成了当今科学技术政策的重要内容和特征。

该书作者菱山丰教授是日本科技政策研究领域的著名学者。菱山丰教授早年曾长期任职于日本文部科学省，担任过生命伦理、安全对策室的主任和生命科学课课长。在此期间，他组织了关于克隆技术、人类 ES 细胞、人类基因组解析、转基因等重大问题的讨论，推动了公众参与科学方面一系列重要计划的实施，参与制定了许多与生命科学的发展密切相关的政策调研和制定。作为日本以政策研究见长的政策研究研究生院的教授，菱山丰教授在生命科学政策领域的成就受到了广泛的关注和认可。丛书主编在2012 年访日期间，在拜访原文部科学省政策局长有本建男先生时，谈起清华大学日本研究中心拟推出日本科技与社会学术文丛的计划，后者大力推荐了此书。

三年的疫情，使原定的工作计划受到了不少延误。然而也正是这三年的疫情，不仅使我们看到了生命科学与医疗领域的发展所承载的来自社会的广泛期待，而且使我们看到了它所带来的新的挑战和新的问题。此时此刻，来自日本的经验和研究成果，对于推动我国的生命科学与医学的发展并不断完善政策和制度架构说来，无疑有着重要的借鉴意义。

本书译者都是在日本取得博士学位后，回国在清华大学日本研究中心工作过的博士后研究人员，受丛书主编之托共同承担了本书的翻译工作。本书翻译的具体分工是：前言及第1~4章由胡晓璃执笔，第5~9章及后记由陈祥执笔，最终由胡晓璃统一完成校对。感谢丛书主编及审阅人曲德林和杨舰教授对本书的问世给予的指导和积极推动，清华大学出版社责任编辑王巧珍老师也对译文进行了认真的订正并提出了宝贵意见，在此一并表示感谢。